创新创业"十三五"立体化系列教材

U0645798

INNOVATION
AND
ENTREPRENEURSHIP

创新创业基础

王卫红　杨　悦　陈　锋　江　辛 **主　编**
王志军　徐世浩　马重阳　王　汇 **副主编**

王卫红（浙江工业大学）
杨　悦（杭州医学院）
陈　锋（浙江大学城市学院）
江　辛（浙江工商大学）

王志军（浙江工业大学）
徐世浩（浙江工业大学）
马重阳（浙江中医药大学）
王　汇（浙江机电职业技术学院）

北京师范大学出版集团
BEIJING NORMAL UNIVERSITY PUBLISHING GROUP
北京师范大学出版社

图书在版编目（CIP）数据

创新创业基础 / 王卫红等主编．—北京：北京师范大学出版社，
2018.8（2024.8重印）
　ISBN 978-7-303-23932-0

　Ⅰ．①创…　Ⅱ．①王…　Ⅲ．①创业－高等学校－教材
Ⅳ．①F241.4

　中国版本图书馆 CIP 数据核字（2018）第 160326 号

教材意见反馈　　gaozhifk@bnupg.com　　010-58805079

CHUANGXIN CHUANGYE JICHU
出版发行：北京师范大学出版社　　www.bnupg.com
　　　　　北京市西城区新街口外大街 12-3 号
　　　　　邮政编码：100088
印　　刷：北京盛通印刷股份有限公司
经　　销：全国新华书店
开　　本：787 mm×1 092 mm　　1/16
印　　张：16.25
字　　数：318 千字
版　　次：2018 年 8 月第 1 版
印　　次：2024 年 8 月第 14 次印刷
定　　价：45.00 元

策划编辑：周 粟　李 明　　　　　责任编辑：陈佳宵
美术编辑：焦 丽　李向昕　　　　　装帧设计：焦 丽　李向昕
责任校对：段立超　陈 民　　　　　责任印制：马 洁

编委会

编委会主任

王卫红

本书编委

（以下排名不分先后）

序

创新是民族进步的灵魂，是国家兴旺发达不竭的动力。当今世界科技发展日新月异，提高自主创新能力，建设创新型国家，已然成为我国发展战略的核心。社会发展的速度越快，创新的频率也就越高，为适应时代发展的需求，李克强总理在达沃斯论坛上发出了"大众创业，万众创新"的号召。树立创新创业意识，提高创新创业能力，既是青少年成长成才的关键，也是高校培养具有创新精神高素质人才的关键，更是打造社会主义合格建设者和可靠接班人、实现"两个一百年"伟大目标的关键。

大学生作为创新创业的特殊群体，日益受到重视。2013年11月8日，全球创业周中国站在上海开幕，中共中央总书记、国家主席习近平向创业周中国站活动组委会发贺信指出："青年是国家和民族的希望，创新是社会进步的灵魂，创业是推动经济社会发展、改善民生的重要途径。青年学生富有想象力和创造力，是创新创业的有生力量。希望广大青年学生把自己的人生追求同国家发展进步、人民伟大实践紧密结合起来，刻苦学习，脚踏实地，锐意进取，在创新创业中展示才华、服务社会。"2017年8月，习近平总书记在给第三届中国"互联网＋"大学生创新创业大赛"青年红色筑梦之旅"的大学生回信中专门强调"希望你们扎根中国大地了解国情民情，在创新创业中增长智慧才干。"

随着大众创业、万众创新时代的到来，创新创业教育促进了高校教育教学的改革。创新创业教育，旨在引导学生积极运用专业技能，探索更多有益创新，创造社会价值，推动社会的进步和人类的发展。2021年10月，国务院办公厅印发《关于进一步支持大学生创新创业的指导意见》（以下简称《意见》）。《意见》指出，大学生是大众创业万众创新的生力军，支持大学生创新创业具有重要意义；要以习近平新时代中国特色社会主义思想为指导，全面贯彻党的教育方针，落实立德树人根本任务，立足新发展阶段、贯彻新发展理念、构建新发展格局，坚持创新引领创业、创业带动就业，提升人力资源素质，实现大学生更加充分更高质量就业；要深化高校创新创业教育改革，将创新创业教育贯穿人才培养全过程，建立以创新创业为导向的新型人才培养模式；强化高校教师创新创业教育教学能力和素养培训，改革教学方法和考核方式。

党的二十大胜利召开，为我国创新创业教育发展指明了新方向。习近平总书记在二十大的报告中用了比较大的篇幅谈了创新发展战略的意义和重要性，指出"教育、科技、人才是全面建设社会主义现代化国家的基础性、战略性支撑"。因此，创新创业教育必须坚持科技是第一生产力、人才是第一资源、创新是第一动力，不断塑造发展新动能、新优势。习近平总书记的指示，给我们高等教育工作者提供了很好的指引。建设社会主义现代化强国，要更加深入把创新创业教育贯穿整个培养过程，培养有创新创业意识和能力的时代新人。

《创新创业基础》一书，主要面向当代大学生，开展分层教育，帮助学生埋下创新创业的种子。本书上篇—理念篇，包括创新思维与创业、创业与人生发展、创业思维与创业精神三个章节，旨在让学生明白创新创业的时代含义，创新与创业的关系，了解创新创业对于个人成长、专业发展、社会进步、国家富强的意义。本书下篇—实践篇，主要面向有创业意向、准备创业或是正在创业的学生，通过七个章节的创业基础理论知识学习，培养学生创业的基本能力，鼓励学生发现问题，整合身边资源，探索解决问题的方法，培养学生的企业家精神，使之勇敢承担社会责任。

《创新创业基础》定位为创新创业教育通识课教材，作者团队来自浙江省高校创业学院联盟。本书的编写基于浙江省企业创新创业的特色，在突出创新创业基础知识的同时，强调激发学生创新创业意识，培养学生相应素质，既便于教师教学使用，又利于学生自学参考。

王卫红

目　录

上篇　理念篇

下篇　实践篇

上篇 理念篇

　　我个人感觉作为一个创客应该是非常自豪的，因为没有任何一种形式会比你成为一个创客更能够体现自身价值，为社会创造财富。就像硅谷有一句话"疯狂即正常"，你如果能打破常规突破自己的思维定势去创造一种新的财富，其实你是应该感到自豪和骄傲的。

　　但是同时我觉得创客也是非常寂寞的，因为创业无止境，创业没有终点，永远在路上。像我到今天还在创业，因为我要面对互联网对我的挑战，重新进行颠覆性的创业，其实有的时候感觉非常痛苦，可是也有一句话"痛并快乐着"，你永远都会处于这两者之间。

——张瑞敏①

第一章　创新思维与创业

【学习目标】

1. 了解创新的概念与意义，认识到创新对大学生的重要性
2. 了解大学生应具备的创新素质，提升自身的创新素质
3. 了解创新与创业的联系，认识到创新对企业发展的重要性
4. 重视创新思维的形成，培养创新思维，提升创新能力

▸▸ 理论知识

第一节　创新及其意义

一、创新的概念与意义

（一）创新的概念

从国内外的研究来看，对创新的概念从经济学、管理学和心理学这几个学科界定的比较多。从广义上说，创新是对社会和个人的创新产物的统称。狭义的创新是指按照一定的目标，充分运用已知的信息，通过个体创造活动的过程，产生出某种新颖、独特、具有个人和社会价值产品的智力特征。不难看出，创新呈现的是从构思到实现、从思想到行动的知行统一的发展过程。

美国经济学家熊彼特于 1912 年最先在德文版《经济发展理论》一书中提出了"创新理论"，成为"创新理论"研究的鼻祖。他认为"所谓创新，就是建立一种新的函数，也就是把一种从来没有过的关于生产要素和生产条件的组合引入生产系统"。从总体上看，熊彼特侧重从经济发展视角论述创新在生产中的重要意义，但是创新概念的提出为学者们进一步研究创新奠定了基础。"现代管理学之父"彼得·德鲁克在《创新与企业家精神》一书中提出，创新是一个过程，是一项"有组织、有系统且富有理性的工作；创新是企业家展现其创业精神的特定工具，是赋予资源一种新的能力使之成为创造财富的活动，创新本身就创造了资源"。其关于创新的定义强调创新的意义和效果，认为创新需要改变现存的资源及财富创造的方式。

根据国家社会科学基金成果评估指标的规定，创新可概括为三个方面：理论创新、方法创新和新描述。可见创新的内容是丰富多彩的：开辟新领域，创立新理论，提出新观点，建立新概念，寻求新材料，探索新方法，等等，都应当属于创新的范畴。随着社会的发展，创新的内涵不断变化、延伸和丰富，其内在特性主要体现在以下几个方面。

第一，创新要立足现实。创新是对现实存在的变革和超越，如科学发现、技术革新等皆源于对社会需求的思考，没有一项创新活动可以脱离社会实际而顺利发展。只有主体立足客观实际，准确认识把握事物的本质和规律并与主观愿望相结合，才能够达到改造客体的目的。

第二，创新要批判继承。创新是对已有观念和做法的突破，尽管任何领域的发展必须在继承前人的基础上进行，但是创新中的继承不是照单全收、简单重复，而是坚持一分为二地对好的因素继承、对不合时宜的方面批判改变。

第三，创新要尝试探索。创新不是一蹴而就的，必须通过不断尝试和探索，放弃不切实际的观点，实现符合规律的设想，从而发现、发明新的事物。因此尝试探索是创新须臾不可离开的要素，否则创新就只是空谈，不可能实现促进客体发展的目的。

第四，创新要标新立异。按照既定的规范去重复和模仿，无法创造新事物，不能实现创新。在创新实践中，要坚持标新立异，敢于打破旧式束缚，或不断拓宽人类新的活动领域、提出新的思想、开发新的产品等以取得新突破，或将原先没有的因素引入旧的体系而获得新发展。

▶▶ 视野延展

颠覆船舶行业！全球首家无人船公司诞生

挪威航运巨头威尔森集团（Wilhelmsen）和康士伯集团（Kongsberg）表示将联手建立全球首家无人船航运公司——"Massterly"。"Massterly"并非传统意义上的公司，既不是船舶设备公司，也不是航运公司，而是一家具有全新业务模式的"创新"企业，为无人船提供完整的价值链服务，涵盖设计、开发、控制系统、物流服务和船舶运营。新公司将建立陆基控制中心，来监测和运营挪威和其他国家的无人船，其未来的目标是为所有的船舶提供服务。

2017年，康士伯和全球最大的化肥制造商——挪威 Yara 集团及 Marin Teknikk 公司联手开展了全球首个采用电力推进的零排放无人船舶项目——"Yara Birkeland"号。

"Yara Birkeland"号是完全按照无人船模式设计的，没有传统的桥楼和驾驶舱。它利用自身安装的全球定位系统、雷达、摄像机和传感器等，能够在航道中实现避让其他船舶，另外，船上还配有一套自动系泊系统，停泊和起航都无须人力介入，并在到达终点时实现自行停靠。

"Yara Birkeland"号造价为2500万美元，约为普通船舶造价的3倍，但由于采用纯电动和无人驾驶设计，通过节省燃料和人员成本，每年将节省高达90%的运营成本。

据悉，"Yara Birkeland"号将于2018年开始试运营，将在挪威南部一条长37英里（约合59.5千米）的航线上运营，用于肥料运送。2019年正式投入运营，初期该船将配备船员运营，预计2020年开始实现完全无人自动航行。它将成为全球首艘全电动支线集装箱船和全球首艘完全自主驾驶船舶。该船的正式投入运营将会成为全球航运史上的一个巨大转折点。

（二）创新的意义

1. 创新能促进科技的进步

经过几代人艰苦卓绝的持续奋斗，我国科技事业取得了令人鼓舞的巨大成就。以两弹一星、载人航天、杂交水稻、高性能计算机等为代表的一大批重大科技成就，极大地增强了我国的综合国力。我们已经在全国范围内建立起门类齐全、独立完整的科技体系，形成了开发研究、高技术研究和基础研究三个层次的发展布局，培养和造就了一支宏大的科技队伍，科学技术呈现出蓬勃发展的崭新局面。然而，同发达国家相比，这中间的差距还是巨大的，仍需我们不断努力，尤其是要加大加快自由创新的步伐。

2. 创新能提高企业的国际竞争力

国际竞争力是指一国实现国民经济持续高速增长的能力。它是影响社会经济发展进程的基本力量，自主创新能力是国际竞争力的核心，也是构成企业竞争力的核心，技术进步在竞争力的形成过程中发挥着重大的作用。在经济全球化迅猛发展的今天，自主创新是企业寻求生存与发展，形成核心竞争力的重要砝码。很多国际知名企业之所以能在激烈的市场竞争中立于不败之地，就在于他们掌握着具有自主产权的技术，拥有持续创新的能力。而我国以企业为主体的国家自主创新体系尚未形成，自主创新意识不强，整体自主创新能力薄弱，在与国外竞争的过程中处于劣势。这一现状要求我们的企业要加大自主创新力度，努力形成具有自主知识产权的核心技术，打造属于自己的核心竞争力。只有我们手里拥有领先于世界的自主知识产权，我们的企业才会有国际竞争力，否则与世界先进水平企业竞争只能是失败。

3. 创新能提高我国的经济实力

改革开放以来，中国经济的增长是靠投资拉动的，科技进步对经济增长的贡献极小，这已经成为人们的共识。经济发展到今天这个程度，科技自主创新能力不足已经成为制约我们加快经济发展速度的主要障碍。在这种条件下，推进自主创新体系建设显得尤为迫切和必要。这就要求我们把经济建设转移到不仅依靠科技进步的轨道上来，而且是依靠科技自主创新实现科技进步的轨道上来，使科学技术成为经济和社会发展的首要推动力量。因此，我们要加快提高科技自主创新的能力，不能再满足于"加工厂"的角色，拥有更多的、关键的自主创新产品，从根本上推动产业结构优化升级，致力于实现增长方式转变，全面增强我国的国际竞争力。我们要选择一些有影响、有牵动作用的重点领域和行业进行科技自主创新和突破。要选定一些有可能取得率先突破的高新技术领域，集中必要的人力、物力、财力开展联合攻关，努力开发一批具有自主知识产权、核心竞争能力强的技术和产品，从而提升我们的经济实力。

▶▶ **视野延展**

思维创新在人类社会发展中的巨大作用①

在原始社会，原始人"无羽毛鳞介以居寒热，无爪牙以争食也"，他们虽然"力不若牛，走不若马，而牛马为（人所）用"，原始人之所以能够制服凶猛的虎豹犀象，驾驭牛和马，在水旱风雹的险恶环境下得生存、繁衍、壮大，根本原因在于他们是人，有着其他动物不可比拟的、不断进行创新思维的大脑。

不断创新曾使中华民族在世界范围遥遥领先。对此，英国科学技术史学家李约瑟说，中国在许多重要方面有一些科学技术发明走在那些创造出著名的"希腊奇迹"的传奇式人物的前面，和拥有古代西方世界诸多文化财富的阿拉伯人并驾齐驱，并在公元3世纪到13世纪之间保持一个西方所望尘莫及的科学知识水平……中国的这些发明和发现往往超过同时代的欧洲，特别是在15世纪之前更是如此。在汉代末期，生铁冶炼、铸造、采矿等形成了一个完整的体系；景德镇瓷器、丝绸之路和郑和7次下西洋的壮举，标志着中国陶器、纺织、造船和航海技术达到了很高的发展水平，不仅对当时中国的发展起到重要推动作用，而且对世界各国经济技术发展也起到重要的促进作用，特别是四大发明"预告资产阶级到来"，成为人类社会进步的"最大的杠杆"。但是，到了近代，由于晚清统治的政治腐败，同时又由于闭关锁国，因循守旧，压抑和扼杀了国民的创新热情，导致中国国力一天天衰竭，最后沦为半殖民地半封建社会长达百年。

---

① 来源：http://www.docin.com/p-773597174.html。原标题：浅谈思维创新对企业发展的现实意义（作者：赖震宇）。

创新使素有千岛之国之称的日本成为世界经济大国。日本作为第二次世界大战的战败国，在之后用很短的时间，使经济得以恢复并快速发展。正如日本人大平正芳于20世纪70年代末说："战后日本经济复兴是依靠人的头脑、进取心、纪律性和不屈不挠的精神，从这些无形的资源发展起来的。"日本人对"我们最终拥有的是思维"，引以为自豪。一个由"高级人脑"组成的科技队伍，使日本在较短的时间内由战败国发展成为世界经济大国。可见，创新思维及同它紧密相连的创新行为，是民族强盛、国家繁荣和综合国力快速增强的内驱力。

二、大学生创新的重要性

（一）创新对大学生的意义

21世纪是知识经济时代，它的到来使我国高等教育面临前所未有的机遇和挑战。知识经济是主要依靠知识创新和知识广泛传播发展的，以智力资源来创造财富的经济。创新是它的灵魂，而创新的关键在于人才。无论是知识创新还是技术创新，无论是经济竞争还是科技竞争，归根结底还是要靠大量高素质的创新型人才，培养具有创新素质的人才是时代的迫切需要，也是一个国家富强及在国际竞争中立于不败之地的重要因素。人才来源于教育，高等学校是培养高素质创新型人才的摇篮。大学生，是实践创新活动的重要主体。

创新对个体品格的养成具有重要作用，因为它激发的是一个人最具价值的能力和向人生更高层次发展的直接动力。现在的大学生是全面建设小康社会的力量之源，是中国各项事业迅猛发展的排头兵，肩负着中华民族复兴的伟大使命。对大学生进行创新精神和创新能力的培养，使之真正成为与时代潮流相适应、引领时代发展的一代高素质人才，我们的国家才有可能在新的世纪里缩短与发达国家在知识创新和发展方面的差距。所以，创新素质教育不仅仅是大学生个体成长成才的内在与长远需要，更是民族兴旺发达、建设社会主义和谐社会的紧迫召唤。

1. 创新是大学生获取知识的关键

在知识经济时代，知识的增长速度加快，知识的更新周期不断缩短，知识转化的速度猛增。在这种情形下，被动接受知识变得不那么重要，重要的是对知识的选择、整合、转换和操作。学生最需要掌握的是那些包摄面广、迁移性强、概括程度高的"核心"知识，而这些知识并非是单靠言语所能"传授"的，它只能通过学生主动地"构建"和"再创造"而获得，这就需要大学生的创新能力在其中发挥主动作用。

2. 创新是大学生终身学习的保证

随着高等教育规模的不断扩大，高等教育正在由精英教育向素质教育转化，学习也正由阶段性向终身化转化，学习将成为个人生存、竞争、发展和完善的第一需要。在知识内容无限膨胀、更新周期迅速缩短的情况下，社会对职业能力的需求将变得更加不稳定。在创新意识的指引下，大学生有能力在毕业之后，利用各种有利条件，根据所从事的工作不断完善自身的知识和能力结构，更好地达到完善自我和适应社会的目的，从而为终身学习打下坚实的基础。

3. 创新决定大学生的未来

创新是人的综合能力的一种外在表现，它是以深厚的文化底蕴、高度综合化的知识、个性化的思想和崇高的精神境界为基础的。创新思维的有与无，将决定一个人的发展前途；创新能力的高与低，将决定一个人的事业天地。古今中外，大凡在事业上有所建树、有所作为的人，可以说，都是创新思维能力很强的人。他们靠智慧、靠特色、靠创新、靠点子，开拓出了事业上的一片广阔天地。创新能力强，就敢于说别人没有说过的话，敢于做别人没有做过的事，敢于思考别人没有思考过的问题。创新思维的水平，决定一个人的勇气、胆识的大小，谋略水平的高低。准确了解、把握自己创新思维能力的大小及其表现形式，将有助于自己的发展定位和目标设计。

（二）创新型人才是大学生的发展方向

创新型人才，就是具有创新意识、创新精神、创新思维、创新知识、创新能力并具有良好的创新人格，能够通过自己的创造性劳动取得创新成果，在某一领域、某一行业、某一工作上为社会发展和人类进步做出了创新贡献的人。仅有创新意识和创新能力还不能算是创新型人才，创新型人才首先是全面发展的人才；个性的自由独立发展是创新人才成长与发展的前提，作为工具的人、模式化的人和被套以种种条条框框的人不可能成为创新型人才；当代社会的创新型人才，是立足于现实而又面向未来的创新人才。创新型人才的主要特点包括以下三个方面。

1. 强烈的创新意识

当前，我国正处于发展的重要战略机遇期，大力培育创新型人才，为建设创新型国家、国家创新体系和全面建设小康社会，提供坚强的人才保证和智力保障，显得尤为迫切和重要。从一定意义上说，创新型人才正面临着前所未有的时代需求，承载着推进国家自主创新，在激烈的国际竞争中占据主动，实现中华民族伟大复兴的历史使命。因此，创新型人才必须是有理想、有抱负的人，具备良好的献身精神和进取意识、强烈的事业心和历史责任感等可贵的创新品质。具备了这样一种品质，才能够有为求真知、求新知而敢闯、敢试、敢冒风险的大无畏勇气，才能形成创新型人才的强大精神动力。

2. 全面的创新素养

创新是一个探索未知领域和对已知领域进行破旧立新的过程，充满各种阻力和风险，可能遇到重重的困难、挫折甚至失败。人类科学技术发展到今天，要获得每一点进步都相当困难。因此，创新型人才每前进一步都需要非凡的胆识和坚忍不拔的毅力，为了既定的目标必须始终不懈地进行奋斗，锲而不舍，遭到阻挠和诽谤不气馁，遇到挫折和挫败不退却，牺牲个人利益也在所不惜，不达目的誓不罢休，不自暴自弃，不轻言放弃。只有具备了这样的创新意志，才能不断战胜创新活动中的种种困难，最终实现理想的创新效果。

不畏艰难、勇于探索，是创新型人才的必备要求；独立个性则是进行创新性活动的前提，只有具备独立自主精神，不盲目追从，能独立思考判断，才能取得非凡成绩。从当今世界发展看，独立个性尤为重要，因为一个多变的时代、多元的社会要求有不同的人才来解决不同的问题，如果缺乏独立个性，不相信自己的力量而过分依赖环境和他人，就难以成功成才。

创新成果的出现往往需要多人共同努力。创新型人才要有较强的合作意识，善于整合多方力量、争取广泛配合，在团结协作中从事创新实践并获得创新成果。

创新型人才还应具有敏锐的思维习惯，掌握基本的创新方法与技巧，参与丰富多样的创新实践，总之，创新型人才需要具备全面的创新素养。

3. 扎实的知识储备

在人类知识越来越丰富和深奥的今天，要求创新型人才的知识结构既有广度，又有深度，只有通过知识的不断积累才能用更宽广的眼界进行创新实践。如果没有扎实的知识功底与合理的知识结构，就难以在既有知识体系基础上对其进行转化和整合，进而形成新的、有利于创新发生的知识体系。创新型人才只有有了深厚扎实的基础知识、精通本专业的知识技能并了解相邻及相关学科的知识，才能在不同学科之间进行科学合理的整合，避免在分析解决问题时出现单一性和直线式思维，从而较好地实现知识的正向迁移和转化，促成创新性成果的产生。事实表明，知识数量增大可使知识品种和类型呈现出多样性，思想也就相应地倾向于多元化，因而个体能产生丰富的联想、形成新的思路、提出多个设想，有助于创新。

一般来说，创新型人才应具备"新、专、博"的知识结构。"新"即掌握新的前沿性知识。目前各种知识的更新与转移速度加快，仅仅凭借个人原有的知识系统已难以满足创新的需要，创新型人才必须不断汲取新鲜的知识，这样才能跟上时代发展的步伐。"专"即在某一领域有较深造诣。面对无限的知识，精力有限的个人不可能成为各个方面的全才，因此立足某一领域并精通其知识是个体成长的必然要求。"博"即有广泛的知识基础。随着学科的交叉与渗透，许多问题的解决需要运用不同领域的知识和方法，因此广泛获取知识并提升多角度分析问题的能力显得尤为重要。

▸▸ 视野延展

周世宁院士：创新人才的六个素质①

创新能力是人的潜能，对大多数人来说，都能在不同的岗位上做出创新的成果，

---

① 来源：《中国科学报》，2012-01-30。本文对原文有删减。

但是要做到这一点，也是不容易的，需要在素质上培养，在理论上学习，在实践中锻炼。我想就创新人才的素质这一方面，根据自身的体验，做一个简要的论述。

创新人才的素质应当包括以下六个方面。

坚定的自信

为什么把自信作为创新人才的首要品质？这是由创新的特点来确定的，创新的关键是新，是做前人没有做过的事。从某种意义上讲，创新是个人行为，能不能成功，要看实践的结果，这里充满风险和困难，创新者必须对自己的选择和决定，具有坚定的信心，才能开始进行研究工作。在工作的过程中出现问题和失败是必然的，这里更需要坚定的信念，才能克服困难取得胜利，所以对创新者来说，需要自信、自信、再自信。在任何困难的情况下，都要坚信经过自己反复思考的奋斗目标是有科学依据的，是一定能实现的，这是创新成功的基础。

根据我的体验，一项新的创造往往要经过几次失败，才能取得成功。不要把失败当成痛苦和打击，而要把它当成一个过程，所以在内心中要充满自信，相信自己的选择、分析和决策是正确的。要有坚强的心理素质，遇到困难和挫折，不动摇，不退却，这就是创新成功的道路。

深厚的理论基础和广博的知识面

创新的想法必须建立在科学的基础上，特别是原始创新是建立在深厚的基本理论之上的，所以创新人才学习一定要好。要做到学深学透、学会学活是不容易的，但是一旦你真正掌握了理论，它就会显示出强大的力量，生成你事先难于想象的好结果。

技术的创新可分为两种类型：原始创新和移植创新。原始创新是根据基本理论从源头上创新，这需要深厚的基本理论知识，这个难度大，是很不容易的。移植创新是将其他领域中的新技术、新工艺，经过改造运用到自己的工作中来，这就需要广博的知识和丰富的联想能力，以及灵活运用的经验和技巧。这两者都要求我们要勤奋地学习和善于深刻思考，但是一般说来，移植创新是创新的主要方面，所以我们要努力扩大我们的知识面，在创新的道路上，不存在专业对口学习和应用的要求。

强烈的创新愿望

对创新者来说，强烈的创新愿望是发现问题和提出问题的前提。创新人才需要时刻关注周围的新事物和技术进步，不断地学习，不断地探索是否可以引用到自己的工作中来，或者把它用到另一个领域。在我们的周围经常可以看到一些学习优秀、业务水平很高的国内外著名大学的毕业生，虽然他们工作表现良好，但缺少发明创造，没有发挥出自身的潜能、做出突出的成就，其中最重要的原因就是自身没有强烈追求创新的愿望。

丰富的想象力是创造发明的动力和源泉，而中国的传统思想是不利于创新的。如"标新立异""异想天开"，都是贬义词；其他如"行高于众，人必非之""木秀于林，风必摧之""出头的椽子先烂""枪打出头鸟"等强调中庸之道的思想都是不利于创新的。长期以来我国没有能产生诺贝尔奖获得者，近几年国家自然科学奖一等奖和国家发明奖一等奖的连续空缺也说明了这一问题。

有些人抱怨生不逢时，科学发展初期发明创造的机会多，认为现在研究问题的难度大。这是完全错误的。我认为发明的机会比比皆是，就在我们的身边，关键在于你去不去探索和实践。一个优秀的创新人才要善于从似乎无关的事物和现象中，分析出它关键的机理和思路，并且加以扩展应用，这也是移植创新的重要途径。

良好的分析能力和实践技能

世界上的事物都不是孤立存在的，是受到多种因素影响的，而各个因素又是时间、空间的函数，在一定条件下发展变化的。这就给创造发明造成了困难，要做到少走弯路，首先要从宏观上分析我们的思路，是否合乎道理，是否科学可行。一个优秀的创新人才应具有从许多因素中，找出最关键的因素，分析它的运动过程和作用，然后加以控制和利用的能力。关键因素有时是硬件，有时是软件，这里除了需要深厚的理论基础，也需要经验。这是一个比较复杂的，也很重要的问题。

掌握正确的研究方法

首先要明确创新研究的目标和要求，然后选择技术途径。用作图分析法，在纸上列出各个影响因素，用不同颜色的线条勾画出各因素在时间、空间上的关系。用极限判别法分析各个因素的地位和作用，确定技术关键和关键因素及其解决方案。进行简单的定性试验，看看设计思想是否对路，有没有重大的错误。进行小型的定量试验，进一步审查设计中有没有问题，然后加以总结。完善现有的实验方案和系统，再将成果应用于实际。推广研究成果，扩展其应用领域。

健全的体魄和坚强的心理承受能力

在紧张剧烈的市场竞争环境中，每个人都在心理上承受着巨大的压力。繁忙的工作、复杂的问题，要求我们在任何情况下，都要保持乐观的情绪、敏锐的观察分析能力，没有健康的身体是难以胜任的。

创新工作是一种尝试和探索，不可能一做就成，所以创新者要具有强大的心理承受能力，要有坚韧不拔的意志，能够承受挫折和失败。从某种意义上说，在创新的道路上，坚忍的意志比优秀的成绩还要可贵，学习好的人容易找，而意志坚定的人难求，学习好、意志坚的人是真正的优秀创新人才。要有坚强的心理素质，不把失败当成痛苦和打击，而把它当成一个过程，只要创新的思路正确，就一定能成功。另一方面，创新者也要能够承受成功和荣誉带来的压力，在名利面前保持冷静的头脑，这样才能做到与时俱进、再创辉煌。

同样地，在完成一项创新产品后，应努力加以完善并将其推向市场。这一点往往非常困难，因为生产和经营不是研究人员的强项，但在产业化过程中，会暴露出许多技术问题，需要不断地加以改进完善。对创新者来说，应该认识到这一工作的重要性，热情地做好这一工作，圆满地完成创新过程。

三、大学生应具备的创新素质

（一）无私无畏

创新是思前人未思、做前人未做之事，首先需要无私无畏的品质，既不为私利也不惧困难而敢于做破天荒去吃螃蟹的第一人。无私是针对创新型人才进行创新的目的而言，因为创新目的决定着创新的最终价值，只有创新活动超越个体私利才不致引起创新失当，对人类发展、社会进步具有积极意义。正所谓，"创新型人才比一般人具有更高的道德修养和更好的个性心理品质，具有为社会、为国家、为民族服务的意识和自觉性，为社会和他人的奉献精神和忘我精神，因为他们肩负着国家和民族的希望，需要具备比一般人才更高的社会责任感和使命感"。当然，无私并非否认个体利益，而是强调创新型人才通过创新活动实现个人价值时不为私利（比如个人荣誉、经济利益），从而不顾创新成果可能带来的负面效应甚至是对人类造成危害进行不恰当的创新活动。无畏意味着在创新实践中要不畏艰难、勇于探索，是创新型人才进行创新活动的必备要求。创新是一项具有探索性的极其艰巨复杂的实践活动，因此创新型人才既要有敢于质疑、敢为人先、不怕打压、坚忍不拔的勇气，还要为之付出大量的时间精力、承担物质消耗和智力消耗，甚至承担一定的经济风险、政治风险或舆论压力。通过考察科技发展史可以发现，一个新科学理论的提出往往会同传统观点相对立，这种对立不仅表现为科学本身发展的新旧冲突，还表现为与宗教势力或政权利益的对抗，因而通常会遭到嘲笑、污蔑和打击。因此，创新型人才需要具备无畏的品质，做到为了取得一项成果、验证一个结论孜孜以求，奉献一生，甚至献出生命。

（二）独立个性

独立个性是进行创新性活动的前提，只有具备独立自主精神，不盲目追从，能独立思考判断，才能取得非凡成绩。英国心理学家特尔曼曾对1500名超智儿童的成才过程进行系统的追踪调查，并把其中800名男性中成就最大的20%与成就最小的20%进行比较分析，发现两者最显著的差别是他们的个性品质不同，成就最大者的独立个性更强。从当今世界发展看，独立个性尤为重要，因为一个多变的时代、多元的社会要求有不同的人才来解决不同的问题，如果缺乏独立个性，不相信自己的力量而过分依赖环境和他人，就难以成功成才。

（三）超常思维

超常思维是人们在思维活动中表现出来的敏锐性、前瞻性、开放性、多样性、独创性等思维品质，它往往与创新实践密切相连，让人们为把握事物本质、破解各种难题而主动独立地思考。有学者认为，超常思维可理解为"打破传统思维方式，突破传统观念，使思维具有超前性"。只有具备超常的思维，创新型人才才能在实践活动中摒弃偏见和成见，通过选择、突破和重构已有知识、经验、信息，对事物进行去粗存精、去伪存真、由此及彼、由表及里的筛选、加工和制作，进而以独特的认知模式把握事物的内在本质和规律，形成新的认识、新的判断、新的思路、新的结论。

（四）综合素养

个体创新能力与生理、心理等因素密切相关，但其知识结构往往起着决定性作用。如果没有扎实的知识功底与合理的知识结构，就难以在既有知识体系基础上对其进行转化和整合进而形成新的、有利于创新发生的知识体系。创新型人才只有有了深厚扎实的基础知识、精通本专业的知识技能并了解相邻及相关学科的知识，才能在不同学科之间进行科学合理的整合，避免在分析解决问题时出现单一性和直线式问题，从而较好地实现知识的正向迁移和转化，促成创新性成果的产生。事实表明，知识数量增多可使知识品种和类型呈现出多样性，思想也就相应地倾向于多元化，因而个体能产生丰富的联想、形成新的思路、提出多个设想，有助于创新。

（五）合作意识

创新成果的出现往往需要多人共同努力。在诺贝尔奖开设最初的 25 年中，获奖者的工作中有 41% 是合作性的，到了 1972 年 79% 的获奖者由于合作而获奖。尤其是在知识爆炸的今天，任何人也无法收集和掌握每年约 10 亿信息单位的新增信息，没有任何一个个人可以单独从事一项社会创新工程和研究项目。因此，创新型人才要有较强的合作意识，善于整合多方力量、争取广泛配合，在团结协作中从事创新实践并获得创新成果。

（六）显现绩效

成为创新型人才，不仅要有极大的创新激情和强烈的创新欲望，并以务实的态度和科学的方法进行长期不懈的创新实践，更要取得社会认可的创新成果，这是衡量创新型人才的最终标准。一个人具有创新精神和创新能力却没有创造出社会认可的成果，不能被称为创新型人才，充其量也只是潜在的创新型人才。

▶▶ **视野延展**

当代大学生创新素质的现状

具有创新意识，但不善于利用和创造条件

创新能力的发展与创新行为的开展，都是建立在创新观念和创新欲望的基础之上。大学生普遍具有创新动机，对创新有一定程度的认识，希望在学习中产生新思想与新理论，积极寻找新的学习方法，但由于学校创造性学习条件的局限及学生自身不善于创设和利用学校的现有条件，缺乏向知识经验丰富的教师或同学请教的勇气，往往不能把握本学科最新发展的动态和相关学科知识的横向关系，由此限制了学生创新能力的进一步发展。

思维相当敏捷，但缺乏创新性的思维方式

随着知识和经验的积累，大学生的想象力逐渐丰富，思维能力，尤其是逻辑推理思维能力有了很大程度的发展，思维相当敏捷；然而由于他们的知识面宽度不够，知识的吸收是独立的、互不相关的，容易出现"见树不见森林"的现象。机械地、片面地看待各科知识的结构，缺乏必要的整合，致使他们的思维方式往往是直线式，思考问题缺乏灵活性、全面性和深层次，处理问题的方式方法千篇一律，没有太多的新意和突破，明显表现为在发言、作业、试卷、论文中缺乏新意。

有创新的灵感，但缺少必备的创新技能

经过不断的脑力劳动，大学生大脑皮层下产生某些暂时性的神经联系，在特定因素的诱发和引领下，神经联系会彼此刺激，产生灵感。然而灵感往往是短暂的、昙花一现，此时若有较强的创新技能，会使灵感成为现实。创新技能是指创新主体运用创新技法的能力，包括新信息加工能力、动手操作能力、掌握和运用创新技法的能力、创新成果表达能力及物化能力。我国学生长期受应试教育的影响，其应试能力较国外学生具有很大的优势，但在动手能力与运用创新技法的能力方面却远远弱于外国学生。

有创新的兴趣与热情，但缺乏毅力

创新过程并不仅仅是纯粹的智力活动过程，还需要以创新情感为动力，在智力和创新情感的共同作用下，创新才可能获得产生综合效应的能量。调查显示，大学生在兴趣的深度、广度、稳定性及效能上，都有相当的发展，但有待于进一步提高，这需要具有坚强的毅力。毅力是人类自觉确定目标，根据目标来支配、调节自己的行动，克服各种困难，实现自己目标的心理过程，是能动性和个体积极性的集中体现。大学生能够意识到毅力在创新活动中的重要性，但缺乏毅力，在实际工作中往往是虎头蛇尾，见异思迁，甚至轻言放弃。

第二节　创新与创业

一、创新与创业的联系

创新既是一种意识又是一种过程；创业既是一种价值观又是一种实践活动。创业与创新紧密相关，与创新相比，创业更加明确地强调顾客导向，强调创造价值和财富。建立在创新基础上的创业活动更有可能获得成功并实现快速成长。创新与创业在内在属性与外在表现方面，都有着千丝万缕的联系。

1. 创新是创业的基础

创业者在进行创业时，重要的创业资源包括核心技术、创业知识、运作资金、创业团队、创新能力等，其中创新能力具有关键性的作用。创业者在创业过程中需要具备创新意识和创新精神，需要独特和新颖的创新思维，产生出富有创意的独特想法，寻求解决问题的新的思路和方法，不断克服企业发展中的瓶颈和难题，最终才能够取得创业的成功。创新的重要价值就在于将潜在的知识、技术和商机转化为产品与服务，推向市场，创造财富，实践创业。

2. 创业的本质是创新

创业能够取得成功，必然存在着价值创新。与一般劳动相比，创业更强调创造出创新性价值。当今较为典型的创业大多诉求创新带来的新价值，这些新价值通过技术、产品和服务等方式的变革更好地为消费者服务，促进社会的发展和进步。创业活动是一种开创性的实践活动，在创业实践活动中主体的主观能动性得到充分的发挥，这在本质上体现出创业是人们的一种创新性活动，即创业的过程就是不断创新的过程。

▸▸ 视野延展

小创意带来大收益[①]

1987 年，美国的两个邮递员科尔曼和施洛特无意中看到一个小孩拿着一种发亮光的荧光棒，这家伙能派什么用场呢？在胡思乱想中，两个人随手把棒棒糖放在荧光棒顶端。结果，光线穿过半透明的糖果，显现出一种奇幻的效果。这一小小的发现，让两人惊喜不已。他们为此申请了发光棒棒糖专利，还把这专利卖给了开普糖果公司。

奇迹由此开始。两个邮递员继续想：棒棒糖舔起来很费劲，能不能加上一个能自动旋转的小马达？由电池对它进行驱动，这样既省力又好玩。这种想法很快付诸实施。对他们来说，这种创造太简单了！旋转棒棒糖很快投入市场，并且获得了极大的成功。在最初的 6 年里，这种售价 2.99 美元的小商品一共卖出了 6000 万个！科尔曼和施洛特得到了丰厚的回报。

更大的奇迹还在后面。开普糖果公司的负责人奥舍在一家超市内看到了电动牙刷，虽有许多品牌，但价格都高达 50 多美元，因此销售量很小。奥舍灵机一动：为什么不用旋转棒棒糖的技术，用 5 美元的成本来制造一只电动牙刷呢？

奥舍与科尔曼、施洛特着手进行技术移植，很快，美国市场上最畅销的旋转牙刷诞生了，它甚至要比传统牙刷还好卖。在 2000 年，3 个人组建的小公司卖出了 1000 万

---

① 来源：《意林》，2010(04)。原标题：怎样才能小赚 4.75 亿美元（作者 高兴宇）。

把该种牙刷！这下，宝洁公司坐不住了。相比之下，他们的电动牙刷成本太高了，几乎没有市场竞争力。于是，经过讨价还价，2001年1月，宝洁收购了这家小公司，首付预付款1.65亿美元，三个创始人在未来的三年内留在宝洁公司。过了一年多，宝洁公司便提前结束与奥舍、科尔曼、施洛特三人的合同。因为宝洁公司发现电动牙刷太好卖了，远远超出了他们的预料。借助一家国际超市公司，它已在全球35个国家进行销售。按照这种趋势，宝洁在三年合同期满后付给奥舍三人的钱要远远超出预期。最后经过协商，合同提前中止，奥舍、科尔曼、施洛特一次性拿到了3.1亿美元，加上原来1.65亿美元的预付款，共4.75亿美元。这是一个令人头晕目眩的天文数字，如果用卡车去银行拉这么多现金，恐怕要费上一番功夫！

奥舍、科尔曼、施洛特三个人不费吹灰之力，就赚取4.75亿美元。他们是凭借什么呢？小小创新？不错，这确实是直接原因，但同学们也有这小小创新，为什么一分钱没拿到？原因是你们是被动的，没有那三个人的创新意识。有了创新意识，就会获利吗？也不对，还要有眼光，既要有申请专利的眼光，还要有把专利投放入市场的眼光，一个人，可以不去奢望那4.75亿美元，但不应该冷落技术创造、灵感创意这些成功的要素。

二、创新与企业发展

纵观当代企业，唯有不断创新，才能在竞争中处于主动地位，立于不败之地。创新是带有氧气的新鲜血液，是企业的生命。在全球经济一体化、信息化、网络化大的趋势下，科学技术日新月异，人类知识总量与日俱增，经济生活瞬息万变，每一个企业和每一个企业家，都应当学会从高处和远处审视自己，衡量自身，发现自己的弱点和缺点，迅速加以克服，否则，随时都有被淘汰的可能。

（一）企业的技术创新

技术创新为企业创新活动的核心内容，它为组织实施和过程管理提供必要的支撑和保障，越来越多的公司认识到了其重要性。世界上大的跨国企业每年的研发投入都高达数十亿美元，主要用于支持自己的强大研发机构和团队的创新实践，使企业保持旺盛的创新活力，在国际市场竞争中成为赢家。近些年来，我国的华为、海尔、联想等公司也加大了研发投入。一些中小企业也重视技术创新，在市场竞争中获取高效益回报。技术上的创新在产品的生产方法和工艺的提高过程中起着举足轻重的作用。一方面技术创新提高物质生产要素的利用率，减少投入；另一方面又通过引入先进设备和工艺，从而降低成本。在企业的竞争中，成本和产品的差异化一直都是核心因素，技术的创新可以降低产品的成本，同样，一种新的生产方式也会为打造企业的产品特色提供帮助，如果企业能够充分利用其创新的能量，就一定能在市场中击败对手，占据优势地位。当然技术创新本身具有高投入、高风险性，因此在技术创新的过程中，必须通过建立良好的市场环境和政策条件，才能充分激发企业创新的内在动力，为企业创造最大价值。

技术创新也逐渐成为企业一项极其重要的无形资产，而企业作为利益分配主体，就意味着在照章纳税后，有权对技术创新收入进行自主分配。这样企业不仅可以有效补偿技术创新投入，而且还可以有效地激励研究与开发人员，尤其是向对技术创新有突出贡献的人员实行特殊的报酬机制。再者，企业可以根据有效的经济原则，组建有效的研究和开发组织，按要素、贡献分配报酬，激励研究与开发的有效推进。

（二）企业的管理创新

管理创新是企业为了更有效地运用资源以实现目标而进行的创新活动。管理创新就是通过引入新的管理思想、方法、手段、组织方式而实现的创新。美国管理学家哈梅尔(Hamel)将管理创新定义为：对传统管理原则、流程和实践的明显背离或对常规组织形式的背离。管理创新就是指以价值增加为目标，以战略为导向，以各创新要素（如技术、组织、市场、战略、管理、文化、制度等）的协同为手段，以培育和增强核心能力、提高核心竞争力为中心，通过有效的创新管理机制、方法和工具，力求做到人人创新、事事创新、时时创新、处处创新的创新活动或过程。管理上的创新可以提高企业的经济效益，降低交易成本，可以开拓市场，从而形成企业独特的品牌优势。

（三）企业的制度创新

企业制度创新是企业创新系统中的重要组成部分，是指一种更有效的约束本企业职员行为的一系列规则的产生过程，为企业技术创新的组织实施和过程管理提供支撑和保障。它通过激发企业职员的积极性和创造性，促进企业资源的合理配置利用，从而推动企业进步。企业之间的制度及相关知识基础的差异，使得企业很不容易被模仿。

兰斯·戴维斯和道格拉斯·C.诺思认为制度创新的全过程包括五个主要的阶段，即形成"初级行动集团"阶段、"初级行动集团"提出制度创新方案阶段、"初级行动集团"对已提出的各种创新方案进行比较和选择阶段、形成"次级行动集团"阶段、"初级行动集团"和"次级行动集团"协作实施制度创新并将其变为现实阶段。他们认为这个过程是动态变化和发展的，同时，制度创新存在时滞效应，具体表现在以下几个方面：一是认识与组织的时滞，即从认识外部利润到组织初次行动团体所需要的时间；二是发明的时滞；三是"菜单选择"的时滞，即搜寻已知的可替换的菜单和从中选定一个能满足初级行动团体利润最大化的创新的时间；四是启动时间的时滞，即可选择的最佳创新和开始旨在获取外部利润的实际经营之间存在的时滞。

（四）企业的营销创新

营销创新是企业提升顾客价值、获得并维持竞争优势的有效途径。

营销创新是一个非常艰苦的活动过程，需要经营者有强烈的创新意识和坚韧不拔的创新精神，以及系统的创新理论的指导。从目前我国企业营销实践看，受市场对接环境的影响，许多企业已具备了紧迫的创新意识，但其中大部分企业却不知从何做起、如何努力。我国企业在创新过程中可选择的创新策略很多，宜结合自身特点及市场环境等多种因素灵活运用。可供选择的创新策略主要有：观念创新、市场创新、产品创新、服务创新和组织创新等。

所谓观念创新就是企业适应新的营销环境的客观变化而形成正确的认识或看法。由于它是企业开展营销活动的指导思想，或者说它支配着企业的市场营销活动，所以，它是企业营销创新的灵魂。营销创新的最终目的是通过更好地满足消费者需求获得更大的市场份额和更多的经济效益，可以说，营销创新有较强的目的性。正因为如此，消费者需求（即市场）的变化为企业营销创新指明了方向。

市场创新除了选择企业有能力进入并获得收益的目标市场这一内容以外，还包括新市场的进占与拓展等内容，因为新市场能给企业带来创新收益。

一个企业是否具有生命力，其重要的标志就是它的产品是否能够不断创新。不断地满足消费者不断变化的需求是企业营销创新的直接目的，为此，企业产品需不断创新，产品创新是营销创新的核心内容。

服务作为一种特殊的产品，属无形产品，它与有形产品一样，也是市场客体的重要组成部分。

面对营销形势的新变化，企业必须着手建立战略联盟、调整营销机构、开展网络营销、强化营销沟通，实现营销组织的不断创新。因此，调整企业组织结构，消除部门之间的隔膜，提高营销效率和创新效率，相关职能部门共同致力于市场需求的满足就显得尤为必要。特别是，营销部门必须与研究开发等部门密切配合，及时沟通信息，这是在市场竞争日趋激烈的环境下企业制胜的关键。

（五）企业的文化创新

企业文化创新是指为了使企业的发展与环境相匹配，根据本身的性质和特点形成体现企业共同价值观的企业文化，并不断创新和发展的活动过程。企业文化创新的实质在于在企业文化建设中突破与企业经营管理实际脱节的僵化的文化理念和观点的束缚，实现向贯穿于全部创新过程的新型经营管理方式的转变。面对日益深化、日益激烈的国内外市场竞争环境，越来越多的企业不仅从思想上认识到创新是企业文化建设的灵魂，是不断提高企业竞争力的关键，而且逐步深入地把创新贯彻到企业文化建设的各个层面，落实到企业经营管理的实践中。

企业文化是企业制度和企业经营战略的要求在员工价值理念上的反映，反过来，企业文化也会对企业制度的安排及企业经营战略的选择产生一种反作用，因为人的价值理念支配人的选择及行为。正因为如此，企业文化的创新必然会带来员工价值理念的创新，而这种价值理念的创新，会推动企业制度和经营战略的创新。由此可见，企业文化创新对于企业制度和经营战略的创新，是具有非常重要的意义的。

对企业来说，创新既是机遇，也是挑战。企业应该在国家政策的引导下，从企业的实际出发，进行大胆创新，把握创新的主动权，把握市场机会和技术机会，做出适合本企业的创新决策，不断提高创新水平，真正成为技术创新的主体，从而走上一条适合企业自身发展的创新之路，使企业始终保持旺盛的生机，不断取得新的发展。

▸▸ 视野延展

不断自主创新发展的格力

珠海格力电器股份有限公司，成立于1991年，从一家只有一条简陋的、年产量不过2万台窗式空调的生产线的小工厂发展为现在集研发、生产、销售、服务于一体的国际化家电企业。格力电器披露，2018年第一季度实现营收396亿元。它的成功源于其在技术、管理与制度、营销、文化等方面的创新。

技术：格力电器自成立以来，以"一个没有创新的企业是一个没有灵魂的企业"为座右铭，致力于技术创新。它在国内外累计拥有专利超过6000项，其中发明专利1300多项，是中国空调行业中拥有专利技术最多的企业。其中，2015年自主研发的核电制冷"中国芯"——百万千瓦级核电水冷离心式冷水机组，打破了核电制冷领域长期被欧美垄断核心技术的困局，为中国核电装备国产化和出口减少障碍。2018年，格力在中国家电及消费电子博览会上发布了国际首创的家庭中央空调变频变容技术，这种技术能极大降低能耗。

管理与制度：从1994年起公司开始以抓质量为中心，提出"出精品、创名牌、上规模、创世界一流水平"的质量方针，实施"精品战略"，出台"总经理十二条禁令"，推行"零缺陷工程"，创出了"格力"这一著名品牌，在消费者中树立良好的口碑。为了企业资源能得到更加合理的配置和充分的利用，格力推行精益管理法和6σ管理方法，加大拓展国际市场力度，向国际化企业发展。

营销：1994年，首创"淡季贴息返利"模式。1996年，首创"年终返利"模式，被誉为"格力模式"，为业内广泛采用。1997年，独创了以资产为纽带、以品牌为旗帜的区域性销售公司模式，被经济界、理论界誉为"二十一世纪经济领域的全新革命"。

文化：以"格力精神"引领企业发展，企业文化包括：

(1)企训：忠诚、友善、勤奋、进取。

(2)经营理念：制造最好的空调奉献给广大消费者。

(3)管理理念：创新永无止境。

(4)管理特色：合理化、科学化、标准化、网络化等。

第三节　创新思维的培养

各行各业、世界各国都越来越重视创新，但是怎样才能创新呢？要回答这个问题，我们认为关键从两个方面着手：创新的思维和创新的方法。具有了创新的思维，也就有了创新的原动力；拥有了创新的方法，也就有了创新的武器。这样一来创新就不是问题。

通常人们根据思维是否具有创新性把思维活动分为两种，一种是创新思维（或创造性思维、创造思维），另一种是重复性思维（或再现性思维、常规性思维）。重复性思维是一种比较普通的思维形态，它是对已经接收到的信息的重复和再现，大脑利用的仅是记忆和存储功能，这种思维模式是相对稳定的；而创新思维正好相反，是对存储的信息根据需要（问题）的新加工，必须具有思维的创新性。

一、创新思维的阻力

阻碍创新思维发展的因素很多，既有主观因素也有客观因素。一般说来，创新思维的最主要阻力是存在于创新主体思维中的习惯和定势，以及头脑中的传统的、固定的思想观念。

（一）思维定势

思维是人脑的机能。人们在认识事物时，由一定的心理活动所形成的某种思维准备状态，影响或决定同类后继思维活动的趋势或形成的现象，这就是通常所说的思维定势。在人的思维能力上，思维定势是一种重要的表现，是人们通过不断地学习和实践积累下来的经验和形成的自己独有的对世界、对认知的规律和途径等方面的一种观点。它既有积极意义，也有负面性。这主要看每个个体如何对待自己和认识自己的思维定势，是自觉的认识、理解和运用自己的思维定势，还是根本不知道什么是思维定势及思维定势的利弊。

思维定势对于解决常规性问题和例行性工作具有积极意义，它可以使人们在以往经验和模式的基础上驾轻就熟，快速地对问题做出反应。然而，对于创造性地解决问题，思维定势则只能成为一种阻力或障碍，它很容易造成某些主观框框，使人思路阻塞、思域狭窄，难以闪现出创新的灵感，这是思维定势可能导致的消极影响。

按预先设定心理状态的预期结果不同，思维定势分为积极的思维定势和消极的思维定势。

积极的思维定势：当面对问题发生时，相信采取某一行动一定会出现预期的结果，这种预先设定的心理状态是积极的思维定势。注意：思维定势产生的积极作用不同于积极的思维定势；积极的思维定势不一定都带来正面的效应，积极的思维定势也存在正、负两个方面的结果效应。

固守积极的思维定势会使企业付出不必要的代价。像当年秦池、爱多等很多中央电视台广告标王迷信品牌就是广告打出来的，只要有钱做广告就可以做好品牌，在如今这个广告媒体越来越分化、消费者越来越成熟的时候，仍然过于迷信单一广告的作用，结果巨额广告费用投进去却没有收到预期的效益，这是坚持某种积极的思维定势付出的代价。

消极的思维定势：相信采取某一行动不会出现预期的结果，这种预先设定的心理状态是消极的思维定势。比如诸葛亮成功上演了一出"空城计"逼退司马懿，就是利用了司马懿的一种消极思维定势：诸葛做事一向谨慎，千万不可冒险进攻。

积极的思维定势往往来源于已往的成功经验，消极的思维定势往往来源于已有的失败教训，两种思维定势都会形成对创造思维的障碍。过去成功的经验应用于现在，不一定还能成功；过去失败的事情，放在现在不一定还会失败。

在创新过程中，应特别注意思维定势的消极影响，尽量防止或减少已有的思维定势可能产生的束缚作用。要冲破思维定势，主要途径是有意识地进行反定势思维，即注意有意识地从与定势不同的方向和角度进行思考。美国伯纳姆曾提出著名的"三问"，他认为对任何一件事情，都可以提出三个基本问题：一是能不能取消，二是能不能合并，三是能不能取代。

（二）传统观念

观念是内化于人脑潜意识中的观点和认识。人们在思维过程中，反复运用某种观点认识和思考问题，久而久之，这些观点和认识积淀到大脑深层意识之中而达到了"无意识"状态，形成了一种约束性的一致观念，对人的认识活动起着巨大的制约作用。在人脑思维加工过程中，主体对材料的选择、组织，对问题的认识、评价，很大程度上取决于观念。历史上，每种观念的产生都是以当时的实践水平和历史文化发展为基础的，因而有它产生的根据和存在的合理性。当时代发展了，实践也随时代的发展而进步，深藏于人们头脑中的观念则不容易随实践和时代的改变而改变，从而形成一种思维的惯性。这时，原本适时的观念就变成了过时的观念，这种观念一般称为传统观念。传统观念是创新思维的重要障碍，它顽强地维护着赖以存在的实践和社会基础，反对思维对现存事物的超越。受传统观念的影响，人们会因循守旧，墨守成规，用老眼光、老办法去面对新问题。所以说，传统观念是阻碍创新思维的重要因素，是创新思维的大敌。

另外，固定观念也会阻碍创新思维的发展。固定观念一般是指人们在特定的领域内形成的观念。在该领域内某种观念是适用的，一旦超出这个范围，它们就可能变得不再适用了。但是由于观念在思维中的惯性作用，人们总是习惯于以固有的观念去认识、评价面对的问题而不管这个问题是否超出了适用范围。在经验范围内解决那些常规性问题，是不需要思维创新的。但如果思维超出了原有的领域而进入一个新的领域，那么适用于原来领域的固定观念在新的领域中只能起排斥新思想、扼杀新观念的作用。

创新思维阻力根源于创新主体的心理模式，创新思维受到创新主体知识、经验和个人素质的制约。因此，克服创新思维的阻力既要善于质疑和勇于批判，克服胆怯心理、实现超越，又要创新主体加强对创新思维原理等方面的学习和训练。

对创新主体来说，克服创新思维阻力的主要途径有以下几个方面：首先，要善于质疑、勇于批判。由于创新主体不知不觉地受到传统观念、固定观念和思维定势等因素的支配，因此要想克服这些因素，就要求创新主体必须有反思传统、善于质疑的精神和敢于批判的勇气，要怀疑批判别人更要怀疑批判自己，只有通过不断怀疑和批判，才能使创新主体冲破固定框框的束缚，在怀疑批判中不断创新。其次，要克服胆怯心理，不断超越。破除传统习惯，突破权威型思维枷锁，是需要有勇气的。传统的、权威的东西同时也是为多数成员所承认和接受的东西。突破它们就意味着向多数人支持的东西发起挑战。而这种挑战本身又不能保证次次成功，却经常伴随着挫折和失败。因此，这就特别需要创新主体正确对待创新过程中的错误和曲折。要努力克服胆怯心理，不断实现思维方式的超越，如果处处怕犯错误，唯恐失败，就会陷于保守，就不敢突破原有的界限，也就谈不上开拓创新。最后，要努力学习创新思维的原理和方法，应用于自己的创新实践中。现代创造学总结出一些有用的原理和方法，能够帮助人们突破传统、习惯和思维定势，掌握了这些原理和方法，能够有效地帮助人们自觉地抵制和克服各种创新思维障碍。如创新的思维方法，就是打破人们通常思考问题的单一思维方式习惯，从各种不同的方面和角度进行思考。多向思维可以帮助创新主体打破思维定势，寻找到更多解决问题的新思路。如果创新主体善于运用这样一些方法，就可以自觉地抵制传统观念、固定观念及思维定势等的干扰，实现思维的不断创新。

▸▸ 视野延展

打破思维定势

有这样一道测试题：一位公安局长在茶馆里与一位老头下棋。正下到难分难解之时，跑来了一位小孩，小孩着急地对公安局长说："你爸爸和我爸爸吵起来了。"老头问："这孩子是你的什么人？"公安局长答道："是我的儿子。"

请问：这两个吵架的人与公安局长是什么关系？

据说有人曾用这题对100人进行了测验，结果只有两人答对。你是不是已经从婚姻、抚养和血缘等角度开始推测他们之间的关系，感觉是不是很复杂？

其实答案很简单：公安局长是女的，吵架的一个是她的丈夫即小孩的爸爸，另一个是她的爸爸即小孩的外公。为什么我们刚才把他们之间的关系想得很复杂呢？因为"公安局长"、"茶馆"、"与老头下棋"这些描述，使我们从以往的经验判断出发，为公安局长预先设定了一个男性身份，这样就把简单的问题想得复杂了。这种预先设定的心理状态和惯性的思维活动就是思维定势。人们根据以往的知识和经验积累，逐渐形成一种判断事物的思维习惯和固定倾向，从而形成"思维定势"。

"创造思维"这个叛逆的小孩，天生就不服"思维定势"妈妈的管教，时刻想挣脱她的束缚远走高飞，因而"创造思维"和"思维定势"又是一对生死冤家和宿敌。创造思维需要打破常规，而思维定势是一种固定的思维模式和思考习惯，常常对创造思维的形成产生消极的作用。

思维定势可能都是过去某一阶段的经验总结，是经过成功的经验或失败的教训验证的"正确思维"。但是当事物的内外环境变化时，仍然固守"正确的"定势思维却行不通了，甚至要吃大亏。

可见，不突破思维定势，就只能被原有的框架所束缚，就不可能激发出创造思维和取得新的成功。

二、创新思维的方法

创新思维使人能突破思维定势思考问题，从新的思路去寻找解决问题的方法。常用的创新思维方式有逆向思维、侧向思维、求异思维、类比思维、综合（集中）思维、发散（扩散）思维等。

1. 逆向思维

所谓逆向思维，就是指突破常规考虑问题的固定思维模式，采用与一般习惯相反的方向进行思考、分析的思维方式。通俗地讲，就是倒过来想问题。

我们都学过"司马光砸缸"的故事。小孩落水会淹死，要救出落入水缸的小孩，常规方法是把人拉出水面。把一个小孩拉出水缸，对大人来说不成问题，但对还是少年的司马光来说却不是一件容易的事，弄不好自己还可能被对方拉下水。司马光考虑的不是常人想的"人离水能活"这一条方法，而是"水离人，人也能活"这种思维方法，砸破水缸救出小孩，这就是一种逆向思维。

逆向思维可分为功能反转、结构反转、因果反转、状态反转等类型。

从已有事物的相反功能去设想和寻求解决问题的新途径，获得新的创造发明的思维方式即为功能反转。德国一工厂生产的一种纸因严重化水无法使用，按常规只能打浆返工。有个工程师考虑到化水原因是吸水性太强，能否专门用这种纸来吸水呢？通过思维的"功能反转"，制出了专用吸水纸，并申请了国家专利，增加了工厂收益。在日常生活中有许多用具的缺点往往是大家主攻的对象，但在不同使用场合，这些缺点有可能成为"优点"。

打破已有事物的相反结构形式去设想和寻求解决问题的新途径的创造性思维方式属结构反转。如一般的门锁锁舌有斜口，这样关门比较方便，但却容易通过塞入硬片等方法撬开，防盗功能差，有人把门框上锁孔内侧焊个斜片，将锁舌改成方形，这样从结构上与原锁反转，关门照样方便，但由外往里撬门，由于锁舌是方形的就不易被撬开了，从而使防盗性能大大增加。

打破已有事物的因果关系，反过来由"果"去发现新的"因"（现象、规律），寻找解决问题的方法就是因果反转。例如磁生电（发电机）↔电生磁（电磁铁），声转电（话筒)↔电转声(听筒)。

将已有事物的一种属性反转过来,发现或创造一种新的产品或技术的方法称作状态反转。例如,日常生活中圆珠笔的漏油一直是难以解决的难题,人们认为漏油是由钢珠的磨损造成的,因而许多科学家、工程师、发明家都在强化钢珠硬度、耐磨性上花费极大精力,但处于当时的条件下,材料上难以突破。难道除了提高钢珠硬度、耐磨性之外就别无他法了吗?日本一位发明家发现了一条与常人不同的思路——钢珠磨损后笔要漏油,但如果钢珠磨损后笔管中已没有油可漏了,这个问题不就解决了吗?他买来大量圆珠笔,反复使用,统计出常用圆珠笔写了多少字、用了多少油开始漏油的规律,采用在管中定量灌油的方式解决了圆珠笔的漏油问题。不从常人强化钢珠的方向思考,而是从油量上动脑筋,使难题得以解决。

总之,当思考的问题用常规方法得不到解决时,应考虑转换思考角度,以逆向思维方式来重新思考,这是人们在创新时常用的方法。

2. 侧向思维

侧向思维与逆向思维一样,都是相对于常规思维活动而言的。它们的区别在于:逆向思维在许多场合表现为与他人的思维方向相反,但轨迹一致,而侧向思维不仅在方向上,而且在轨迹上也有所不同,偏重于另辟蹊径。

侧向思维一般在下述两种情况下常用:第一种情况是实现目标的途径相当明确,原有各种思维方式、思路、方法均可达到既定目标,但人们源于思维习惯,尽管原方法有优有劣,总是死抱住一条路不变,在这种情况下就必须果断寻找新途径。例如要剪一圆纸板,通常先在纸板上画出一个相应直径的圆,再用剪刀仔细剪下,花费时间较长。有人想到用圆规画圆,把圆规的笔尖改装为小刀片,则制造了一个很好的切圆片专用工具,还节省了时间。

第二种情况更为多用,对某一问题孜孜以求,但按常规方法却难以完美解决,这时不妨转换一下思路,从与自己研究无关的领域中寻找解决的方法,或者请"外行"来参谋、出点子,或许很容易就能解决问题。例如,大家比较熟悉的鲁班发明锯、摩尔斯发明电码就是运用这种思维方式的例子。

侧向思维是进行创新的有效思维方式,尽量利用已有新技术及邻近领域的成熟技术以图从别人想不到的角度观察、分析,达到解决问题的目标。

3. 求异思维

善于"标新立异"是发明家的共同之处。这就需要我们有一种求异思维,在常人习以为常的工具、用具、方法中标新立异,创出新品。求异思维的关键在于不受任何框架、任何模式的约束,能够突破、跳出传统观念和习惯势力的禁锢,从新的角度认识问题,以新的思路、新的方法创造。日常所说的"出奇制胜",就是求异思维,使"圆变方,纵变横,平面变立体,飞机入水,船上天"。例如市场上手机屏幕越来越大,功能越来越强,成本越来越高;有厂家推出功能较少、使用方便、价格低廉的手机,就是求异思维的结果。

4. 类比思维

类比思维是一种逻辑思维方式，人们通过类比已有事物，开启创造未知事物的创新思路。它把已有的事和物与一些表面看来与之毫不相干的事和物联系起来，寻找创新的目标和解决的方法。常见的方式有：形式类比、功能类比和幻想类比等多种类型。

形式类比包括形象特征、结构特征和运动特征等几个方面的类比，不论哪个形式都依赖于创造目标与某一装置或客体在某些方面的相似关系。如人类根据鸟的飞行原理制成了飞机；飞机高速飞行时机翼产生强烈振动，有人根据蜻蜓羽翅的减振结构设计了飞机的减振装置。

功能类比是根据人们的某种愿望或需要类比某种自然物或人工物的功能，提出创造具有近似功能的新装置的方法，这种方法特别在仿生学研究中有广泛应用，例如鳄鱼夹、各种机械手等。

根据幻想中的某种形象、某种装置进行发明创造思维，这种思维是幻想类比。例如《海底两万里》的作者幻想了一种能长时间在海底活动的潜艇，经过几十年的努力后制成的现代潜艇即是这种幻想的实施。当然，一项成功的发明也可以是以上多种类比的综合，如各种机器人的发明绝非一种创造性思维发挥作用的结果。

培根有句名言："类比联想支配发明。"培根把类比思维和联想紧密相连，有类比更需要联想，不论是寻找创造目标，还是寻找解决方法都离不开联想的作用。要用好类比思维，应该提高联想能力，特别是掌握相似联想，是用好这一思维的重要条件。

5. 综合思维

学习物理我们知道，不同方向的力能够产生合力。在发明创造中，同样可以把几个不同的主意组合起来，取其长处、相互补充，用以解决一个难题或者完成一件作品，这就是综合思维，又称集中思维。

综合思维可以综合多种方法，对原理、设计、结构进行合理改进、互补、综合，达到理想目标。近年来普遍使用的"头脑风暴法"和常说的"三个臭皮匠、抵个诸葛亮"等就是这种思维的具体应用。

综合思维可在下列两种情况下使用，一种情况是几个设想并无矛盾，分别可用在作品的不同部位，只需简单组合即可；另一种情况是几个设想集中在同一部位，相互之间各有长短，这时你就必须下一番功夫把它们各自具有的长处结合而消除弊端，就好像是将几个分力共同作用在同一直线上，你必须把它们合理安排，使它们能最大限度地达到你想得到的效果。

6. 发散思维

围绕一个问题，突破常规思维的束缚，沿不同方向去思考、探索，寻求解决这一问题的各种可能性，这种由一点到多点的思维形式就叫作发散思维，又称扩散思维、多向思维、辐射思维。通常人们考虑问题，总是由提出问题的起点到解决问题的终点，喜欢按一条思路进行，走不通就停下来，问题被搁置。也许，换一个思路从不同角度去考虑就很容易解决问题。思维扩散的范围越广，产生的设想越多，解决问题的可能性就越大。

发散思维的常用操作方式有：材料发散，就是以某种材料为基点，设想它的多种用途，并对材料的各种专用特性进行研究、改进，达到要求的目标，如纸可用于写字、包装、制作玩具、引火等；功能扩散，以某种事物的功能为扩散中心，设想这种功能的其他用途，如灯可用于发热、发光、取暖、烘烤、发信号等；形态扩散，以某种事物形态(颜色、形状、声音、气味等)为扩散中心设想出能被利用的各种可能性，如钉子可以钉木板(把两种材料联结，挂物体)、钉墙面(水泥钉)、钉塑料(热固化材料，补洞等用)、钉鞋(防滑)、做钉耙(工具)等。

发散思维与综合思维不同，综合思维由多点集中到一点，而发散思维是由一点扩散到多点。应用发散思维，首先应寻找合适的发散源，掌握发散源的科学原理、技术基础，寻找新的应用领域去创造、去发明、去制造社会所需要的新产品。1898年，居里夫妇发现了放射性元素，自此以后，许多科学家采用他们的方法，发现了一系列放射性元素，有人在用途上动脑筋，使放射性元素带来的放射性技术由实验室走到工业、农业、医药、科研等领域，现在在育种、消毒、杀菌、治病、食品保鲜等方面都得到了广泛应用。

三、创新能力的提升

正如我们经常把创新与创业放在一起，创新型人才与创业型人才也常被混为一谈。作为大学生，在进行未来职业的选择时，并不是每个人都选择创业，但是我们每个人都应该努力成为创新型人才。现实中很多案例告诉我们，当你成长为一个出色的创新型人才时，创业只是水到渠成的事情。创新能力被认为是一个人能力结构层次中最高层次的能力，具备不断创新的才能是高素质人才的重要特征。可以说，创新能力将成为人们适应未来信息社会的急剧变化性和高度竞争性的一种生存能力，更是创业者披荆斩棘、开疆拓土必须具备的核心能力之一。提升我们的创新能力，可以从以下几方面努力。

1. 培养创新个性

人没有个性，就没有创造性，就没有发展。创新个性就是在对待事物的态度方面，能具备从事创新活动所必需的、正常的、健全的心理。

一要树立远大理想和抱负，提高创新欲望。大学生要胸怀远大理想，要有立志为国家、社会做贡献的创新渴望。创新欲望越强烈，越利于激发创新激情与创新意识。

二要坚信自己具有创新能力。提高创新能力的首要心理条件，就是坚信自己具有创新潜能。坚定的自信心，有利于确立锐意进取、百折不挠的意志，激发创新思维。

三要培养对问题的敏感性。大学生要培养自己对新生事物的好奇心和观察问题的敏锐性，逢事多问几个为什么，不要对什么事都习以为常，安于现状。要能及时发现和抓住新生事物的苗头，把握创新机会。

四要善于开动脑筋，保持思维的独立性，养成独立思考问题、解决问题的习惯。一个缺乏独立思考能力，习惯于附和多数、人云亦云的人，是很难有创新意识和创新作为的。

五要保持良好的竞争心态，积极参与竞争，在竞争中进行自我激励。

2. 消除主观障碍

大学生创新思维发展的障碍包括：受传统观念的束缚、不加批判地学习和固执己见等。

传统的理论、观点和方法，往往束缚人们思想，如果大学生在思考问题时，总是轻信教科书和迷信学术权威的观点，不敢偏离前人半步，常陷于别人的思维轨道，就会阻碍自己创造性思维的发展。大学生在学习探索活动中，要突破传统观念的束缚，敢于对传统学术观点提出质疑。

3. 优化知识结构

必要的知识储备是创新活动的重要前提。著名的生理学家巴甫洛夫曾对青年们说："你们在攀登科学顶峰之前，务必把科学的初步知识研究透彻。"大学生应注重知识结构的建构与优化，应做到：努力学习和掌握渊博的基础理论知识，力求融会贯通、化知为智。

努力拓宽知识面的同时，强化知识的系统性和整体效应。大学生除了要学好专业知识，还应对社会、经济、政治、人文、管理等方面的知识有所了解，掌握与专业相关的学科知识和技术要领，并注重各学科知识间的交叉、渗透与综合。

不断进行大容量的新知识储备。大学生要注重对最新理论、最新技术和最新信息的了解，不断探求新的知识，努力掌握社会、文化、科技发展的最新动向。

4. 掌握创新方法

学习和掌握一些科学的创新理论和方法，是培养提高大学生创新能力的关键途径。科学的创新理论和方法是科学家们在长期的科学创造实践中探索总结出来的，对大学生创新能力的培养提高具有很强的指导意义。

一要掌握辩证唯物主义世界观和方法论，遵循辩证唯物主义的认识路线，用正确的认识论指导自己的实践，避免在创新活动中走弯路、误入歧途，否则，真理可能从自己的鼻子底下逃走。

二要学习如何进行创新，同时还应掌握从事学科研究的一般方法、技能和规律，以提高科研能力。

三要学会用创新思维的方法，如求异思考、求同思考、反向思考、联想思考、类比思考等创新思维方法。

四要掌握创新技法，如移植创新法、逆向创新法、外向创新法和极端化创新法等一些科学的创新技法。

5. 参加创新实践

社会实践是人类能动地改造自然和社会的活动，人类的实践活动具有能动性、客观性和创造性等特点。可以说，一切创新的内容都来源于社会生活，来源于社会需求。在校大学生应充分认识社会实践对创新活动的重要性，多途径参加社会实践活动，如积极参加社会调查活动、社会实习活动、课外兴趣小组活动，以及亲自参与科研课题的研究工作等。大学生参加社会调查活动，有助于了解和掌握现实生活中出现的新问题、新情况和新需求；参加社会实习，有助于发现现有的理论、观点和研究方法在现实条件下遇到的新挑战，为寻找"创新点"、确立"创新选题"创造条件；参加科研课题的研究，有助于大学生对学过的知识进行综合与深化，在科研中提升知识储备。

另外，在实践方法上，一方面要坚持实践内容和形式的多样性，以实现多侧面、多领域锻炼；另一方面要强调实践的创新性，提高实践的层次，每一次实践不能只简单地重复过去，只有在内容和形式上都比过去有所发展，有所突破，才能有所创新。同时，大学生还应注意提高对每次实践活动的利用率，注重在群体实践活动中相互学习、取长补短，提高自己。

▶▶ 视野延展

改变世界的乔布斯

史蒂夫·乔布斯被认为是计算机业界与娱乐业界的标志性人物，同时人们也把他视作麦金塔计算机、iPad、iPod、iTunes Store、iPhone 等知名数字产品的缔造者。

1976 年，乔布斯和朋友成立苹果电脑公司，他陪伴了苹果公司数十年的起落与复兴，深刻地改变了现代通信、娱乐乃至生活的方式。2011 年 10 月 5 日他因病逝世，享年 56 岁。

乔布斯被誉为改变世界的天才，他凭借敏锐的感觉和过人的智慧，勇于变革，不断创新，引领全球资讯科技和电子产品的潮流，把电脑和电子产品变得简约化、平民化，让曾经是昂贵稀罕的电子产品变为现代人生活的一部分。

到目前为止，世界上还没有哪个计算机行业或者其他任何行业的领袖能够像乔布斯那样举办过一场万众瞩目的盛会。在每次苹果推出新产品之时，乔布斯总是会独自站在黑色的舞台上，向充满敬仰之情的观众展示出又一款"充满魔力"而又"不可思议"的创新电子产品来，他的发布方式充满了表演的魅力。计算机所做的无非是计算，但是经过他的解释和展示，高速的计算就"仿佛拥有了无限的魔力"。乔布斯终其一生都在将他的魔力包装到了设计精美、使用简便的产品当中去。

一、画桥

材料准备：准备一幅画。这幅画中有一座跨过河流的桥；或者只有河流没有桥，这幅画只需半张 A4 纸的大小。

(1)把你准备好的画粘贴在一张空白 A4 纸的上半部分。

(2)如果你的画中有桥，请用几分钟时间在 A4 纸的空白处画桥，尽可能反映出桥的大部分特征；如果你的画中没桥，请用几分钟时间在 A4 纸的空白处画出一种过河的方法。

(3)讨论。

请画桥的学生回答：

你是如何起笔作画的？你看到了什么（分析）？

你清楚最有可能从哪里开始画画吗？

你假定桥的材料、架构和功能是什么？

你是否遵循了某种已有的方案？先画出线条？再看看比例？然后添加一些线条？

你觉得这个任务是清晰的？还是模糊的？

如果有一个模型可供参考，是不是更有帮助？

你知道画到哪里就可以结束了吗？

请画出过河方法的学生回答：

你是如何起笔作画的？你看到了什么？

你想到了你对桥的一些认识和了解吗（对以往经验的反思）？

你很清楚最有可能从哪里开始画画吗？

你假定桥的材料、架构和功能是什么？

你是否遵循了某种已有的方案（没有，因为没有模型可供参考）？

你想要创建一座什么样的桥？是为人服务的？还是可以保障小动物、汽车、火车通行的？

你做出了什么假设？

你是否做过多次尝试（试验）？

你觉得这个任务是清晰的？还是模糊的？

没有一个模型做参考，是不是感觉难以完成这个任务？

当你开始画画时，你知道想要的桥最终会是什么样子吗？

(4)总结。

这是一个关于创业思维的练习，我们可以了解到创造性思维和预测性思维的差异，体会到这两种思维方法的不同。预测性方法的本质是一种过程型方法，意味着按照一种线性模式进行创业，即识别机会、开发概念、评估和获取资源、发展企业，然后退出。而创造性方法则关注撬动已有的与"触手可及"的资源和关系，充分发挥它们的杠杆作用，以此作为新企业发展的路径，而不是依据已有商业计划去发现和获取资源。创造性思维包括创业试验和多种选择的开发，强调的是利益相关者如何基于习得的经验创造性地重塑创业项目。

二、创意传球游戏

道具准备：1、2、3 号球

参加人员：分组，每个小组约 20 人

游戏规则：每个小组分别配有 1、2、3 号球。将球按 1、2、3 号的顺序从发起者手里发出，最后按此顺序传回到发起者手里。

在传递过程中，每一人都必须触及球，所需时间最少的小组获胜。球掉在地上一次额外加 10 秒。

注意：能不能再快些？最快的可能只需要 0.58 秒！做了才能成功，但最终的成功不是因为你做了，而取决于你怎样去做。发挥团队智慧，集合团队的创意，一件不可能完成的事情奇迹般取得成功了。要想成功唯有敢于超越自己的思维。

▸▸ 思考题

阅读教材，搜集资料，深入探索，认真思考并回答以下问题，注意说明你的理由、形成自己的见解：

(1) 作为大学生，为什么要创新？

(2) 创新型人才具有哪些特点？

(3) "创业者，必是创新者。"你如何理解这句话？

(4) 创新对企业发展的重要性，表现在哪些方面？

(5) 开展创新思维，有哪些方法？

(6) 如何提升自己的创新能力？

▸▸ 实践活动

纸飞机竞赛

活动前准备：以个人或小组（不超过 4 人）为单位，设计并创造一架纸飞机，这架飞机需要能够承载总价值一元钱的硬币，在空中飞行尽可能长的时间。注意：

● 你可以单独工作或组成最多4人的小组，与小组相关的唯一要求是你们的飞机设计必须使用与小组人员同等数量的标准尺寸纸张（例如，一个4人小组必须在其设计中创造使用4张纸的飞机）。

● 飞机必须可以用来运输总价值一元钱的硬币，你可以选择使用硬币的数量和面值，唯一的限制是它们的总价值必须正好是一元钱。

● 你或小组需要准备2分钟的演讲，来说服你的同学相信你的设计会表现得最好。

活动开始

（1）向同学们推销你的创意，时间严格限制在2分钟内。

（2）记录下你认为会在每个指标（距离和时间）上表现最佳的设计。只允许在每个指标上投票给一个小组，但不要求在每个指标上都投票给同一小组，注意不能投票给自己的设计。

（3）实际飞机测试。每小组找一个人投掷飞机，记录下飞行的时间和距离。

（4）请飞行表现不同的几个小组，分享他们设计的流程和心得。注意他们是如何把局限转化成机会，如何从失败中得到教训的。

● 你如何看待硬币的问题？将其视为负面局限吗？为什么？可以将其视为一个机会并将其纳入设计中以改进飞机性能吗？

● 你如何努力实现自己的设计的差异化？

● 你试图在时间或距离上优化飞机或者二者兼得吗？

● 你制作原型并测试设计吗？

（5）讨论有效推销的特点。需要理解创业者及对投资者推销的重要性。对于初创企业来说，投资者一般会注意创业者及其"推销"创意的能力，以及其演讲的能力和信心。

● 努力将你的设计"推销"给你的同学，感觉如何？最大的挑战是什么？

● 你如何决定投资？他们展示概念的方式有多重要？信心有多重要？演讲或创业者的表现引人入胜的地方是什么？

● 你如何看待投票或不投票给你的设计的人？为了改进你的演讲，你会做什么？

第二章　创业与人生发展

【学习目标】

1. 了解创业的概念，分辨狭义与广义的创业
2. 了解蒂蒙斯创业过程模型，掌握创业的一般过程
3. 结合社会发展现状，明确创业与社会发展的关系
4. 认知创业对职业发展的意义，把握创业人生

▶▶ 理论知识

第一节　创业的含义

一、创业的概念

创业，在《新华字典》里定义的是"开创事业"。而"事业"是指人所从事的，具有一定目标、规模和系统并对社会发展有影响的经济活动。《辞海》对"创业"的解释是：创立基业。"基业"是指事业的基础。可见，如何理解创业的"业"，是理解创业含义的关键。"业"指代的含义有小大之别，故创业有狭义和广义之分。狭义的创业即创办新企业，是指创业者的生产经营活动，主要是开创个体或团队的小业。广义的创业是指创业者的各项创业实践活动，并富有创新与创业精神的内蕴，其功能指向是成就个人、团队，乃至国家、社会的大业。

早期的创业概念通常带有经济学的视角，把创业看作商业领域的事情。简单地把创业定义为新企业的创建，或者定义为新产品、新工艺、新组织和新市场的组合。韦伯（Weber）提出：创业是指接管和组织一个经济体的某个部分，并且以自己可以承受的经济风险通过交易案来满足人们的需求，目的是创造价值。科尔（Cole）把创业定义为发起、维持和发展以利润为导向的企业的有目的性的行为。史蒂文森（Stevenson）、罗伯茨（Roberts）和苟斯拜客（Grousbeck）提出：创业是一个人——你不管是独立的还是在一个组织内部——追踪和捕捉机会的过程，这一过程与当时控制的资源无关。

随着社会的发展和研究的深入，狭义的创业概念已经无法涵盖当今的创业指向。"创业"这个词在当代有了很大的延伸，创业可以发生在各种企业和组织的各个发展阶段，包括：新或老企业，大或小企业，私人、非营利或公共部门等，此外，一些现有组织内部也存在活跃的创业活动。有"创业教育之父"称号的蒂蒙斯（Timmons）在其所著的创业教育领域的经典教科书《创业学》（*New Venture Creation*）中指出：创业是一种思考、推理和行动的方式，它为机会所驱动、需要在方法上全盘考虑并拥有和谐的领导能力。学者 Shane 教授于 2000 年发表了《创业作为一个研究领域的未来展望》一文。他指出："创业是一个过程化的概念。"这一观点得到了普遍的认可。刘先明认为：创业是指某个人发现某种信息、资源、机会或掌握某种技术，利用或借用相应的平台或载体，将其发现的信息、资源、机会或掌握的技术，以一定的方式，转化、创造出更多的财富、价值，并实现某种追求或目标的过程。广义的创业过程通常包括一项有市场价值的商业机会从最初的构思到形成创业，以及创业的成长管理过程。在大多数研究与教材中，创业常指广义上的含义。

创业是一个从无到有、从零到一的过程。科学和合理地理解创业，要把握三个要点。一是创业是创业者对自己拥有的资源或通过努力对能够拥有的资源进行优化整合，从选择一个创业项目开始，通过对创业项目的认识、理解和把握，从而创造出更大经济或社会价值的过程。二是创业是一种劳动方式，是创业者一种自主性行为，是创业者对生活方式的一种选择。三是创业管理不同于企业管理。创业管理研究的是创业行为，是一个企业从无到有的创办过程，企业管理研究是以企业存在为前提的，研究的是如何才能发展得更好的问题。

学者们从不同的方面对创业进行了解读，现今我们对创业的普遍定义是：创业是创业者不拘泥于当前资源条件的限制，追求机会，创造新价值的过程。

创业需要面对资源难题，设法突破资源束缚。无数创业案例表明：大多数创业者在创业初期甚至全过程都要面临资源缺失和资源约束。这是因为，创业活动通常是创业者在资源高度约束情况下所进行的，从无到有、从零到一的财富创造过程。创业者往往需要通过技术创新和商业模式创新等方式对资源进行更为有效的整合，进而实现创业目标。换言之，创业者只有努力创新资源整合手段和资源获取渠道，才能真正摆脱资源约束的困境。正因如此，积极探求创造性整合资源的新方法、新模式和新机制，成为创业的基本特性。

创业需要寻求有效机会，有效机会常常显现在一瞬间，但这之前必定有一个积极探索的过程。创业通常离不开创业者识别机会、把握机会和实现机会的有效活动。创业者从创业起始就需要努力识别商业机会，只有发现了商业机会，才有可能更好地整合资源和创造价值。因此，一般认为寻求有效机会是产生创业活动的前提。

创业必须进行价值创造。创业属于人类的劳动形式之一，劳动需要产生劳动成果，创业也需要创造劳动价值。创业的本质在于创新，因此，与一般劳动相比，创业更强调创造出创新性价值。当今较为典型的创业大多追求创新带来的新价值，这些新价值通过技术、产品和服务等方式的变革更好地为消费者服务，促进社会的发展和进步。需要特别注意的是，创业通常需要比一般劳动付出更多的时间和努力，需要承担更多的风险，也更需要坚持不懈的努力。当然，创业的成功和收获也会带来无法替代的成就感。

▶▶ 视野延展

勇创业　重实践：李克强鼓励大学生圆梦青春①

早年在北大时，李克强曾担任北大团委书记，从那时起，他就对青年学生的学习、工作分外关注。自担任总理以来，李克强一直重视创新创业，他认为，大学生是推进大众创业、万众创新的生力军。在各个高校考察时，与大学生创业者进行深入交流也成为李克强的"必选动作"。在与全国各地学子交流时，李克强多次强调大学生应勇创业、重实践，鼓励他们珍惜时间，努力充实自己的青春岁月，向青年学子传达了作为前辈和师兄的美好希冀与祝福。

勇创业：敢为人先、宽容失败，用创业点燃人生

2013年8月，李克强在兰州大学就业指导中心调研时指出，大学生要有双创精神，在校学习既要致力于创新，到社会上工作也要敢于创业。李克强也鼓励一位毕业后打算创业的学生，"大学生是人才，只要努力就会有就业的机会。不光要就业，还要创业"。

2014年7月，在湖南大学考察时，李克强认真参观了学生创业成果展，并鼓励学生创业者要敢为人先、宽容失败，跌倒了重新再来。李克强还现场购买了两位学生的4个产品，用行动为他们的创业尝试点赞。

2014年11月，在浙江大学考察时，当听说竺可桢学院的一位大四本科生放弃外企

---

① 来源：中国青年网，2016-04-16。原标题：勇创业　重实践　广阅读：李克强鼓励大学生这样圆梦青春（记者　杜美辰）。

说明：本书中的许多案例、视野延展由编者收集并整理而成，对部分素材进行了大幅删减或重新编辑，注释中已注此类素材的主要来源。未作注释者即为编者编写，后文不再另做说明。

工作的机会，投身自主创业时，李克强非常赞赏地说道："志向很高，我相信你会从一个小角落出来，创造出一片大天地。"李克强还当场表示，政府会尽力给大学生创业提供支持。

十八大以来，政府通过简政放权和相关制度改革措施，不断为创业兴业引路、给企业发展松绑，进一步为新常态下的中国经济注入无限青春活力。除允许大学生"休学创业"外，政府的一系列税收、贷款优惠政策也进一步鼓励和推动了大学生创业，帮助他们实现人生价值的同时，以创业带动就业，增强了整个国家的蓬勃朝气。

重实践：不仅要向书本学，还要向实践学

在湖南大学考察时，李克强曾鼓励大学生，"在学校做求知的思想者，到社会上做创业的实践者"。如今创业已成为许多大学生自我锻炼、实现自我价值的重要实践方式，在克服困难和挫折中，大学生们不断丰富阅历，经历着心灵的成长和蜕变。

有知识的人不实践，等于一只蜜蜂不酿蜜。知识能在实践中彰显力量，而实践更能丰富和增长知识。李克强在吉林大学考察时叮嘱大学生将学习摆在第一位，同时他也强调要把学到的知识用于实践当中。李克强说，"学习是基础，不仅要向书本学，还要向实践学，创业实际就是在实践中学，这会让知识学得更扎实有用"。

除了强调在创业中实践，李克强也鼓励大学生在基层的实践中锻炼成长。2013年6月，在河北师范大学视察时，李克强鼓励毕业生到基层工作，并深情寄语大学生，"只有'下得去'，本事才能'上得来'，干事才能'拿得起'，基层最能锻炼人"。李克强也表示，下基层、到基层工作，才能使人更快地成长起来；基层的经验，无论以后走到什么岗位都将是一笔宝贵的财富，只有经历了基层锻炼，才会更快成长为社会的有用之才。而在吉林大学考察时，当得知医学专业的一名毕业生打算毕业后先到乡镇卫生院工作，锻炼提高业务水平，李克强也点头称赞，"在基层可以积累最宝贵的经验"。

二、创业的过程

(一)蒂蒙斯创业过程模型

迄今为止，人们对创业过程的认知和分析中，最为典型和公认的模型为蒂蒙斯创业过程模型。该模型提炼出了创业的三大关键要素，即：创业机会、创业者及其创业团队、创业资源(见图2-1)。

1. 三个关键要素在创业过程中缺一不可

如果没有创业者及其创业团队的主观努力，创业活动是不可能发生的；应该说机会是普遍存在的，如果没有机会，创业活动就成了盲动，难以创造真正的价值，关键要看创业者及其创业团队能否有效识别和开发机会；创业者及其创业团队把握住合适的机会后，还需要有相应的资金和设备等资源。如果没有必要的资源，机会也就难以被开发和实现。

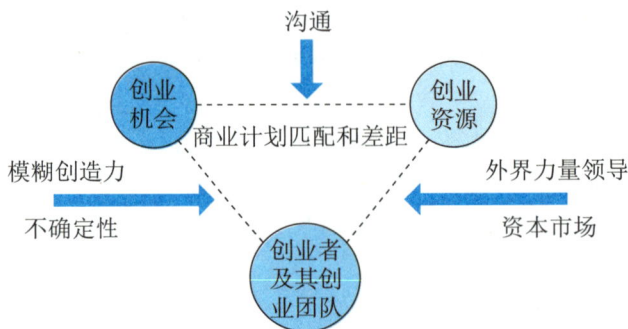

图 2-1　蒂蒙斯创业过程模型

2. 创业过程是三个要素相互作用、动态平衡的过程

蒂蒙斯模型具有动态性的特征，随着创业过程的展开，其重点也相应发生变化，创业要能将机会、创业者及其创业团队和资源三者做出动态的调整，保证相互的匹配与平衡。因此，创业现象也被认为是机会、创业者及其创业团队和资源三者之间的有效链接。尽管这三个部分很难保持完全匹配，但只有持续地追求一种动态的平衡，创业过程才能保持持久地发展。当用平衡的观念来展望创业的未来时，创业者需要常常自问：目前的团队是否足够优秀，可以承担创业的使命？目前的机会是否足够笃定，可以推动创业的前进？目前的资源是否足够充足及配置合理，可以保障创业的过程？

3. 创业过程由机会驱动，由团队领导，由资源保障

一般情况下，创业过程始于机会，在一开始，真正的机会要比团队的才干和能力或适宜的资源更重要。创业团队的作用就是利用创造力在模糊、不确定的环境中发现机会，并利用资本市场等外界力量组织资源，领导企业来实现机会的价值。在这个过程中，资源与机会是适应、产生差距再到适应的动态过程。商业计划的作用是提供沟通这三个要素的质量、相互之间匹配和平衡状态的语言、规则。处于模型底部的创始人或创业团队要善于配置和平衡，借此推进创业过程。

（二）创业的一般过程

创业的一般过程是从创业者产生创业想法，到创建新企业或开创新事业，并获取回报，涉及识别机会、组建团队、寻求融资等一系列活动组成的流程，通常分为以下六个主要环节。

1. 产生创业动机

创业动机是创业机会识别的前提，是创业的原动力，它推动创业者去发现和识别市场机会。创业活动的主体是创业者，创业活动首先取决于个人是否希望成为创业者。当然，不少人是因为看到了创业机会，由于潜在收益的诱惑，才产生了创业动机，进而成为一名创业者或创业团队人员。一个人能否成为创业者，会受三方面因素的影响：一是个人特质。每个人都可能具有创业精神，但其创业精神的强度不同，强度的大小有遗传的成分，更受环境的影响。比如温州人的创业意愿相对强烈，其中环境起到了

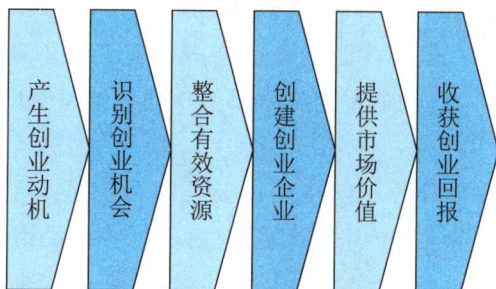

图 2-2 创业过程图

很大的作用。二是创业机会。创业机会的增多会形成巨大的利益驱动，促使更多的人尝试创业。社会经济转型、技术进步等多方面的因素在使创业机会增多的同时，也会降低创业门槛，进而促成更大的创业热潮。三是创业的机会成本。人们能从其他工作中获得高收入和需求满足，创业意愿就低。比如，科学家独立创业的少，是因为科学家已经谋得了一份收入相对丰厚而且稳定的工作，就缺少动力去冒创业风险。

2. 识别创业机会

识别创业机会是创业过程的核心环节。识别创业机会包括发现机会来源和评价机会价值。一般应澄清四个基本问题：第一，机会何来？就是说创业者应该找到创业机会的来源在哪里。第二，受何影响？就是说创业者应该找到影响创业机会的相关因素。第三，有何价值？就是说创业者应该找到创业机会所具有的并能被评价的价值。第四，如何实现？就是说创业者应该明了能通过什么形式或途径使机会变成实际价值。围绕这些问题，创业者在识别创业机会阶段需要采取行动多交流，多观察，多获取，多思考，多分析，最终抓住创业机会。

3. 整合有效资源

整合资源是创业者开发机会的重要手段。一般情况下，创业者可以直接控制的可用资源往往很少，创业几乎都会经历白手起家、从无到有的过程。对创业者来说，整合资源往往意味着需要借船出海，要善于尝试依靠盘活别人掌握的资源来帮助和实现自己的创业起步。人、财、物都是开展创业活动所必需的基本生产要素。创业者要整合资源，首先是要能组建团队，凝聚志同道合的人；另外是要能进行有效的创业融资；再则，是要有创业的基础设施，包括创业活动的场地和平台。创业是在创业者面对资源约束情况下开展的具有创造性的工作，一定会面临很大的不确定性，所以，创业者在创业初期乃至新企业成长的很长一段时间里，都要把主要精力放在资源的获取上，以解决公司和企业的生存问题。此外，创业者还需要围绕创业机会设计出清晰的有吸引力的商业模式，有时还需要制订详细的创业计划，以此向潜在的资源提供者陈述和展示，以获取更多的资源支持。

4. 创建创业企业

新企业的创建是创业者的创业行为最为直接的成果。创建新企业包括公司制度设计、企业注册、经营地址的选择，确定进入市场的途径，包括是选择完全新建企业还是加入或收购现有企业等。值得注意的是，许多创业者在创业初期迫于生存的压力，以及对未来缺乏准确预期，往往容易忽视这部分工作，结果给以后的发展留下了隐患。

5. 提供市场价值

创业者识别机会，整合资源，创建新企业等的目的是为了实现自己的创业目标。但真正能促成创业目标最终实现的前提是看创业者能否提供市场价值，这是创业过程中的重要环节，关系新企业的生存与成长。因此，创业者必须面对挑战，采取有效措施，使创业的市场价值得到充分实现，不断地让客户受益，从而获得企业的长期利润，逐步把企业做活、做好、做大、做强。

6. 收获创业回报

收获回报是创业活动的主要目的，对回报的获取有助于促进创业者的事业发展。回报可能是多种多样的，对回报的满意程度在很大程度上取决于创业者的创业动机。调查发现，创业者的创业动机不同，对创业回报的态度和想法也有所不同。对多数年轻创业者来说，获取回报最为理想的途径之一，是把自己创建的企业尽快发展成为一家快速成长企业，并成功上市。

▶▶ 视野延展

云学堂正式迈入"独角兽"行列

发现创业机会

卢睿泽创办了一家政务软件公司，其中有部分员工是来自自己的索迪教育机构的学生。其间，卢睿泽感受到：大学生到工作岗位上能承担简单的工作，但要真正成长为项目经理或主管，还要走比较长的路。"工作中的培养和学习，即职后教育，比职前教育更加重要，对企业或个人，也更有价值。"

彼时，卢睿泽开始考虑，如何能帮助中国广大的企业员工，解决工作中成长的问题。最终于 2011 年年底决定创办云学堂。

改变企业培训行业的梦想

五年时间过去，云学堂已发展成为中国企业培训服务行业里的领导者——服务企业数 30 万家，其中不乏华住集团、同仁堂、统一、联想等行业龙头企业，用户数达 1000 万，续费率达 90%。

卢睿泽并不是走早期行业卖软件或者卖课程的老路子，而是通过将领先的互联网技术和人才培养理念应用于企业人才发展，以 BaaS 软件平台作为行业切入点，聚合各种行业内的资源，为优秀企业提供包括平台、内容、咨询、课件制作的培训全面解决方案，并依据能力标签、大数据技术智能配备学习内容给员工，通过线上线下的整合改变这个行业。

引领中国商业学习 2.0 时代

卢睿泽将中国的职业教育时代分为商业学习 1.0 时代和商业学习 2.0 时代。在他看来，中国的商业学习 1.0 时代，是在全盘吸收国外的理论、方法、技术和案例的基础上，由职业培训师驱动的职场能力培训时代，它满足了中国企业在初、中级阶段对职场人才培养的标准化诉求。

随着中国成为全球第二大经济体，中国企业现今面临着巨大的转型升级的压力，企业需要更好的职场人才来支撑战略发展。商业学习 2.0 时代，是由中国优秀企业引领商业实践。

卢睿泽表示，云学堂的愿景是希望引领商业学习 2.0 时代，通过创新的人才发展技术，助力优秀企业成功，赋能中国企业引领全球经济发展！

第二节　创业与社会发展

一、经济转型与创业

（一）经济转型升级

经济转型是指一个国家或地区的经济结构和经济制度在一定时期内发生的根本变化。具体地讲，经济转型是经济体制的更新，是经济增长方式的转变，是经济结构的提升，是支柱产业的替换，是国民经济体制和结构发生的一个由量变到质变的过程。经济转型不是我国特有的现象，任何一个国家在实现现代化的过程中都会面临经济转型的问题。即使是市场经济体制完善、经济非常发达的西方国家，其经济体制和经济结构也并非尽善尽美，也存在着现存经济制度向更合理、更完善经济制度转型的过程，也存在着从某种经济结构向另一种经济结构过渡的过程。

产业转型升级是当前经济转型的主要任务。从世界发展趋势看，国际分工形态和产业发展模式正在发生变化，国际分工向价值链分工、产品内分工和生产工序分工转型，产业间互相渗透使产业边界逐步模糊化，产业内部正在按新的方式进行组合，呈现农业工业化、工业服务化、服务知识化的发展趋势。国际分工形态和产业发展模式变化，赋予产业转型升级新的内涵，就是要通过深化参与国际分工，推进产业链升级，逐步从分工的低端向高端延伸，最终形成具有竞争优势的生产体系和产业链。产业链涵盖了研发、制造、营销、售后服务等环节，产业转型升级应重点突破研究开发、营销、品牌培育、技术服务、专门化分工等制约产业转型升级的关键环节，构建创新型、融合型、生态型、高效型的现代产业体系。

生产性服务业成为产业链中价值增值的主体，要求把发展生产性服务业作为产业转型升级的突破口。生产性服务业能把大量的人力资本和知识资本引入商品和服务的生产过程当中，使"产业结构软化"是现代产业发展中竞争力的基本源泉。目前在世界经济舞台上最为活跃的跨国公司，都是融制造和生产性服务于一体的综合性企业。生产性服务大部分是知识型服务，对人力资本提出了更高的要求。

（二）中国经济新常态

中国经济发展在过去几十年间成绩显著，现在也处于转型时期。从更长期的趋势看，由于"人口红利"逐步消失和劳动力低成本优势减弱，土地和矿产资源稀缺将继续推动成本上扬，加大环境治理力度使环境成本上升，技术扩散效应下降使生产率增长趋缓，这些变化都对经济转型提出了迫切要求。早在2014年习近平同志就指出，"发展仍处于重要战略机遇期，我们要增强信心，从当前我国经济发展的阶段性特征出发，适应新常态，保持战略上的平常心态"，并强调指出，"经济发展进入新常态，是我国经济发展阶段性特征的必然反映，是不以人的意志为转移的必然趋势"，"要把适应新常态、把握新常态、引领新常态作为贯穿发展全局和全过程的大逻辑"。这一重要论断将新常态提升到国家战略层面。中国经济向形态更高级、分工更复杂、结构更合理阶段演化，这是我们做好经济工作的出发点。

我国经济发展进入新常态后，增长速度正从高速增长转向中高速增长，经济发展方式正从规模速度型粗放增长转向质量效率型集约增长，经济结构正从增量扩能为主转向调整存量、做优增量并存的深度调整，经济发展动力正从传统增长点转向新的增长点。经济发展新常态之所以"新"，不仅在于当前我国经济发展呈现若干新的特征，而且包含新的战略方针、新的制度条件，包含新的思想方法、新的工作理念。深化改革带来了新变化，释放了市场活力，营造了大众创业、万众创新的浓厚氛围。

▸▸ 视野延展

分享经济：新常态下的新动能[①]

虚拟商铺、网租房、网约车……分享经济近年来逐渐扩展到消费的各个领域，给人们生活带来极大便利。而与此同时，这一新兴的经济模式对传统经济模式也造成了冲击。是观望还是迎接？如何看待分享经济的兴起与未来的走势？几位经济学与社会学学者就相关话题接受了记者采访。

---

① 来源：中国社会科学报，2016-12-09（作者 张清俐）。

带有明显互联网"基因"

"分享经济是个人将闲置资源共享,借助互联网平台把资源提供给需要的人或群体,使供需匹配最优化。"在武汉大学社会学系副教授张杨波看来,与传统经济模式相比,这种新模式既增加了资源提供者的额外报酬,也降低了资源获取者付出的成本。随着网络技术的快速更新、社会群体对新模式的接受度提高,以及人们闲置资源增多,从个人到正式组织都将成为分享经济的主体。

分享经济带有明显的互联网"基因"。山东省中国特色社会主义理论体系研究中心研究员崔宝敏介绍说,分享经济以现代信息技术为支撑,以互联网、物联网、大数据和云计算为技术支持,以社交网络(SNS)信任机制为信用保障,基于位置的服务为多样化的交易需求提供了可能。

"信息网络技术从两方面为分享经济的发展提供了条件。"中国社会科学院信息化研究中心秘书长姜奇平提出,一是促进了供求信息便捷沟通,从而为协同消费提供了信息对称的条件;二是促进了生产资料非排他性使用,从而为平台分享提供了分摊固定成本的条件。

基于开放的互联网平台,每个参与者既是生产者也是消费者。"分享经济体现了人人参与的主体特征和闲置利用的客体特征。"崔宝敏表示,参与者越多,消费者剩余也就越大,社会产品的经济价值便能得到最大限度的发挥。分享经济的核心就是整合分散的各类资源,发挥其最大效用。

关于"使用"的新的经济逻辑得益于产权变革带来的支配权与使用权的"核裂变"。正如姜奇平所说,产权制度的变革是分享经济产生的制度条件。在分享经济中,使用物品但不必占有,张杨波认为,分享意味着提供者让渡了资源的使用权,分享经济最突出的特点是所有权和使用权的分离。崔宝敏进一步分析说,采用以租代买、以租代售的方式分享部分产权,不仅达到了交易双方互惠,而且实现了消费体验的共赢。

有利于拉动经济发展

在我国经济新常态形势下,发展分享经济适应了"创新、协调、绿色、开放、共享"五大发展理念的新要求。

姜奇平提出,定义分享经济不应只从消费、商品这一低层次概括,还要从生产、资本这一更高层次概括。产生于网络信息技术时代的分享经济是信息生产力的产物。信息生产力比工业生产力更先进、更高级,代表着现代化的新驱动力。分享经济带来的利益共享,是生产力发展到高级阶段的必然结果。

分享经济对整体经济发挥的拉动作用,体现在新常态下的新动能上。姜奇平介绍说,首先是增长的新动能,新常态下增速下降,但分享经济通过分享生产资料,相当于"复印"资本,使资本的充裕度上升,由此带来高质量的增长。其次是就业的新动能,分享经济通过支持"双创",鼓励平台将其资产分享给"双创"人员,有力地支持了灵活就业。再次,分享经济还为服务实体经济提供新动能。分享经济与金融经济同为虚拟经济，但后者往往脱离实体经济，造成经济的"华尔街"化，而分享经济只有为实体经济服务、贴近实体经济才有出路。

崔宝敏从全球经济的客观形势判断，分享经济的产生与成长既受益于现代信息技术的推动之力，也来源于经济层面诸多瓶颈的倒逼之力。传统产业的产能过剩与海量的闲置资源为分享经济提供了巨大的供给池，原有商业模式的链条臃肿与协同障碍迫使各行业急切地试图突破流通困局。经济危机的频现最终引发人类对传统生产方式的反思，诱致分享经济"使用而不占有""不使用即浪费"的消费价值观在全球范围内得到认同。

（三）经济转型与创业热潮

几年前，我们听到的更多是考研热潮、公务员热潮，如今，创业热潮已然在我们身边。这一转变的背后，不仅是全社会对于不同职业价值评判标准的变化，也与中国经济发展进入新阶段，以及产业组织方式的深刻变革等因素密切相关。根据国家统计局《2015年国民经济和社会发展统计公报》发布的普通本专科毕业生人数680.9万估算，2015届大学生中约有20.4万人选择了创业，自主创业比例是3.0%，比2014届（2.9%）高出0.1个百分点，比文件发布之前的2009届（1.2%）高出1.8个百分点。无处不在的创业激情表明，我们正处在一个大众创业的黄金时代。

1. 经济转型是创业热潮的本质驱动力

在伴随着经济转型的知识经济时代，创办以技术或创新为主要驱动力的企业成为经济发展的重要基础，创业在经济发展中的地位和作用更加突出，日益成为经济发展的强大动力。伴随着国际化的改革，中国在加速工业化、城市化和市场化的同时为创业热潮的兴起提供了大量的创业机会，特别是在高新技术产业中。

当前经济转型进入经济社会各领域的全面转型阶段，一部分原来由政府承担的社会、经济职能改由市场中介机构承担，创业者依法创办这类中介机构，在政府监督下承担这些职能，有利于在市场中介领域引入竞争机制，有利于完善市场经济体制所必需的服务体系；同时在促进经济与社会发展、防止垄断、促进市场商品和生产要素流动等方面发挥重要作用。

2. 创新创业是经济转型升级的先锋力量

在经济新常态的背景下，中国经济的转型升级需要通过创新创业来实现。中国经济正处在转型升级的过渡期，传统产业竞争力在弱化，新兴产业产生的新动力正在发展。尽管先进制造业、高新技术产业发展速度比较快，但总量还很小。比如新能源汽车发展很快，产量只占全国全部汽车产量的0.5%；比如网上购物，也只占全部消费品零售总额的9%。因此，中国新兴产业发展的活力还没有得到充分释放，新兴产业发展仍有很大空间。

当下创新创业已经成为转变增长方式的突破口。从结构调整的成效来看，新兴产业具有的高附加值、高利润特点，对提高产业质量和效益将发挥决定性作用。2014年新兴产业实现利润近 1.2 万亿元，同比增长了 17.6%，比同期工业利润 3.3% 的增长水平高很多。2015 年 5 月，中国实现制造强国的第一个十年的行动纲领《制造业 2025》出台。这意味着我国传统产业的转型升级和新兴产业的加快发展，正在同时发力。

3. 经济转型与创业热潮相互推进并持续发展

在知识经济条件下，创业热潮的兴起使网络等通信手段更加发达，知识的生产加快，知识的传播、知识的转移速度也得到加快，人们能够更广泛、更及时地实现知识、信息、资源共享。创业热潮的积极作用又反过来要求进一步加快经济转型，更好地促进经济社会发展、优化环境，因此经济转型与创业热潮是相互推进发展的过程。

当前，我国的经济转型从部分领域的转型进入到经济社会的全面转型阶段，经济结构和社会结构呈现为整体性的加速跃迁。全球经济一体化的浪潮也使我国经济发展的步伐加快。同时伴随着大数据、云计算、移动互联网和社交网络的广泛应用，移动互联领域掀起的新的创业大潮被看作当前创业浪潮中的亮点，由此可见，经济转型与创业热潮的相互作用还在持续。

二、知识经济与创业

(一) 知识经济时代

人类的经济发展史大致可以分为农业经济、工业经济、知识经济这几个主要的阶段。从农业经济时代向工业经济时代的转变是在 18 世纪中叶，在此之前农业经济大约维系了数千年。农业经济又叫劳动经济，即经济发展主要取决于对劳动力资源的占有和配置。在这一经济阶段中，人们采用的是原始技术，主要从事农业生产，辅以手工业。这个阶段的劳动生产率主要取决于劳动者的体力。

工业经济时代大约可分为两大阶段，前一阶段从 18 世纪中叶到 19 世纪下半叶，为蒸汽动力时代；后一阶段从 19 世纪末叶到 20 世纪中叶，为电力时代。整个工业经济时代的时间跨度为 200 多年。工业经济又叫资源经济，即经济发展主要取决于对自然资源的占有和配置。铁矿石、煤、石油等发展机器生产的主要资源很快成为短缺资源，并开始制约经济发展。

从工业经济时代向知识经济时代过渡的时间大约可定位于 20 世纪中叶，40 年代至 60 年代为新时代的萌芽期，70 年代以来，新的时代正以迅猛的速度发展，直到 21 世纪上半叶将走向成熟期。知识经济，是指建立在知识和信息的生产、分配和使用基础上的经济，它是与农业经济、工业经济相对应的一个概念，是一种新型的富有生命力的经济形态。

知识经济的兴起表明人类社会正在步入一个以现代科学技术为核心的，以知识资源的占有、配置、生产、分配、消费为最重要因素的新的经济时代。知识经济催生了一大批以知识的生产和应用为特征的新企业的诞生。智慧、创意、创新、速度等成为竞争优势的关键来源，形成了有利于创业活动开展和中小企业发展的良好环境。微软、戴尔、苹果、谷歌、脸书等企业正是在这种环境中迅速崛起，并极大地影响了美国的经济的。

（二）知识经济赋予创业的使命

1. 以创业带动就业

就业离不开创业，创业是就业的基础和前提。任何一个社会，其创业者越多，其生产要素组合就越丰富、活跃，就业也就越容易。美国著名管理学家彼得·德鲁克在研究美国经济与就业关系时发现，创业型就业是美国经济发展的主要动力之一，也是美国就业政策成功的核心。在《创新与创业精神》一书中，德鲁克开宗明义，分析了1965年到1985年美国的就业结构，发现美国年龄在16～65岁的人口从1.29亿增加到1.8亿多，增长了38%，同期就业人数从7100万增加到1.06亿，增加了约50%。德鲁克指出，所有这些就业岗位，基本上都是由中小企业所提供的，由此我们可以看出创业对于促进就业的积极作用。

创业对就业有极大促进作用，根据统计局发布的数据，就业形势的总体稳定离不开创业环境的改善。2015年以来，我国每天新增的企业数量为将近1万家。众多的新型创业企业为广大劳动者提供了大量的就业岗位。随着创新驱动型的创业活动日益活跃，大大加快了我国就业结构转型升级的步伐，围绕着互联网、现代物流、新技术、新业态的劳动力队伍越来越庞大。目前我国互联网创业就业的总人数已经超过了千万，物流业就是一个较为典型的劳动密集型的产业，据测算，物流业每增加1个百分点，大概增加的就业人数应该在10万人以上。

2. 以创业孕育繁荣

2015年政府工作报告如此表述：推动大众创业、万众创新，"既可以扩大就业、增加居民收入，又有利于促进社会纵向流动和公平正义"。在论及创业创新文化时，强调"让人们在创造财富的过程中，更好地实现精神追求和自身价值"。创业具有多种积极的功能，包括增加社会财富，促进经济发展，解决社会问题，同时创业可以满足个人的物质欲望与精神追求，在回报社会、贡献社会、滋养社会等多方面发挥重要作用。可以说，多数量、高质量的创业能够孕育社会的繁荣。

3. 以创业成就未来

就业是民生之本，创业是富民之源。近年来，党中央、国务院高度重视创业工作，把全民创业摆在突出的位置。党的十八大明确提出，要统筹推进各类人才队伍建设，实施重大人才工程，加大创新创业人才培养支持力度。要关注青年、关爱青年，倾听青年心声，鼓励青年成长，支持青年创业。在我国经济发展增速换挡和结构升级中，鼓励创业，对于提高自主创新能力、建设创新型国家具有重要的战略意义。据预计，现在起到2020年，我国将有4500多万名大学生毕业，即使按目前的大学生创业率计算，也将至少有百万大学毕业生走上创业之路。他们的创业能力和创业层次，对我国的未来发展至关重要。

（三）知识经济促进创业的发展

1. 知识经济生发创业形态的知识含量

知识经济的兴起，使知识上升到社会经济发展的基础地位，智力资源成为重要的生产要素。注重信息和知识的扩散与使用是知识经济的显著特点，高技术产业成为知识经济的产业支柱，服务业在知识经济中扮演了重要角色，人的素质和技能成为知识经济发展的关键因素。与之相对应的是，科技与创新日益在创业活动中处于中心地位，在知识基础上形成的智力实力成了最重要的竞争力。尤其是以高新科技为主体的知识经济体系，其迅速发展令世人瞩目。

人们还在适应以电子计算机的迅速发展和广泛运用为标志的社会经济形态所带来的信息和知识爆炸，以物联网和数据技术为核心的新型经济形态已在身边萌发。可以预见的是：储存的信息开始转化为源源不断的数据能量，而每一个个体都可以通过包括人工智能、AR、VR、物联网等新技术实现交互和联动，彻底打破在信息技术时期还存在的实体和虚拟的界限，从而形成全社会共同参与的一个开放、包容、协同的经济体。在这个新经济体形成及演化的过程中，必将同时出现一批与之契合的创业形态。

2. 知识经济加速创业机会的大量涌现

在知识经济时代，知识更新的速度急剧加快，知识更新周期越来越短。联合国教科文组织曾经做过一项研究，结论是：信息通信技术带来了人类知识更新速度的加快。在 18 世纪时，知识更新周期为 80～90 年；19 世纪到 20 世纪初，缩短为 30 年；20 世纪六七十年代，一般学科的知识更新周期为 5～10 年；到了 20 世纪八九十年代，许多学科的知识更新周期缩短为 5 年；而进入新世纪时，许多学科的知识更新周期已缩短至 2～3 年。伴随着新知识、新技术的产生与应用，大量的创业机会涌现出来。

面对知识经济时代的创业，接受高等教育的大学生具有得天独厚的优势。随着移动互联网的普及、高新技术的广泛应用，创业的技术门槛和成本降低；网络社交促进了创业者的奇思妙想和市场需求对接；创业投资细分和创业孵化、服务的社会化也在不断完善。目前，我国各类众创空间已超过 2300 家，与现有 2500 多家科技企业孵化器、加速器，11 个国家自主创新示范区和 146 个国家高新区，共同形成完整的创业服务链条和良好的创新生态，蕴含其中的创业机会，数不胜数。

3. 知识经济鼓励创业活动的多方融合

以股权为纽带，将投资银行家、创业投资家、科学家联系起来，其中投资银行家负责筹资、改制和上市，创业投资家负责项目评估、筛选，科学家、科研机构负责提供科技成果……这个过程完成了科技成果在经济社会中的商业转化，已被越来越多的创业者所了解和熟知，而这只是创业者或团队与其他多个关联方进行深度融合的方式之一。知识经济的发展，给我们提供了时空间无障碍交流的便利，也培育了我们开放共赢的心态，更为我们展现出无数的连接可能性，所以才有了多方合作、资源共享、生态整合等创业模式。

即将迈入十年的"双11"，打造了堪称全球最复杂的交易、支付、物流系统，背后是强大的云计算平台、海量数据、智能算法的支撑。智能决策引擎分秒不停地自我迭代，每次点击背后都有海量计算和万亿级智能匹配。"双11"全天，"电商大脑"通过机器学习自动生成近千亿次个性化展示，包括搜索、推荐、猜你喜欢、有好货、店铺、商品详情等板块、界面都大幅提升了消费者的需求匹配。这场活动的辐射力量仍在延续，这种盛况只是在知识经济时代，才有条件实现和发生。

▶▶ 视野延展

超级水稻

年亩产量达到1537.78千克，超级水稻创造了新的世界纪录。

1960年袁隆平从学报上获悉杂交高粱、杂交玉米、无籽西瓜等都已广泛应用于国内外生产中，他认识到：基因分离、自由组合和连锁互换等规律对作物育种有着非常重要的意义。于是，袁隆平跳出了无性杂交学说圈，开始进行水稻的有性杂交试验。

1973年10月，袁隆平发表论文《利用野败选育三系的进展》，正式宣告我国籼型杂交水稻"三系"配套成功。紧接着，他和同事们又相继攻克了杂种"优势关"和"制种关"。在1995年8月，两系法杂交水稻研究取得突破性进展，每公顷普遍比同期的三系杂交稻增产750～1500千克，且米质有了较大的提高。

1996年，农业部立项中国超级稻育种计划。

第一阶段，2000年，超级杂交水稻品种达到了单次水稻产量标准，即每公顷产量超过了10.5吨。

第二阶段，最好的一个杂交水稻品种连续两年都达到了每公顷12吨的水平。同时，科学技术人员使用野生水稻中的优良基因、利用谷仓草中的DNA创造一个新的水稻来源、克隆玉米里相关基因并成功植入水稻里。

第三阶段，国家杂交水稻工程技术中心于2006年按照"良种、良法、良态"配套的原则，选育出了一批单产具900千克潜力的超级杂交稻新组合。

2012年9月18日，由袁隆平研制的"Y两优2号"百亩超级杂交稻试验田亩产达到926.6千克。

2012年9月24日，国家杂交水稻工程技术中心表示，由袁隆平院士领衔的"超级杂交稻第三期亩产900千克攻关"日前通过现场测产验收，以百亩片加权平均亩产917.72千克的成绩突破攻关目标。

第四阶段，2016年11月19日，在广东省梅州兴宁市龙田镇环陂村，"华南双季超级稻年亩产3000斤全程机械化绿色高效模式攻关"项目测产验收组测产后宣布：该项目年亩产量达到 1537.78 千克，项目实验获得成功，并创造了水稻亩产量新的世界纪录。

三、社会进步与创业

（一）创业增加社会财富

根据马斯洛的需求层次论：需要对不同的人表现为不同层次，有最基本的生存需要，也有最高层次的自身价值实现的需要。正如亚当·斯密所言：“我们从胎里出来一直到死，从没有一刻放弃过改良自身状况的愿望。我们一生到死，对于自身地位，几乎没有一个人会有一刻觉得完全满意，不求进步，不求改良。但怎样改良呢，最显而易见，最具常识性的办法是增加财产。”创业者的创业活动也许出于多种目的，但根本的动力是获利，这也是创业者的共同心愿。没有利益驱动，人们就不会冒着风险去创业，创业过程中获利的多少，也是人们衡量创业者创业成功与否的重要标志。随着创业者的大量出现、创业活动的风起云涌，必然将产生一批具有创业烙印的企业，也必然从收益结果上增加社会财富。

（二）创业推动科技创新

创业是新理论、新技术、新知识、新制度形成现实生产力的转化器，新建立的企业要想在激烈的市场竞争中站住脚，就要使用先进的生产技术，采用科学的技术手段，因此创业可以加速科技的创新。知识经济时代的创业更可以实现先进技术转化，推动新发明、新产品或新服务的不断涌现，创造出新的市场需求，从而进一步推动和深化科技创新，提高企业或是整个国家的创新能力，推动经济增长。

美国著名管理学家彼得·德鲁克认为：“创业就是要标新立异，打破已有的秩序，按照新的要求重新组织。”可见创业就意味着创新。创业的过程就是一个创造性地整合资源的过程，包含有许多领域的创新的元素，比如技术创新、产品创新、组织创新、管理创新、服务创新等。因此，创业活动可以推动社会的宏观创新不断向前发展。从某种程度上讲，创新的价值在于将潜在的知识、技术和市场机会转化为现实生产力，实现社会财富增长，造福人类社会，而实现这种转化的根本途径就是创业。通过创业可以实现创新成果的商品化和产业化，将创新的价值转化为具体、现实的社会财富。因此创业可以使创新带来的高科技潜在的价值市场化，使创新成果转化为现实生产力。

（三）创业增强经济活力

无论是“大众创新、万众创业”的号召引来的大批寻梦者、各类创业沙龙和路演上侃侃而谈的创业者、每天奔走在数个项目间的投资人，还是如雨后春笋般冒出的创业孵化器、新锐投资机构，这些无一不印证着：创业带给个人和社会无限的机遇。创业是一个国家经济发展中最具有活力的部分，无论在任何国家，创业都是经济发展的原动力。从全球视角来看，创业对一国经济发展起着至关重要的作用。在过去的 30 年里，美国出现了“创业革命”，高新技术与创业精神相结合成了美国保持世界经济“火车头"地位的"秘密武器"。我国改革开放以后，国家实行市场经济，积极支持个人投资兴办企业，新创办的中小企业成为我国新的经济增长点，对我国经济持续高速增长，以及促进我国的城市化进程和现代化建设，都起到了重要的作用。从国际上看，新一轮科技革命和产业变革正在孕育中，国际竞争加剧。大众创业适应经济转型发展的需要，通过创新创业引导社会各层次，更广泛地参与经济建设，打造经济发展新引擎，增强经济活力。

（四）创业推动社会进步

创业促进了经济的发展，促进了市场的繁荣，丰富了人们的生活，提高了人们生活的质量，促进了社会稳定和谐……总之，创业推动了社会的进步。创业有利于激发全社会的创新思维与创业精神，形成鼓励创业、容忍失败的社会氛围；创业有利于转变人们的观念，使国家更加富强与文明，社会更加自由与公正，个人更加诚信与敬业。创业伴随着大量新价值的产生，它是促进就业质量提升、改善人们生活质量、调整社会生产关系的有效途径之一。创业可以使社会资源在竞争状态下达到有效配置，从而实现人、经济与社会的科学、可持续、和谐的发展。以美国为例，以比尔·盖茨、乔布斯为代表的知识经济时代的创业者们已经彻底改变了美国和其他国家的经济，创造出前所未有的巨大价值，推动了整个社会经济、高科技产业和创新体系的蓬勃发展。创业也是解决人类社会发展中的问题的路径之一。伴随着社会经济的不断发展，人类社会面临着全球气候变暖、人类疾病、社会发展不平衡、贫富差距过大、能源耗竭等诸多问题，知识经济时代下，人们就是要通过对新知识、新技术的研究和应用，不断解决人类社会发展过程中的各种问题，用商业思维去解决普遍的社会问题。

▶▶ **视野延展**

创业正在改变什么[①]

杭州一场跟创业有关的主题沙龙，吸引了200多位准备创业的大学生、创客和已经成功创业的企业家前往参加。沙龙现场，杭州盈动投资管理有限公司创始合伙人、国内创业投资领域著名自媒体"B座12楼"发起人项建标，跟大家分享了创业对社会、商业文明的改变。

创业是新语境下的中国梦

原来的创业启动的时候必须要有办公室、电脑、设备，有很大的启动资金，创业是非常难的。但是现在不一样了，投资人天天在做各种各样的创业活动，希望找到一

---

① 来源：每日商报，2015-12-13。原标题：项建标：创业正在改变什么？（记者 屠雁飞）

个非常好的想法，投资人主动给创业者资金支持他们创业。甚至投资人和投资人之间互相竞争。现在你只要有想法，只要你有改变世界的愿望，有比较好的团队，资本都会来找你。这里是一些统计数据，到11月2日为止，北京今年获得投资的项目是525个，上海是251个，杭州是118个，深圳比我们少一点，杭州这样的人口级数的城市获得这样的投资数量已经非常了不得。

我们说有美国梦，美国梦实现的方式更多，价值观更加多元。而过去，国人的价值观相对比较单一，无论你是"60后"、"70后"、"80后"还是"90后"，只有创业才能改变命运，才能突破阶层的壁垒。通过创业打破阶层的板结，创业几乎是最后一个阶层上升的通道。创业产生的隐形的国民福利，正在通过一代一代的精英创业传递下去。杭州这个城市原来的标签是西湖，是风景，是人文，但是现在杭州因为阿里巴巴、因为马云多了另外的标签——互联网、创新创业，这样的标签是新的创业者带来的。

创业正在驱动着新的经济引擎，为社会带来活力。当然，我们整个创业还是在一个过程当中，对于推动 GDP 产生大的贡献，这个可能还需要一个过程。但是，2015 年杭州市的经济增长速度仅次于重庆，杭州在国内创新创业、新经济领域处于领先地位，我想这样的优势在未来几年可能会更加明显。这是整个创业给我们带来的巨大的机会，是年青一代突破阶层壁垒的一个新的机会。

创业激发了新的商业文明

我现在的投资几乎都集中在互联网领域，不管是"互联网＋"，还是"＋互联网"，我始终认为互联网是一种思维方式，是一种工具。虽然你简单看它的时候，它是个媒体，是一种工具，是一种技术形态，但是它背后带来的是一种观念的变化，因为互联网提倡开放、平等、协作、共享，这是互联网精神。

让人类社会变得开放、平等、协作、共享，这是整个社会的追求，也是中国梦的追求。互联网背后就是这样的价值观，互联网精神正好和社会的精神达成了一致。当我们投资一个企业改变了社会，推动了社会进步，比如说快的打车、支付宝、余额宝，只要你抱着一颗向善的心，抱着互联网精神，抱着让社会更美好的想法去做，最后会被这个社会所认同，会推动社会进步。

创业正在改变我们的生活方式

创业已经改变了我们的衣食住行，渗透到生活的方方面面。中国的移动互联网其实在很多方面甚至居于世界领先地位，比如我们都可以拿一部手机、不带钱包在杭州生活，这在美国、欧洲现在是做不到的。

我也可以预测一下未来改变的几个方向。阅读方式和获取信息、知识的方式会发生巨大的变化，未来的社会甚至没有报纸，虚拟电视会出现。共享将成为一个大产业，把社会的闲置资源进行再利用，这个里面会有巨大的机会。

第三节　创业与人生发展

一、创业与就业

创业与就业，是大学生选择出路的两种完全不同的方式。对于我们的职业发展之路来说，两种选择都可能是暂时的，而且不是不可修正的。但在需要做出选择的当下，创业与就业，分别代表了两种完全不同的职业发展道路，甚至是不同的人生。

就业者和创业者在企业中的地位、肩负的责任和使命均有较大差异。就业者通常处于企业的中低层，到达高层需要一个过程，也不需要对企业的成长负责，只需要做好本职工作就可以了。创业者通常处于新创企业的高层，在企业实体的创建过程中，创业者始终是负责人，始终参与其中。

就业很大程度上依靠企业实体，但创业更多地要考虑自身的经验、学识与财力，以及各种需求和各种资源占有等条件。就业者通常具备一项专业技能即可开展自己的工作；创业者通常身兼多职，既要有战略眼光，也要有具体的经营技能，要具备相当全面的知识和技能。这也意味着，就业者和创业者，在职业成长的空间、速度、可能性方面都存在着较大的差距。

就业的主要投入是数年的教育成本，而创业除了教育成本外，还包括前期准备中投入的人力、物力和资金成本。一旦失败，就业者并不会丧失教育成本，但创业者会损失在创业前期投入的几乎一切成本；而一旦成功，就业者只能获得约定的工资、奖金及少量的利润，创业者则可能获得较多的经营利润。

时代对创业素质和能力的要求并不限于自主创业者，而是对未来劳动者的共同要求，因为即使就业，也会面临原有企业的内部创业，以及个体的职业转换。因而，当代大学生必须具有从业和创业的双重能力，具备全面的职业转换能力和自主创业能力，才能适应未来的社会经济环境。这既是社会进步对人的要求，也是人自身发展的必然趋势。

▶▶ 视野延展

弃就从创

某企业创始人，毕业于中国人民大学社会学系。

大三时他利用课余时间卖力地做兼职、编程，靠着自己积累的一部分资金，加上跟父母亲戚借的钱，在大四时盘下了学校附近的一个餐厅。然而由于餐厅的经营失控，又因为教育部禁止高校学生从事商业活动,第一次创业不了了之。

为了清还债款,他决定去工资比较高的外企打工,因为表现优异,他在1000多名应聘者里脱颖而出。工作期间,他勤劳苦干,周末永远加班,从"电脑担当"被重用到"库管担当"再到"客户担当";第一个职位是跟电脑打交道,第二个职位是跟货打交道,第三个职位是跟客户打交道,三个岗位轮了一圈,他在日企发展甚好,月薪达4000元。在日企的两年,他收获颇多,不仅学习到了日企的系统管理和公司运营管理的方法,还懂得如何去跟客户沟通交流。

但是在1997年,公司因转型陷入动荡,他干脆选择了辞职,坚定了去中关村再次创业的念头。他在中关村泡了两个月,什么都没有买,就是找人聊天、观察,试图从中发现商机。后来他成立了"××多媒体",从卖"多媒体三件套"——刻录机、压缩卡(把录像带转成VCD)和声卡开始,一步一步慢慢转型发展成为今天的企业。

二、创业与职业发展

从事业的角度去看,创业可以理解为一个人根据自己的性格、兴趣、所学专业、能力等选择适合自己的事业(可以是创办企业,也可以是创办非营利的事业,还可以是就业),并把握机会,为这个事业的成功整合资源、付诸努力,最终实现自己人生目标的过程。因此创业能力中所包括的捕捉机会、整合资源的意识,以及领导、沟通等能力,具有普遍性与时代适应性。无论你从事什么样的行业或职业,创业能力都将在个人职业生涯中发挥巨大的作用。如果说创业比就业对我们个人能力的要求更高,那么当我们以创业为目标来提升自己的能力时,显然我们可以轻松地驾驭更多的职业。良好的创业能力将为我们的职业生涯发展提供源源不断的精神动力和智力支持,给人以百折不挠的毅力和坚定的信心,帮助我们在个体职业生涯的发展中走得更高更远。

既然创业只是职业发展的形式之一,那么不做职业生涯规划就选择创业是很危险的。从做好规划这一点来看,创业与职业发展都有规划的必要性和重要性。没有个人职业发展的目标,就会让创业者迷失在公司的烦琐事务中,没有时间深入思考职业发展的长远规划,更不会主动去培养自己创业成功所必备的素质,这就会造成企业成长没有后劲、个人发展缺少方向。所以,创业者有必要认真做好自己的职业生涯规划,并有意识地接受创业教育,培养创业者的素质与能力。

一个真正的创业者不仅要努力实现个人价值,更要考虑社会价值的实现。这就要求我们处理好创业与职业发展的关系,把专业知识和职业技能创造性地运用到经济社会发展中去,让自己的创业产生最大的社会效益。创业教育就是要培养我们的社会责任感,如创造价值、服务国家、服务人民等信念;培养我们自尊、自爱、自强、自信的精神;培养我们迎难而上、坚持不懈、勇于创新的意志品质,以及遵纪守法、诚实守信、善于合作的职业操守,从而保障我们创业的正确方向。

制定创业规划

对于一个立志创业的人来说，职业生涯规划与其创业规划在一定程度上是同一个东西。要制定一份好的规划，从原则上说，应该把握三个主要内容：自己能够做什么，社会需要什么，自己拥有什么资源。因此，就有必要进行自我分析、环境分析和关键成就因素分析。

首先，自己能够做什么。作为一个创业者，只是知道自己想干什么，这还是不够的，更重要的是，应该知道自己能够做什么、做得到什么。当然，这也是相对而言的，因为一个人潜能的发挥是一个逐渐展现的过程。但是，一个人对自己的兴趣、潜能有一个基本的认识，仍然是前提。

其次，社会需求什么。一个人在明确自己想做什么、能做什么的同时，还应考虑社会的需求是什么这一重要因素。如果一个人所选择的创业领域既符合自己的兴趣又与自己的能力相一致，但却不符合社会的需求，那么，这种创业的前景无疑是暗淡的。由于分析社会需求及其发展态势并非一件易事，因此，在选择创业目标时，应该进行多方面的探索，以求得出客观而正确的判断。

最后，自己拥有什么资源。要创业，就必然依赖各种各样的资源。创业者应该清楚地审视自己所拥有或能够使用的一切资源的情况，是否足以支持创业的启动和创业成功之后可持续地进行。这里所说的资源，不仅指经济上的资金，还包括社会关系，即通过自己既有人际关系及既有人际关系的进一步扩展所可能带来的各种具有支持性的东西。

总之，一份创业规划必须将个人理想与社会实际有机地结合，创业规划同样能够帮助一个人真正了解自己，并且进一步评估内外环境的优势、限制，从而设计出既合理又可行的职业事业发展方向。只有使自身因素和社会条件达到最大程度的契合，才能在现实中发挥优势、避开劣势，使创业规划更具有可操作性。

一份创业规划能够在多大程度上取得实际成功，取决于它在多大程度上对以上三个方面进行了准确的把握，并进行了完美的结合。

三、创业与人生

我们可以从就业的角度去思考创业，也可以从职业的角度去看待创业，还可以从创业人生的角度去体味创业。创业是一段精彩纷呈的旅程，是一个包罗万象的舞台，是时空无限延展、蕴藏无限可能的别样世界。很多创业者吐露心声，描述创业对其人生的影响，总结起来无外乎两个维度：广度和高度。

1. 创业极大丰富了人生体验

创业意味着你要走出象牙塔、走出格子间，走到更广阔的社会环境中，寻找团队、寻找资源、寻找机会，不断突破固有的屏障，推动创业的进程。这种人生体验的丰富程度，只有创业能够给予。创业者选择创业项目，通常都会从个人感兴趣的领域着手，将其与自己的知识技能、专业特长等结合起来。而做自己喜欢做的事本身就是一种享受。创业充满机会和风险，同时也充满克服种种挑战的无穷乐趣。在创业过程中，可以感受到无穷的变化、挑战和机遇，这是一个令人兴奋的过程。创业者可以通过征服创业过程中的重重困难来丰富自己的人生体验。

2. 创业极大体现了人生价值

无论是物质财富，还是精神感悟，创业都提供了极大的想象空间。工薪阶层的收入有高有低，但都是有限的，极少能与创业成功者的收入相比。许多年轻人脑袋里充满奇思妙想，但苦于怀才不遇。给别人打工，受于种种约束和限制，很难充分施展自己的才华。而创业则完全可以摆脱各种框框、甩开羁绊，挖掘自己的最大潜能。创业者创造的企业为社会提供了产品或服务，同时也为社会创造了价值。企业融入社会再生产的大循环之中，从多个环节为国家和社会做出了贡献。这种贡献使得创业者个人能够从中收获巨大的成就感。总之，创业是实现人生理想和价值、获得自身全面发展的有效途径。

▸▸ 思考题

阅读教材，搜集资料，深入探索，认真思考并回答以下问题，注意说明你的理由、形成自己的见解：

(1)创业的三个基本要素，团队、资源、机会，哪一个最重要？

(2)你最崇拜的创业者是谁，他的哪些事迹让你最为敬佩，你要学习他的哪些精神？

(3)创业对社会发展有很多益处，有坏处吗？

(4)你如何看待大学生在当今创业热潮中扮演的角色？

(5)你如何理解"创业的人生是最独特的人生"？

第三章 创业思维与创业精神

【学习目标】

1. 了解管理思维、创业思维与创造力的含义
2. 能够建立起基本的创业思维
3. 了解创业驱动力，能够理清自己的创业动机
4. 了解创业目标的重要性，能够确定比较明晰的创业方向
5. 感悟创业精神，培育自己的创业精神

▶▶ 理论知识

第一节 创业思维与创造力

一、管理思维

管理思维是社会组织的管理者为实现本组织的既定目标，在对其管辖范围内的人、财、物进行计划、组织、协调、控制过程中的心理智能活动。简言之，管理思维就是指向管理行为或与管理行为相伴而生的思考活动，亦即管理者在履行各项管理职能过程中的思考活动。[①]

作为创业者，首先必须具备基本的管理思维，掌握必要的管理知识和技能，同时，在实践中能够将所学的知识和技能灵活运用于各项工作，从已有的成功和失败的经验

―――――――――

[①] 王续琨、刘世玉：管理思维与管理思维学．载《大连理工大学学报（社会科学版）》，2002（04）。

教训中，从自身的实践参与中，逐步形成创业者的素养和能力。当然，中国的创业教育刚刚起步，还没有形成成熟的模式，创业知识也不是从教科书中可以全部学到的，财务、金融、战略规划等知识和经验，需要不断实践积累，在交流与互动中完善。大学生创业者提升管理思维的重要性表现在以下四个方面：

（1）以自我成长为中心，促进个人素质、知识、能力协调发展；

（2）以创业为导向，提升自己的创业能力；

（3）以管理学理论体系为基础，学习与实践相结合，掌握管理知识，进行创业实践；

（4）以管理实践活动为抓手，提高自己的团队合作能力、领导能力和解决实际问题的能力。

二、创业思维

创业思维可以从两个角度来理解，一是指创业者应该具备的思维方式，即创业意识；二是通过研究成功创业者的行动，发现尽管其行动存在差异，但在思维方式上却具有显著的一致性，这是一种截然不同于一般管理思维的思维方式，称为创业思维。

（一）创业意识

创业思维是创业者准备或正在实施创业的过程中的思考活动。主动的、积极的创业思维可以推动创业者的创业实践，是从事创业活动的强大内驱动力。

大学生创业的症结在于绝大多数人创业时对创业没有清晰的目标，在创业过程中缺乏来自环境的有益帮助。创业与在学校做研究课题不同，需要面对纷繁复杂的事物和关系。现今，我们每位大学生创业还需要更多的扶持，这不是手拉手的"搀扶"，而是需要一个能力的"支点"。

大学生可通过课程、讲座、培训等方式，如"如何产生创业想法"、"如何创办你的企业"、"如何发展你的企业"、"什么是风险投资"、"如何组织团队"等课程，进行创业思维、创业能力的训练，可以催生创业想法，增强创业的信心。

要想取得创业的成功，创业者必须具备自我实现、追求成功的强烈的创业动机。强烈的创业动机，能帮助创业者克服创业道路上的各种艰难险阻，将创业目标作为自己的人生奋斗目标。创业的成功是思想上长期准备的结果，事业的成功总是属于有思想准备的人，也属于有创业意识的人。

（二）区别于管理思维的创业思维

创业思维是一种行动导向的方法，体现了实用主义的哲学思想，认为新的投入（知识、信息、资源、网络和行动）会拓展我们对机会的认识，强调创业团队中所有成员的共同创造。诺贝尔经济学奖得主赫伯特·西蒙教授的关门弟子 Saras D Sarasvathy 经过十余年的研究总结，提炼了创业思维的五大原则，对于创业者具有重要指导作用。[①]

---

① 薛红志：做被子游戏，教你创业思维．载《中外管理》，2012(07)。

1. 二鸟在林，不如一鸟在手

按照这种原则，创业并非起始于对机会的识别和发现，或者预先设定目标，而是首先分析你是谁、你知道什么及你知道谁，即了解你自己目前手中拥有的资源有哪些。创业行动应该是资源驱动，而不是目标驱动；创业者应该运用各种已有资源来创造新企业，而不是在既定目标下寻找新资源。

2. 可承受损失

创业者必须首先确定自己可以承担的损失及愿意承担的损失有多大，然后才投入相应的资源，而不是根据创业项目的预期回报来投入资源。在采取每一步行动之前，创业者都应该只付出自己能够承担并且愿意负担的投入，否则就跟赌徒差不多了。在考虑投入时，应该综合权衡各种成本，包括金钱、时间、职业、个人声誉、心理成本和机会成本等。

3. 吸引更多的人加入进来

寻找愿意为创业项目实际投入资源的利益相关者，通过谈判、磋商来缔结创业联盟，建立一个自我选定的利益相关者网络，而不是把精力花在机会成本分析上，更不要做竞争分析。联盟的构成决定创业目标，随着联盟网络的扩大，创业目标也会不断发生变化。

4. 柠檬水原则

西方有一句谚语"如果生活给了你柠檬，就把它榨为柠檬汁。"这实际上是要求创业者以积极的心态主动接纳和巧妙利用各种意外事件和偶发事件，它们在创业途中无法避免，不应消极规避或应付。在创业过程中，你采取的行动很可能不会带来你期望的结果，这时需要乐观对待，否则将会错失某些重要的东西。很多时候，意外同时也意味着新的机会。当然，意外也可能意味着问题。如果可能，解决这个问题，你的解决方案会变成你的资产。假如这个问题会永久存在并且你无法排除，那么它将成为你采取下一步行动的已知事实基础。

5. 飞行导航员原则

创业者不应该把主要精力花在预测未来，而是要采取行动。未来取决于你现在做了什么，很多看似不可避免的发展趋势或许是可以改变的，但前提是你得采取行动。当然，并非全部创业者都要采用创业思维来开展行动，毕竟不是所有创业活动都会面临高度不确定性。很多时候，需要把管理思维和创业思维结合起来。

三、创造力

顾名思义，创造力就是创造的能力。我们应该认识到：正常的人都具有创造潜力，只是由于一系列主客观因素的影响，这种潜力没有充分地表现出来。从创业的角度来看，创造力是创业时代的原动力，可以从如下几个方面来理解①：

（1）创造力是正常人在科学发现、技术发明、技术创新、文艺创作、经营创业等创造性活动中形成和表现出来的各种积极的个性心理特征的总和，它决定了成就产品的水平和数量。

（2）创造力不是个别天才人物所独具的神秘能力，而是每个正常人与生俱来的潜能，通过培训可以大幅度地被激活和提升。

（3）创造力是在创造活动中形成的，先天的某种禀赋只为创造力的形成提供了前提，环境、实践、教育和主观努力对创造力的形成和发挥都有重大影响。

（4）只有在特定的创造性活动中，创造力才会充分表现出来，即使是具有很高创造力的人也不会在任何活动中都表现出创造性品质。

（5）创造力是指有利于实现创造目标的积极的心理特性，而无能、无为、保守、悲观等消极表现则不属于创造力的范畴。

（6）创造力的基础是知识。知识分两大类，一类是基础知识、专业知识和交叉学科知识，另一类是属于创造技能和创造技法方面的。创造技能反映人的智力技能、感情技巧和动作技能的综合水平，目前我国大学生总体创造技能水平高，但动手操作能力欠佳。创造技法是解决问题的路径和利剑，人类最有价值的知识是方法的知识，掌握技法将使创业者受益终身。

（7）创造欲望和创造思维是创造力的核心，它们是个人开发创造力的具体表现。

（8）学生的个性品质包括奉献精神、独立精神、合作精神、学习精神、心理结构和能力结构等，这些都会影响其创造力的发挥。

（9）哲学思维是攀登科学顶峰的指路灯，提高创造力始终离不开对哲学基础理论的学习。

（10）健康的体魄、外语能力和表达能力同样是培养大学生创造力不可缺失的条件。

第二节　创业驱动力

一、创业驱动力

创业动机是指引起和维持个体从事创业活动，并使活动朝向某些目标迈进的内部动力。它是鼓励和引导个体为实现创业成功而行动的内在力量，是推动个体或群体从事创业实践活动的内部动因，是使主体处于积极心理状态的一种内驱力，常被形象地称为创业驱动力。

---

① 张武城：创造力：创业时代的原动力．载《中国教育报》，2007-01-10。

一般来说创业驱动力包括实现创业想法、获得成就认可、成为成功人士、实现财务自由、彰显人生价值，等等。根据美国学者艾克•奥提奥（Erkko Autio）等人的研究结果，创业的动机大体上可以归为以下四类：对成就的需要、对独立性的偏好、控制的欲望、改变家庭和个人的经济状况。

　　我国大学生的创业动机根据各个时期的社会状况、思潮观念的不同而呈现出不同的特点。在当今社会，创业活动对经济与社会的推动作用、对眼前生活的颠覆与改变有目共睹，一些创业者不仅通过创业为自己积累了大量的财富，同时也在创新与实践之间搭起了一座积极的桥梁，对大学生起着示范感召的作用。对大学生来说，如何把青春的激情转变为创业行为的驱动力，需要在日常的学习和生活中逐渐培养，我们可以着重关注以下两个因素。

　　一是个人成长因素。个人的价值追求是创业中重要的驱动力，一般表现为个体的冲动，当个人对自己的人生成就具有较高的期望时，创业作为一种职业选择就会对人产生强大的吸引力。此时，选择创业，会为个人带来强烈的满足感。

　　二是团队合作因素。团队互补性越强，合作程度越高，创业者的创业冲动就越强。团队合作精神能够充分调动并发挥每一位合作人的热情，吸引其他人加入团队中来；在强大的团队中，每一个人的个人能力得到放大，原本依靠个人不能完成的事情，在团队中可能非常顺利地完成，在这种情况下，个人的价值追求会被唤起，会激发团队整体的创业驱动力。

▶▶ 视野延展

马斯洛需求层次理论

　　马斯洛需求层次理论可以帮助我们更好地理解行为动机，对照自己的实际情况，去探索创业驱动力。此处做一个简要的介绍。

　　马斯洛需求层次理论（Maslow's hierarchy of needs），亦称"基本需求层次理论"，是行为科学的理论之一，由美国心理学家亚伯拉罕•马斯洛于1943年在《人类激励理论》论文中提出。

　　按马斯洛的理论，个体成长发展的内在力量是动机。而动机是由多种不同性质的需要所组成，各种需要之间，有先后顺序与高低层次之分；每一层次的需要与满足，将决定个体人格发展的境界或程度。

　　马斯洛认为，人类的需要是分层次的，由低到高。它们是：生理需要、安全需要、社交需要（一般也译为"归属与爱"）、尊重需要、自我实现需要。

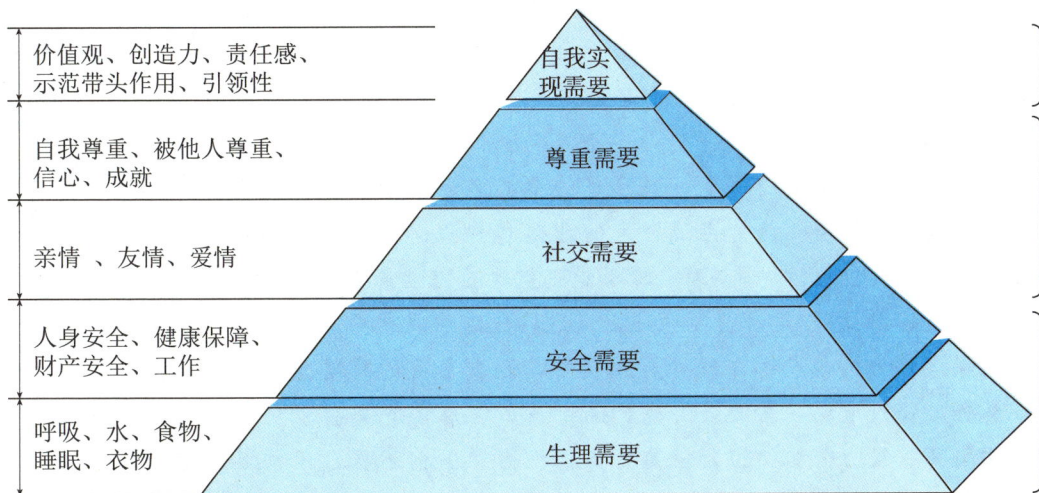

价值观、创造力、责任感、
示范带头作用、引领性

自我尊重、被他人尊重、
信心、成就

亲情 、友情、爱情

人身安全、健康保障、
财产安全、工作

呼吸、水、食物、
睡眠、衣物

自我实
现需要

尊重需要

社交需要

安全需要

生理需要

1. 生理需要

生理需要是人类维持生命最基本的需要，也是各类需要层次的基础。若衣食住行、空气和水等都得不到满足，人类的生存就成了问题。马斯洛认为，当这些需要还未达到足以维持人们生命之时其他需要将不能激励他们。他说："一个人如果同时缺少食物、安全、爱情及价值等，则其最强烈渴求当推对食物的要求。"

2. 安全需要

当一个人的生理需要得到一定满足之后，他就想满足安全的需要。即不仅考虑到眼前，而且考虑到今后，考虑自己的身体免遭危险，考虑已获得的基本生理需要及其他的一切不再丧失和被剥夺。例如：要求摆脱失业的威胁，要求在生病及年老之时生活上有保障，要求工作安全并免除职业病的危害，希望干净和有秩序的环境，希望免除战争和意外的灾害，等等。

3. 社交需要

当生理及安全需要得到相当的满足后，社交需要便升至主导地位。人类是有感情的动物，希望与别人交往，避免孤独，希望与伙伴和同事之间和睦相处，关系融洽；希望归属于一个团体以得到关心、爱护、友谊和忠诚。人之所以要归属于一个整体，是因为人们有一种把自己信念相同的人找出来的倾向，以此来肯定自己的信念，特别是当一种信念岌岌可危时尤为如此，这时他们便聚在一起，并试图对所发生的事态及他们的信仰达成一个共同的认识。社交需要比生理和安全更细致，每个人之间的差别性也比较大，它和一个人的性格、经历、教育、信仰都有关系。

4. 尊重需要

当一个人得以满足归属感的需要以后，他通常不再满足于作为群体中的一员，而是开始追求自尊和受人尊重需要的满足。尊重需要可以分为两个方面：其一，内部尊重需要。就是希望自己有实力，能胜任，能独立自主；对知识、能力和成就充满自豪感和自尊心。其二，外部尊重需要。即希望别人尊重自己的人格和劳动，对自己的工作、人品、能力和才干予以承认并给予公正的评价。希望自己在同事之间有较高的地位、声誉和威望，从而得到别人的尊重并发挥一定的影响力。

5. 自我实现需要

这是人类最高层次的需要，当自尊的需要满足以后，自我实现的需要就成为第一需要。自我实现的需要就是实现个人的理想和抱负、最大限度地发挥个人潜力并获得成就，实现自我价值。它是一种"希望能成就他独特性的自我欲望，希望能成就其本人所希望成就的愿望"。这种需要往往是通过胜任感和成就感来获得满足的。

马斯洛认为，在人的心理发展过程中，五个层次的需要是逐步上升的，具有递进的规律性。一般地说，当低级的需要得到满足以后，就失去了对行为的刺激作用，这时追求更高一级的需要就成为驱使行为的动力。但也不要过于拘泥地理解各需要的顺序。我们绝不能以为只有当人们对食物的欲望得到了完全的满足后，才会出现对安全的需要；或者只有充分满足了对安全的需要后，才会滋生出对爱的需要。并不是说在你处于生理需要这一层次的时候，安全需要就不存在，它们是同时存在的，可能生理需要此时是70%，而此时安全需要只有15%，只有满足了生理需要才会更多考虑安全需要。

二、创业的目标

对于创业者而言，创业之前的思考是非常必要的，你对自己的目标有没有系统的思考，有没有和自己的人生规划结合起来，你有没有问过自己：你为什么要创业，你是否有足够的决心，你想要完成怎样的目标，你做了什么样的创业准备等。这些系统的思考，会让你重新审视自己对创业的看法。

正确的目标应该和正确的人生观、世界观和价值观结合在一起，要同社会道德紧密结合，要和家庭幸福结合在一起，要阳光而充满活力，要不仅仅关注小我，还要造福他人和社会。正确的创业目标应该把个人的前途命运同国家的前途命运结合起来，把个人的奋斗融入社会的奋斗之中。正确的创业目标包括四个层次：

第一，满足个人的自我成长要求，实现自我价值。创业是一个人实现自我价值的途径之一，让自己不断成长，获得新的人生体验，这是最基本的。

第二，创业的成功应惠及亲人和朋友。通过自己的不断努力，赚取阳光下的财富，让家庭过上幸福安逸的生活，不断帮助朋友，帮助自己身边的人。

第三，惠及社会和大众。一个创业成功者，应该把社会责任当作自己的责任，当自己有能力的时候，去帮助那些需要帮助的人，帮助弱势群体，通过自己的奋斗，惠及更多的人。

第四，造福国家、民族和人类。为国家的发展、民族的发展、世界的和谐发展做出自己的贡献。

创业者要为自己制定明确的目标，以鼓励自己为之奋斗，这其中包括财富目标，但不应仅仅定位在赚钱上，而应该树立综合的创业目标，以时刻激励自己发挥潜能和创造力。

▸▸ 视野延展

创业目标不需要定得太远[①]

中国现在是"世界工厂"，未来15年，我国要发展成为创新型国家，要从"世界工厂"变成世界的"大脑"、"心脏"，这都要建立在自主创新的基础上。

创业不能光靠激情，要付诸行动，而且一开始就必须设定创业的方向。另外，要明白为什么要创业。今天在座的你们，现在就要开始想成功之后能够为别人做什么，如果创业就是为了满足个人利益，就失去了意义。不能希望暴富，要想着报答。

中国目前有1亿人在创业，企业平均存活时间只有2.9年，很多人创业是在跟风，没有坚持走到最后。当年我创业失败，搭档卷款逃走，我老想着要报复。但我最后坚持了下来。创业应该有恒心，不要放弃。想要走到最后，要依靠智慧和思想及百折不挠的毅力。

有时候创业失败，不是因为自己做错了什么，而是别人做对了什么。因此，要关注别人做对的事情。

不要小看任何岗位给你带来的经验。1986年我被学校退学，因为虽然副业（校刊编辑等职）很成功，但功课全部不及格，父母离校时连大门都没脸走。当时我发誓，今后再也不回学校，除非回来当老师，或接受颁奖。誓言很快成真，两年后，我回母校演讲，1994年我当选为杰出校友，2000年台湾东吴大学和大陆苏州大学同庆百年校庆时，我受邀担任主持人。

我为何成功？在马祖服役时，就是因为我有校刊编辑的经历，而进入了很难进的马祖日报。所以，不要轻视任何一个岗位。创业，要寻找自己熟悉行业的商业机会。现在为建设自主创新型国家，国家有不少优惠政策，创业环境很好。但创业、创新，首先是思路的改变。

我告诉大家目前中国最具有发展潜力的10个市场：第一是孩子的市场，因为中国人喜欢讲"再苦不能苦孩子"；第二是女性市场，女性购物更重感觉，像台湾，就有用折合人民币250万元打造的内衣试衣间，这迎合了女性希望受宠的心理；第三是老人的市场，因为老人活动集中，容易形成口碑。还有健康市场、教育市场、科技市场等。

---

① 来源：林伟贤的演讲《财富与你》。

创业，要秉持商业道德，要有勇气和能力，通过不断学习去克服过程中的艰辛。让我们把世界带进中国，让中国领航世界。

第三节　创业精神

一、创业精神的内涵

（一）创业精神的含义

创业精神通常被人们称为企业家精神，它是创业者在创业过程中表现出来的诸多精神品质的概述。关于创业精神包含的内容，有很多说法。大多数经济学家都认为：创业精神是在各类社会中刺激经济增长和创造就业机会的一个必要因素。20世纪的经济学家约瑟夫·熊彼特，将创业精神看作是一股"创造性的破坏"力量。新古典经济学的奠基人马歇尔认为，企业家精神是一种个人特征，包括"果断、机智、谨慎和坚定"，"自力更生、坚强、敏捷并富有进取心"，以及"对优越性的强烈渴望"。经济学家坎迪隆和奈特认为：冒险是企业家精神的天性。

从更广泛的意义上看，创业精神并不局限于经济范畴。哈佛大学商学院将创业精神定义为"追求超越现有资源控制下的机会的行为"。他们认为，创业精神代表一种突破资源限制，通过创新来创造机会的行为。创业精神隐含的是一种创新行为，而不是一个特别的经济现象或个人的特质表现。谭劲松教授的观点是：企业家精神是一种特殊的思维倾向、一种独特的世界观、一种积极的冒险精神，以及自我实现和完善的终极手段。华为公司创始人兼总裁任正非则用狼性来比喻创业精神：企业发展就是要发展一批狼。狼有三大特性：一是敏锐的嗅觉，二是不屈不挠、奋不顾身的进攻精神，三是群体奋斗的意识。

（二）创业精神的作用

创业精神是创业者内在的一种精神，决定了创业是否会发生，决定了创业者在遇到问题的时候能否坚持，并最终取得成功。就个人层面而言，创业精神决定了企业发展速度的快慢，决定了企业发展方式，决定了个人创业成就的大小。从国家层面来讲，全民创业精神影响着如何实施创新驱动发展战略，使国家富强、人民幸福、社会和谐。因此，创业精神对创业至关重要。创业精神蕴含着一种力量，这种力量是源源不断、蓬勃向上的。常常表现为勇于创新、敢于冒险、善于合作、主动进取、意志坚韧，等等。这些品质显然不是在一朝一夕之间就可以提升的，需要在日常的学习与生活中有意识地培养，潜移默化地铸就。

（三）创业精神的来源

创业精神的来源主要有两个方面。一方面，来源于创业者主观上强烈的创业意愿与兴趣。创业者在正式创业前，在个人创业兴趣、成功价值观衡量标准、他人创业事迹、就业选择、经济发展变化、国家政策鼓励等多方因素影响下，会产生强烈的创业意识与动机。在这种创业意识的引导与影响下，创业者会不断赋予自己正能量，充分发挥自身潜能，调动有利情绪投身创业活动，即使面对风险与挫折，他们也能不断提示自己要坚持不懈、持之以恒。

创业者追求理想与价值的实现是产生创业精神的主要来源之一。创业者的客观实践是创业精神来源的另一方面。创业活动是不断参与社会实践的动态过程，为了企业的生存与发展及在激烈的竞争中胜出，创业者必须不断调整、充实企业经营管理策略，以适应市场的需要。企业的不断发展离不开技术更新、产品更新，这种更新则源于企业领导者的意识创新。随着企业的不断发展，创业者的创业精神也会不断进步与提升，由量变累积逐步发生质的飞跃。

▶▶ 视野延展

首富的价值观①

"哈佛耶鲁不如敢闯敢干"，"清华北大不如胆子大"，从哈佛大学的演讲台到中欧国际工商学院的演讲台，王健林一再重复这样的句子。"王健林成功学"里，"创新、胆子大、敢闯敢试"排名第一，这是他的人生信条和价值观中最重要的一部分。

26年前，34岁的大连市西岗区人民政府办公室主任王健林接手了万达集团的前身——大连市西岗区住宅开发公司，这份闯劲为今天的万达商业帝国拉开了序幕。

他说自己不唯上、不唯书、不唯外国，怎么想就怎么做，"这是最重要的，没有这一点可能什么事都不行"。

光有胆量还不够，还要有坚持精神。王健林说，所有的创新都面临失败，都会有完善的过程，很多人经过一次或者几次失败就放弃了，只有执着地坚持，最终才能成功。

在王健林看来，中国现在缺生产资料等很多发展要素，但最缺的是企业家。而对于中国大学生的创业率，他显得忧心忡忡："不到1%，是世界平均水平的十几分之一。而美国大学生有30%多。这么低的创业率怎么可能出企业家？怎么可能成就梦想？"

王健林想告诉现在的年轻人，光有梦想不够，还要勇敢地迈出创业第一步，正如他经常提到的一句话"清华北大不如胆子大，你如果去试了，也许一半成功一半失败，但不试，成功的机会是零"。

---

① 来源：搜狐公众平台，2016-03-22，原标题：王健林：清华北大不如胆子大。

二、创业精神培育

（一）强化创业意识

创业者在正式创业前，在个人创业兴趣、成功价值观衡量标准、他人创业事迹、就业选择、经济发展变化、国家政策鼓励等多方因素影响下，会产生强烈的创业意识与动机。在这种创业意识的引导与影响下，创业者会不断赋予自己正能量，充分发挥自身潜能，调动有利情绪投身创业活动，即使面对风险与挫折，他们也能不断提示自己要坚持不懈、持之以恒。创业者在创业实践活动中，不断扩展自己的视野，不断调整、充实、提高自己的能力，其创业精神也会不断进步与提升，由量变累积逐步发生质的飞跃。

（二）保持正向思维

"正能量"指的是一种健康乐观、积极向上的动力和情感。我们每个人都应该用"正能量"的思维去思考、去行动，创业者尤其如此。正向思维，既是一种处事的心态，也是处事的方法。创业从来不会一帆风顺，难免遇到许许多多的曲折，需要我们具备强大的心理承受能力，懂得必要的心理调适方法，找到疏通自己心理困惑与焦虑的渠道。如果没有一颗忍耐孤独、直面挫折的强大心脏，又怎么能够骄傲地迎接创业成功的辉煌与喜悦。

（三）培养创新能力

创新是创业精神的核心。德鲁克认为，企业家精神中最重要的就是创新。他认为，创业者不仅仅单纯指在经济活动中从事创新活动的人，无论他是做什么的，无论他是工人、农民、政府高官，或者仅仅是学生，只要他在创新，那么我们都可以称之为创业者。这种对于创业者的理解虽然有些夸大，但是这正是德鲁克强调的创新的意义。大学生要勇于有意识地突破前人、突破书本、突破老师，多参加创新创业的体验和实践活动，充分发挥自己的禀赋和潜能。

（四）提升整体素养

知识、能力与素质，反映我们的品质，决定我们的行动，也影响着我们创业精神的养成。所以我们有必要从多方面提升整体素养，从而培育创新精神。例如，诚信是创业者的立身之本，亦可称为创业精神的基石。在创业者修炼管理艺术的所有原则中，诚信是重中之重。市场经济是法治经济，更是信用经济、诚信经济。越来越多的创业者选择团队创业，如何处理好团队成员之间的关系，打造良好的合作氛围，成为每一个创业者的必修课。合作，亦可称为创业精神的精华。尽管伟大的创业者表面上常常是一个人在表演，但真正的创业者必定是擅长合作的，而且这种合作精神需要扩展到团队的每个成员。

（五）育成创业人格

意志力、决策力、影响力等能力的提升与创业人格的养成是相辅相成的。作为创业者，应该主动树立足够高远的理想。一个具有强烈吸引力和使命感的梦想、目标，可以带领我们走得更远。比尔·盖茨在创业之初的梦想就是让每个家庭都能用上互联网；飞机的发明源于福特兄弟"人类也能在天空中像鸟一样飞翔"的梦想。历史上许多伟大的企业都起源于创业者的一个伟大的梦想。坚强的意志，也是创业成功的有力保障。对信念的坚守、对事业的专注、对诱惑的拒绝，这些创业人格特质将帮助我们化解创业路上的风雨险阻，可以帮助我们走得更远。

▶▶ 视野延展

创业者都是冒险家

创业的过程绝不可能是一帆风顺的，如果没有无与伦比的创业精神，是无法在激烈的竞争中胜出的。只有经得起环境考验的人，才算是真正的强者。创业过程中，一定存在压力和困难，重要的是你能不能以一颗坚强的心去面对。创业之路实际上很残酷，就如马云所说："对所有创业者来说，永远告诉自己一句话：从创业的第一天起，你每天要面对的是困难和失败，而不是成功。我最困难的时候还没有到，但那一天一定会到。困难是不能躲避的，也不能让别人替你去扛，任何困难都必须你自己去面对。"

美国安利公司董事会主席史提夫·温安洛先生曾讲过一个故事，阐述了他对创业精神的理解。温安洛12岁那年，父亲带着他们一家六口人到美国西部寻找机会，"当时坐的车是一部有10吨重、铁皮打造的小巴"。在前进的路上，一座摇摇欲坠的桥横跨在陡峭的峡谷上。"父亲是工程师，我们很信任他，但那个桥破旧得似乎能被一只停在上面的苍蝇压垮。"父亲停下车，察看了一下地形，他将车倒退了100米，然后加足马力，全力以赴地飞越了那座破桥，"我当时坐在父亲旁边，今天我能站在这里，就是告诉大家我是达标的。"温安洛风趣而自信地说。"创业是要冒风险的，当然前提是盘算清楚，一旦决定，就要加快速度，勇往直前。"

有风险才有回报，风险越大，得到回报的机会也就越大。创业者在采取行动之前都冒着巨大的风险，换言之，选择成为创业者，必然是勇敢的冒险家。盲目的冒险没有好结果。有4种方法，可以让你在冒险的时候走正确的路。

1. 不要害怕失败

失败是必需的。社会告诉我们要害怕失败，但是我们在还没有失败之前，绝对不要害怕失败。是人都会犯错，时不时地犯错在所难免，关键是我们如何看待失败。失败给我们制造了机会，让我们吸取教训，让我们可以避免下一次的失败。如果成功路上没有失败，那么成功的取得也变得没有意思了。与其害怕失败，不如开心地面对失败，因为它可能帮助你达成目标。

2. 不要惧怕成功

很多时候，不仅仅是失败会把创业者吓跑，来自成功的压力也会让创业者感到恐惧。从小人们就教育我们成功来之不易，不是所有人都可以成功，成功也意味着更多的责任和义务。不少人因为这样或那样的原因，不愿意接受挑战，对出人头地感到害羞。当你想躲避风险的时候，想想那些没有躲避的人，他们创业或许快要成功了。

3. 不要被别人的质疑干扰

当你选择创业的时候，必定会有人对你的行为表示质疑，验证一下他们所言是否属实，再做决定。但是绝对不要让质疑爬进自己的脑子里，不要让质疑的思想侵蚀你成功的欲望。

4. 计算风险

其实盲目冒风险的情况很少见，误打误撞的事也时有发生。就像做选择题，蒙对的概率也很大，但是如果你在做选择的时候多加思考，你选对的概率会更大，创业也是这个道理。创业确实有风险，但是你仔细计算风险，并且合理地规避风险，选错的概率就小很多。

拓展训练

一、创业的第一天

假如你刚刚开始自己创业，今天是创业的第一天。你想成功，希望企业能发展壮大。你已经把自己的所有钱都投入启动资金中，甚至借用了父母的积蓄。

你对产品和市场都有很好的创意，觉得这一切都很激动人心，看好它的发展潜力，可惜资金有限，如果必须马上启动，那么首先应该关注哪一点？时间该如何分配？作为创业者，你该优先考虑哪些因素呢？

你认为创业起步阶段真正该关注哪些因素？

_____

_____

_____

_____

二、拼图与做被子

准备材料：拼图玩具（每组一个，300个碎片），织物碎条（大约每个人6条），两个房间（拼图房：房间内有与小组相同数量的桌子，桌上放着拼图；织物房：房间内只有一张大桌子，上面杂乱地堆放着很多不同颜色、纹理和尺寸的布条）。

（1）分组：学生分组，5～7人一组。

（2）拼图：在拼图房，以小组为单位，开始拼图，要求越快越好。

（3）5分钟后，每个小组都抽调出一个志愿者进入织物房。要求他们完成新任务：他们被任命为被子领导者，每个人需要在房间中选择一块空地独立设计一床被子造型，原材料就是从桌子上选择6块布条，不能多拿或少拿，选择后不能更换。志愿者不需要把布条缝起来，只需按照自己的想法把布条摆放在地上进行设计。在后面的时间里，参与拼图练习的其他人会陆续进入这个房间并加入他们当中进行被子设计。

（4）每隔3分钟，拼图房间就要出一位志愿者进入织物房，被告知可各自选择6个布条并加入他们愿意加入的任何一个已经在房间里忙碌的被子制作队伍。随着更多人的加入，一些被子变得越来越大并且更具创造力。很快，所有的参与者都从拼图活动转为从事被子制作了。

（5）在所有人都走出了拼图房并进入织物房时，要求他们在2分钟内完成被子设计。

（6）集体讨论以下问题：

哪些人更喜欢拼图，为什么？

哪些人更喜欢设计被子，为什么？

领导者：被子的最终设计方案是如何形成的？

团队成员：为什么选择某个小组而非其他小组？

从拼图游戏转移到被子设计的感觉如何？

两种练习分别需要调动何种类型的思维？

（7）结论：尽管参与者没有意识到，其实他们刚刚经历了一场从训练一般管理思维到训练创业思维的转换。

▶▶ 思考题

阅读教材，搜集资料，深入探索，认真思考并回答以下问题，注意说明你的理由、形成自己的见解：

（1）如何理解管理思维与创业思维的不同？

（2）我们应该如何培养自己的创业思维？

（3）大学生的创业动机具有哪些显著特点？

（4）我们应该如何管理自己的创业目标？

（5）创业精神中最重要的是什么？

（6）创业精神具有哪些作用？

每个人都有创造力

行动前你需要明白：每个人都有创造力。尽管在我们的文化中艺术家通常被认为是最具有创造力的人，但是创造这种行为实际上是每个自然人天生所具有的潜能。下面这个活动将让你发现自己的创造力，建议和同学组成团队共同完成。

选择一种艺术形式（戏剧、绘画、雕塑、诗歌、音乐等），通过各种途径（找专家学习、报培训班、上网络课程等）去学习这种艺术。你的学习需要持续一个月，每周不少于5小时。你的目标是：开发出一个有创造性的艺术作品。

一个月后，每个团队要使用选择的艺术形式进行一场展示（表演）。

最后，每个人要提交一份不少于3000字的反思报告来回答以下问题：

（1）在开始创造之前，你有哪些与这种艺术形式创造相关的假设？你现在对创造这种艺术形式感觉如何？

（2）描述在创造过程中有挑战性的某个方面或某个时刻。

（3）你认为这种艺术体验与创业思维和创业行动之间的关联性如何？

下篇　实践篇

　　有些时候，生活会拿起一块砖头向你的脑袋上猛拍一下。不要失去信心。我很清楚唯一使我一直走下去的，就是我做的事情令我无比钟爱。你需要去找到你所爱的东西。对于工作是如此，对于你的爱人也是如此。你的工作将会占据生活中很大的一部分。你只有相信自己所做的是伟大的工作，你才能怡然自得。如果你现在还没有找到，那么继续找、不要停下来、全心全意地去找，当你找到的时候你就会知道的。就像任何真诚的关系，随着岁月的流逝只会越来越紧密。所以继续找，直到你找到它，不要停下来！

　　你们的时间很有限，所以不要将它们浪费在重复其他人的生活上。不要被教条束缚，那意味着你和其他人思考的结果一起生活。不要被其他人喧嚣的观点掩盖你真正的内心的声音。还有最重要的是，你要有勇气去听从你直觉和心灵的指示——它们在某种程度上知道你想要成为什么样子，所有其他的事情都是次要的。

——乔布斯①

---

① 这段话出自 2005 年 6 月 12 日乔布斯在斯坦福大学毕业典礼上的演讲。

第四章　创业者与创业团队

【学习目标】

1. 了解创业者的概念，明确创业者需要具备的素质和能力
2. 了解创业动机的含义，培养积极的创业驱动力
3. 掌握提升创业者素质与能力的基本方法
4. 了解创业团队 5P 要素，认知团队创业的优势
5. 领会创业团队组建的原则，掌握创业团队组建的方法
6. 把握创业团队管理的基本策略，能够有效实施管理

▸▸ 理论知识

第一节　创业者

一、创业者的概念

创业者一词由法国经济学家坎蒂隆（Cantillon）于 1755 年最早引入经济学的领域。1880 年法国经济学家萨伊（Say）将创业者描述为将经济资源从生产率较低的区域转移到生产率较高区域的人，并认为创业者是经济活动过程中的代理人。到 20 世纪 90 时代，美国经济学家熊彼特提出：创业者应为创新者，具有发现和引入更好的能赚钱的产品、服务和过程的能力。可见，创业者的概念随着时代的发展逐渐演变。换句话说，关于"创业"的理解多种多样，关于"创业者"的概念必然也有很多理解。

在欧美的经济学研究中，普遍将创业者定义为"一个组织、管理生意或企业并愿意承担风险的人"。在当代中国，随着创业大潮的风起云涌，创业者一词被赋予了更广泛的含义，有狭义和广义两种。狭义的创业者指参与创业活动的核心成员，是创业队伍的灵魂人物，如乔布斯、马云。广义的创业者是指参与创业活动的全部成员，如参与到乔布斯或马云的创业活动中的人，也都是创业者。

在创业者的范畴内，大学生创业者是一个鲜明且独特的存在。大学生创业者常常指那些有理想、有胆识、有抱负，对个人价值与社会价值有强烈渴望的在校大学生和毕业大学生。大学生在学校里学到了很多理论性的知识，具有较高层次的技术优势，一些风险投资家往往就因为看中了大学生所掌握的先进技术，而愿意对其创业计划进行资助。大学生思维活跃，充满激情，是最具创业活力的人群。当代大学生有创新精神，有对传统观念和传统行业挑战的信心和欲望，而这种创新精神也往往造就了大学生创业的动力源泉，成为成功创业的精神基础。大学生还可以在创业的过程中，提高自己的综合能力，增长社会实践经验，为我们未来的职业成长之路积蓄更多的养分。

二、创业者的素质与能力

人是创业成功的第一要素，而创业者则在创业中发挥核心作用。创业活动是由创业者主导和组织的商业冒险活动。要成功创业，不仅需要创业者富有开创新事业的激情和冒险精神、面对挫折和失败的勇气和坚韧，以及各种优良的品质素养，还需要具备解决和处理创业活动中各种挑战和问题的知识和能力。

探索创业者需要具备的素质与能力，可以从成功创业者的身上去挖掘。这方面的研究很多，说法庞杂。著名管理学家拜格雷夫将创业者所需要具备的素质归纳为 10D 模式，即：理想(Dream)、果断(Decisiveness)、实干(Doers)、决心(Determination)、奉献(Dedication)、热爱(Devotion)、周详(Details)、机遇(Destiny)、金钱(Dollar)、分享(Distribute)。

在对创业者的研究中，关于成功创业者的 RISKING 素质模型被广泛引用，如图 4-1。

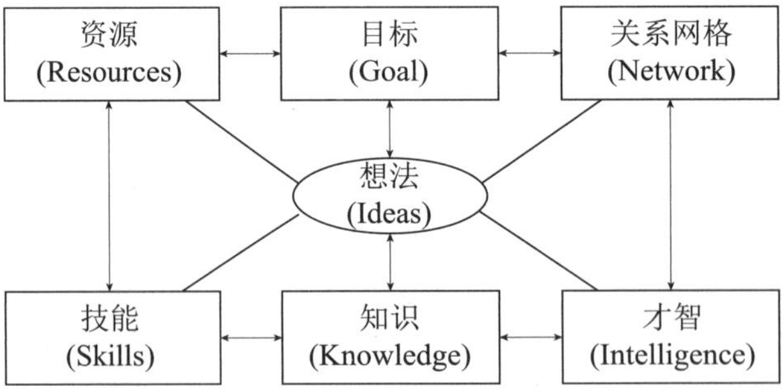

图 4-1 RISKING 模型

RISKING 模型比较全面地展现了创业者需要具备的素质和能力，该模型也可用于评价创业者在哪些方面有优势，在哪些方面有待弥补提升的缺陷。

表 4-1　RISKING 模型的要素及释义

首字母	要素	释义
R	资源(Resources)	主要指包括人力、物力和财力在内的一切能应用于创业中的有形或无形的力量。最重要的创业资源：好的项目、资金和人力资源。
I	想法(Ideas)	创业设想应具市场价值，能在一定时期产生利润； 具有现实可行性，能付诸实践； 应具新意，有创新，能抓住市场空间。
S	技能(Skills)	主要指创业者所需的专业技能、管理技能和行动能力等，如果个人不完全具备所需技能，但是团队中能够形成技能互补，也是不错的能力组合。
K	知识(Knowledge)	主要指创业者所必需的行业知识、专业知识及创业相关知识，例如商业、法律、财务等知识。良好的知识结构对开拓创业者的视野、发挥才智具有很高的价值。
I	才智(Intelligence)	主要指创业者的智商与情商，具体表现为观察世界、分析问题、思考问题和解决问题的能力。
N	关系网络 （Network）	创业者需要良好的人际亲和力和关系网络，涉及合作者、服务对象、新闻媒体，甚至竞争对手。
G	目标 （Goal）	创业方向和目标必须明确，并做出准确的市场定位，集中精力和资源朝着特定目标前进。

▶▶ 视野延展

伟大创业者的七个特质[1]

特质一：不屈不挠

创业是一场距离超长的马拉松赛，过程中充满了不确定性，只有排除艰难险阻才能取得最后的胜利。创业者不会因为比别人有更好的机会而赢得市场，也躲不过一些不可避免的错误。不屈不挠是创业最重要的品质。许多人创业都会遭遇到许多次失败，甚至每周都会遇到好几次。当失败发生时，就要重新开始。

_____

[1]　来源：《创业邦》，2014 年 Z1 期(作者 Joe Robinson)。

特质二：激情

可能有些人会下意识地认为钱是成功创业者创业的动力。但实际上绝大多数创业者创业是出于他们对新产品、新服务的热情，或抓住了一些解决难题的机遇。他们这样做不仅可以让消费者买到物美价廉的产品，还能让人们过上更加舒适、安逸的生活。大多数创业者都有一种改变世界的信念。激情是支持创业的内在驱动力，它也是让创业者不断付出的情感基础。

特质三：能承受不确定性

用通俗的话来说，就是对风险的承受能力——能够承受不确定性带来的恐惧，并且能够承受潜在的失败。在恐惧中你可以选择放弃，也可以战胜它继续前行。

特质四：远见

有预测未知机遇的能力，同时也能预测他人不能预知的事情，这是创业者必备的特质之一。创业者的好奇心会帮助他们辨识出一些被忽略的市场机遇，这种好奇心会使其走在创新和一些新兴领域的前列。创业者能想象出另一个世界，把自己的远见有效地转化为一种切实可行的业务，随之就会吸引到投资人、客户和员工。创业者会碰到许多唱反调的人，为什么？因为创业者看到的未来和他们不一样，在未来还没有呈现之前也许创业者就已经预见到了。

特质五：自信

自信也是创业者的关键特质。创业者必须坚信自己的产品是被需要的，发现市场机遇然后开拓新市场，在创业的过程中还要不断推翻现有的、普遍认可的东西。研究者将这种特质称为一种源自特殊使命的自信。有了这种信念，就算世界充满风险，创业者也可以做好充分的调查，有足够的信心完成任务，并把风险减到最小。

特质六：灵活性

实际上，创业的生存规则也像生命物种一样，都是建立在适应周围环境的基础上的。公司最终推出的产品或服务很可能不是你最初的计划。因此，灵活性会有助于创业者适应市场环境，应对大众多变的喜好。创业者必须心甘情愿地忠于自己，告诉自己"这是不可以的"，必须围绕着市场的变化进行调整。

特质七：打破常规

创业者存在的意义之一即否定已有传统智慧。实际上，简单来说，创业就是打破常规。据柏森商学院的一项报告显示，只有13%的美国人最终可以进入创业者的行列。做别人没有做过的事情，是创业者的一种天性，也是他们内在动力的源泉。

三、创业素质与能力的提升

立志创业的大学生，不妨通过以下途径和方法提高自己的创业素质与能力。

1. 通过学习积累创业知识

一个创业者，在具备了强烈的创业意识和较高的创业素质的同时，还应该有丰富的创业知识的积累。创业知识是与创业密切相关的知识，致力于创业的大学生应该有意识地去获取和学习，只有充分掌握了创业知识，才能在创业的路途上得心应手。创业知识包括与创业相关的法律知识、管理知识、经营知识，以及与创业相关的专业知识等。

创业者除了在创业课堂中了解创业知识外，还可以通过专业学习拥有一门过硬的专业知识，在创业过程中将受益无穷；大学图书馆通常能找到创业指导方面的报刊和图书，广泛阅读能增加对创业市场的认识；大学社团活动能锻炼各种综合能力，这是创业者积累经验必不可少的实践过程。

当下与创业相关的媒体资源越来越丰富，很多进行孵化或投资活动的公司也会提供与创业有关的资讯。书籍、杂志、网站、微博、公众号，都可以成为我们了解创业知识的渠道。多关注与创业有关的政策、新闻，或成功创业人士的案例，既可丰富我们的视野，也将帮助我们更好地理解创业。

创业或商业活动是无处不在的。你可以在你生活的周围，找有创业经验的亲戚、朋友、同学、老师交流。在他们那里，你将得到最直接的创业技巧与经验。更多的时候这比来自书本的收获更多。你甚至还可以通过邮件和电话拜访你欣赏的商界人士，或向与你的创业项目有密切联系的商业团体咨询，你的谦逊和认真或许能帮你得到他们的支持。

2. 通过实践积累创业经验

真正的创业实践开始于创业意识萌发之时，大学生的创业实践是学习创业知识的最好途径。创业实践学习主要可借助学校举办的某些课程的角色性、情景性模拟参与来完成，例如积极参加校内外举办的各类大学生创业大赛、创业计划书大赛、发明专利展赛、工业设计大赛等。利用课余、假期参加兼职打工、求职体验、参与策划、参与市场调研、试办公司、试申请专利等活动，也可以帮助我们提升创业的实践能力。

微软公司总裁比尔·盖茨曾说："我不认为一定要在创业阶段开办自己的公司。为一家公司工作并学习他们如何做事，会令你受益匪浅，打好基础对我们非常重要。"大部分成功的创业者创业前都有过为别人工作的经历，这种经历使他们对本行业情况了然于胸，在复杂的人际关系中游刃有余，整合资源的能力大大提高，并有可能积累到人生第一笔创业资金和人脉，这些直接构成了创业者所需的宝贵的创业资本。

对多数大学毕业生来说，进入一个大型企业或外资公司是一个不错的选择，因为这样的企业相对来说比较正规，各方面保障措施和制度比较健全。但对准备创业的大学生而言，进入一个小公司可能会得到更好的锻炼。如果对创业的目标行业没有经验积累，最好先去找这种行业的某个企业打工，哪怕半年、三个月，完成一定的积累，真正地深入其中去了解这一行业，提升自己的创业能力。

创业者需要学习的课程[①]

在商学院的模式中，创业者善于制定资产负债表、现金流预测和商业计划。他们梦想着盈利预测，并期盼着公司上市的那一天。这仅是重新设想世界的工具箱的一部分：它们不是创业者的代表性特点。商学院的问题在于，它们受控于并迷恋于事物的现状。它们鼓励你更深入事物的现状。它们会把你改造成为一个更好的企业人的范例。我们确实需要优秀的管理和金融技能，但我们也需要富有想象力的人。

因此，除了创业学等商学院的课程以外，这里还有9个需要创业者学习的方面。

（1）讲故事。用不同的方法想象世界，并与他人分享这种远景的重要工具不是会计学，这更多地与讲故事的能力有关。讲故事强调的是你和你的公司的不同之处，而商学院强调的则是循规蹈矩。

（2）关注创造力。对于任何一位创业者而言，将创造力最大化和营造一个鼓励人们提出创意的氛围是很关键的。这意味着要建立开放的结构，这样才能对公认的思维发出挑战。

（3）成为一位善抓机会的搜集者。当创业者沿着街道行走时，他们会展开联想，看看他们所看到的东西如何能与他们所做的事情联系起来。它可能是一种包装、一个词语、一首诗或不同行业的某些东西。

（4）根据乐趣和创造力来衡量公司。商学院着迷于衡量，结果是精于计算的毕业生相当多，但往往在业绩上进展甚微。在公司或其他一些地方，最重要的因素往往是不可数量化的。

（5）做到与众不同，但看上去可靠。如果你与众不同，你将脱颖而出。

（6）对创意充满激情。创业者希望自己创造的生计是源自于他们所着迷的创意；不一定是企业，而是生计。当单纯的挣钱欲望泯灭了创意及创意背后的愤怒，你就不再是创业者了。

（7）让你自己一直具有愤怒感。不满会促使你希望对此做些事情。如果你不够愤怒，以致不希望新的远景出现，那么寻找新的远景就毫无意义了。

（8）相信自己和自己的直觉。创业精神和疯狂之间有着并不明显的界限。疯狂的人会看到并感觉到别人看不到和感觉不到的东西。然而，你必须相信任何事情都有可能。如果你相信它，你周围的人也会相信它。

---

① 来源：新浪网，2010-06-23。原标题：商学院从来不会教你的10门创业必修课。

(9)有自知之明。你不需要清楚每件事情怎么做，但你必须对自己足够诚实，知道你自己不具备的素质。

第二节　创业团队

一、创业团队的构成要素

创业团队，就是由少数具有互补技能的创业者组成的团队，创业者为了实现共同的创业目标和一个能使他们彼此担负责任的程序，共同为达成高品质的结果而努力。

团队创业有利于分散创业的失败风险；通过团队成员之间的技能互补可提高驾驭环境不确定性的能力，从而降低新创企业的经营失败风险；更为重要的是，团队创业具有更强的资源整合能力，能同时从多个融资渠道获取创业资金等资源，保证创业企业的成功。

没有团队的创业企业也许并不注定失败，但是要建立一个没有团队仍具有高成长潜力的企业却是十分困难的，一般而言，个人创业型的新企业成长较慢，因为风险投资者在投资新企业时，都会将团队因素列为重要的评估指标，而不愿意考虑这种个人创业型的投资。

现代企业活动已经是非纯粹的追求个人英雄的行为，事实上成功的创业个案大都与是否有效发挥团队作用密切相关。虽然每一个创始人可能都有完全掌握新企业发展的欲望，并希望所有成员都能在他的指挥下行事。不过许多调查显示，团队创业成功的概率要远远高于个人独自创业。

团队有几个重要的构成要素，可总结为5P。

(1)目标(Purpose)：创业团队应该有一个既定的共同目标，为团队成员导航，知道要向何处去。没有目标，这个团队就没有存在的价值。

(2)人(People)：人是构成创业团队最核心的力量，在一个创业团队中，人力资源是所有创业资源中最活跃、最重要的资源。应充分调动创业者的各种资源和能力，将人力资源进一步转化为人力资本。

(3)定位(Place)：定位包含两层意思：一是创业团队在企业中的定位，创业团队在企业中处于什么位置，由谁选择和决定团队的成员，创业团队最终应对谁负责，创业团队采取什么方式激励下属？二是个体在创业团队中的定位，作为成员在创业团队中扮演什么角色，是制订计划还是具体实施或评估？是大家共同出资，委派某个人参与管理，还是大家共同出资，共同参与管理，或是共同出资，聘请第三方(职业经理人)管理？在创业实体的组织形式上，是合伙企业还是公司制企业？

(4)权限(Power)：创业团队当中领导人的权力大小与其团队的发展阶段和创业实

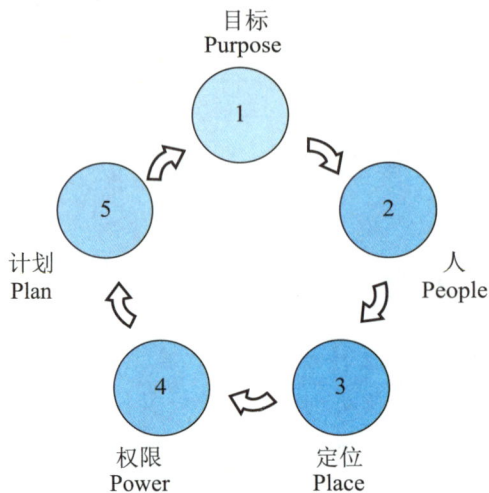

图 4-2　团队 5P 要素

体所在行业相关。一般来说，创业团队越成熟，领导者所拥有的权力相应越小，在创业团队发展的初期阶段，领导权相对比较集中。高科技实体多数是实行民主的管理方式。

（5）计划（Plan）：计划有两层含义：一是目标最终的实现，需要一系列具体的行动方案，可以把计划理解成达到目标的具体工作程序；二是按计划进行可以保证创业团队的顺利运行，只有在计划的操作下，创业团队才会一步一步地接近目标。

一般来说，创业团队构成的要素之间相互影响、相互作用，缺一不可。它们共同保证了：创业团队有共同的价值观、统一的目标和标准，创业团队成员负有共同的责任，创业团队成员的才能互补，创业团队成员愿为共同的目标做出奉献。

二、创业团队组建的原则

1. 志同道合、价值观相近

目标对创业团队非常重要。所谓"志同"就是有共同的奋斗目标，"道合"则表现为创业团队成员的性格、个性、兴趣特征的投合度，这些都会影响团队的稳定性。在创业初期，大家同甘苦、共患难，怀着满腔热情工作。在这种情况下，团队成员在性格上的差异、个性上的差异、兴趣爱好上的差异和处理问题的不同态度就容易被掩盖，从而表现出不同的行为方式。而一旦企业发展到某个阶段的时候，由个性冲突导致的矛盾就会激化，使创业团队出现裂痕，严重的还会导致团队分裂。

在一个创业团队中，成员的价值观念和道德品质决定了今后企业文化的形成。甚至可以说，企业文化的最初源头就是企业创始人自身价值观念和道德品质的体现。有的人以诚信为本，有的人利益至上；有的人"天下兴亡，匹夫有责"，具有极强的社会责任感，有的人"事不关己，高高挂起"，只求独善其身。一个人的价值观念很难改变，因此，在创业团队形成之前，必须通过深入的交流和充分的了解，与价值观念相近、个人素质较高的人一起组成团队，这样创业成功的可能性更大。

2. 个体优势互补、知识结构互补

创业者之所以寻求团队合作，其目的就在于弥补创业目标与自身能力间的差距。只有当团队成员相互间在知识、技能、经验等方面实现互补时，才有可能通过相互协作发挥出"1＋1＞2"的协同效应。

在一个创业团队中，成员的知识结构越合理，创业越可能成功：纯粹的技术人员组成的公司容易形成技术为王、产品导向的情况，从而使产品的研发与市场脱节；全部是由市场和销售人员组成的创业团队缺乏对技术的领悟力和敏感性，也容易迷失方向。因此，在创业团队的成员选择上，必须注意人员的知识结构，技术、管理、市场、销售人才均不可或缺，并应充分发挥个人的优势。

3. 明确责权利、进入与退出机制

在确定团队成员以后，团队的组织结构就可以基本确定了。组织结构的设计归根结底是组织中个体层次需要与组织目标相协调的问题，是个体价值发挥与群体绩效达成的问题。为了避免创业团队在今后的组织行为中因为利益分配、企业决策等方面产生分歧，在创业团队形成之初，必须通过章程或者协议的方式，确定发展目标、业务领域、出资及退股原则、利润分配方法、分歧解决原则，等等。尤为重要的是，创业团队要有好的分配制度，不仅要充分照顾现有团队成员的利益，还要考虑吸收新的成员或者员工时的股份再分配。

创业过程是一个充满了不确定性的过程，可能因为能力、观念等多种原因导致团队中不断有人离开，同时也有人要求加入。因此，在组建创业团队时，应注意保持团队的动态性和开放性，使真正完美匹配的人员能被吸纳到创业团队中来。

▶▶ **视野延展**

永远与最靠谱的人并肩作战[①]

性格决定人生，性格亦决定了投资的成败。所以常常我们通过一个人的投资风格看出一个人的性格。投资和人生有时候遵循同样的道理。

巴菲特每年都会同大学生进行座谈，在一次交流会上，有学生问他：您认为一个人最重要的品质是什么？巴菲特没有正面回答这个问题，而是讲了一个小游戏，名为：买进你同学的10％。

巴菲特说：现在给你们一个买进你某个同学10％股份的权利，一直到他的生命结

---

① 来源：微信公众号——创业咖，2015-12-14。

束。你愿意买进哪一个同学余生的10％？

你会选那个最聪明的吗？不一定。你会选那个精力最充沛的吗？不一定。你会选那个官二代或者富二代吗？也不一定。当你经过仔细思考之后，你可能会选择那个你最有认同感的人，那个最有领导才能的人，那个能实现他人利益的人，那个慷慨、诚实、即使是他自己的主意、也会把功劳分予他人的人。然后你把这些好品质写在一张纸的左边。

巴菲特说：现在再给你一个机会，让你卖出某个同学的10％，你又会选择谁？

你会选那个成绩最差的人么？不一定。你会选那个穷二代吗？也不一定。当你经过仔细思考之后，你可能会选择那个最令人讨厌的人，不光是你讨厌他，其他人也讨厌他，大家都不愿意和他打交道。因为此人不诚实，爱吃独食，喜欢耍阴谋诡计，喜欢背后说人坏话，喜欢过河拆桥、落井下石，等等。然后你把这些坏品质写在那张纸的右边。

当你仔细观察这张纸的两边，你会发现能力强不强并不重要，是否美若天仙也无所谓，成绩好不好根本没人在乎。左栏那些真正管用的品质，全都是你可以做到的，只要你愿意行动，你就能拥有这些品质。而那些坏品质，没有一件是无法更改的，只要你有决心，你一定能改掉。如果你能够做到左栏写的，摒弃右栏那些，你就会成为人人愿意买入10％的人，更好的是你自己本就100％地拥有你自己。

我提到以上这个故事，是因为身边就发生了一件很有趣的事情。朋友T君遇到了几个搞游戏开发的朋友，他们搞了一款游戏准备自己成立公司自己运营，但苦于缺乏投资，找了半年没找到投资商。于是拉T君入伙，准备一起找投资商。T君凭借自己多年的人脉关系，很快就找到了一家很大的投资集团入资。其实这个项目不大，总共也就只有几百万的规模，对于那家投资集团而言是非常非常小的项目，但他们之前没搞过游戏，所以准备先试试水。可是那几个人发现，既然已经找到了投资人，T君就变成多余的人了，何苦还要分给他股份呢？于是他们踢走了T君，准备自己去签署合同。

作为一个投资人，这样的合同你敢签吗？投资人怕的就是变来变去。你在最后关头将中间人一脚踢走，准备自己吃独食，这种事儿你能干，其他事儿你也会干出来，既然你这个人不可靠，那么具体你有多少能力、本事，都不重要了，因为反正也不会同你合作。投资其实投的是人和团队，最重要的就是可靠，其次才是专业技能。水平不行还可以花钱雇更强的人，如果此人不可靠，那就彻底没办法了。

小时候喜欢看三国，几乎人人都知道，在武将之中能力最强的就是吕布，俗话说：人中吕布，马中赤兔。但是后来被称为武圣的并不是吕布，而是关羽。因为关羽具备了两个身为武将最重要的品质"忠"和"义"，吕布则是个三姓家奴，谁势力大就投靠谁。同样都被曹操抓住了，吕布原本还想找刘备求情，结果刘备说了一句"君不见丁原董卓之事呼？"于是曹操就把吕布给咔嚓了。关羽投降之后，曹操对他大力投资，关羽也是知恩图报，先是斩颜良诛文丑，解白马之围，后又华容道放了曹操。曹操的投资有了很大的回报，因为他懂得看人。

诚信不仅是一种品行，更是一种责任；不仅是一种道义，更是一种准则；不仅是一种声誉，更是一种资源。就个人而言，诚信是高尚的人格力量，是人与人之间相互信任的基础。一个靠谱的人，往往更容易得到信赖和尊重。

三、创业团队组建的方法

组建创业团队一般要经过以下六个步骤。

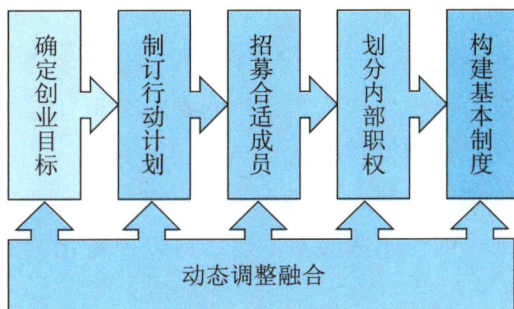

图4-3　团队组建方法

1. 确定创业目标

创业团队的总目标就是要通过完成创业阶段的技术、市场、规划、组织、管理等各项工作实现企业从无到有、从起步到成熟。总目标确定之后，为了推动团队最终实现创业目标，再将总目标加以分解，设定若干可行的、阶段性的子目标。

2. 制订行动计划

在确定了一个个阶段性子目标及总目标之后，紧接着就要研究如何实现这些目标，这就需要制订周密的创业行动计划。行动计划是在对创业目标进行具体分解的基础上，以团队为整体来考虑的计划，行动计划确定了在不同的创业阶段需要完成的阶段性任务，通过逐步实现这些阶段性目标来最终实现创业目标。

3. 招募合适成员

招募合适的人员也是创业团队组建最关键的一步。关于创业团队成员的招募，要注意规模适度、精简高效。适度的团队规模是保证团队高效运转的重要条件。团队成员太少则无法实现团队的功能和优势，而过多又可能会产生交流的障碍，团队很可能会分裂成许多较小的团体，进而大大削弱团队的凝聚力。一般认为，创业团队的规模控制在2~12人最佳。过多的成员也会加重创业成本上的负担，所以还是要尽可能地保持组织的精简，把较少的人放到适当的位置，发挥最高的效率。

4. 划分内部职权

为了保证团队成员执行行动计划、顺利开展各项工作，必须预先在团队内部进行职权的划分。创业团队的职权划分就是根据执行行动计划的需要，具体确定每个团队成员所要担负的职责及相应所享有的权限。团队成员间职权的划分必须明确，既要避免职权的重叠和交叉，也要避免无人承担造成工作上的疏漏。此外，由于还处于创业过程中，面临的创业环境又是动态复杂的，会不断出现新的问题，团队成员可能不断更换，因此创业团队成员的职权也应根据需要不断进行调整。

5. 构建基本制度

创业团队制度体系体现了创业团队对成员的控制和激励能力，主要包括团队的各种约束制度和各种激励制度。一方面，创业团队通过各种约束制度（主要包括纪律条例、组织条例、财务条例、保密条例等）指导其成员避免出现不利于团队发展的行为，对其行为进行有效的约束、保证团队的稳定秩序。另一方面，创业团队要实现高效运作要有有效的激励机制（主要包括利益分配方案、奖惩制度、考核标准、激励措施等），使团队成员看到随着创业目标的实现，其自身利益将会得到怎样的改变，从而达到充分调动成员的积极性、最大限度发挥团队成员作用的目的。要实现有效的激励，首先就必须把成员的收益模式界定清楚，尤其是关于股权、奖惩等与团队成员利益密切相关的事宜。需要注意的是，创业团队的基本制度应以规范化的书面形式确定下来，以免带来不必要的混乱。

6. 动态调整融合

完美组合的创业团队并非创业一开始就能建立起来的，很多时候是在企业创立一定时间后随着企业的发展逐步形成的。随着团队运作起来，团队组建时在人员匹配、制度设计、职权划分等方面的不合理之处会逐渐暴露出来，这时就需要对团队进行调整与融合。由于问题的暴露需要一个过程，因此团队调整融合也应是一个动态持续的过程。如图4-3所示，团队的调整与融合工作是针对运行中出现的问题不断地进行调整直至满足实践需要为止，特殊情况下也需要对创业目标做出适当的调整。在进行团队调整融合的过程中，最为重要的是要保证团队成员间经常进行有效的沟通与协调，强化协作效果，推动团队的建设与完善，保障创业活动的进行。

▶▶ 视野延展

创业团队中的"黄金组合"

《西游记》中由唐僧率领的取经团队被公认为一支"黄金组合"的创业团队。

阿里巴巴集团董事长马云尤其非常推崇这支团队，认为它是最完美的团队，四个人的性格各不相同，却又同时有着不可替代的优势。比如说，唐僧慈悲为怀，使命感很好，有组织设计能力，注重行为规范和工作标准，所以他担任团队的主管，是团队的核心；孙悟空武功高强，是取经路上的先行者，能迅速理解、完成任务，是团队业务骨干和铁腕人物；猪八戒看似实力不强，又好吃懒做，但是他善于活跃工作气氛，使取经之旅不至于太沉闷；沙僧勤恳、踏实，平时默默无闻，关键时刻他能稳如泰山、稳定局面。

但是，创业路上并没有那么巧的机缘和条件，能幸运地集聚到这样四个不同性格的人。所以，如果只能从这四个人中挑选出两个人来作为创业成员的话，你会挑选哪两位？

这其实是牛根生在"我能创未来——中国青年创业行动"活动现场向俞敏洪和马云提出的一道问题。俞敏洪选沙僧和孙悟空，马云选择了沙僧和猪八戒。两人都选择了耿直忠厚的沙僧，但是关于另一个人选，两人的选择却很有意思。

一向语不惊人死不休的马云这样解释他为什么选择猪八戒："最适合做领袖的当然是唐僧，但创业是孤独寂寞的，要不断温暖自己，用左手温暖右手，还要一路幽默，给自己和团队打气，因此我很希望在创业过程中有猪八戒这样的伴侣。当然，猪八戒做领导是很欠缺的，但大部分的创业团队都需要猪八戒这样的人。"

俞敏洪不赞同马云的选择，他认为猪八戒不适合当一个创业伙伴，猪八戒是很能搞活气氛，让周围的人轻松起来，但是缺点也很突出，就是不坚定，需要领袖带着才能往前走。而且猪八戒既然没信念，哪好就会去哪，哪有好吃的就往哪去，很容易在创业过程中发生偏移，企业有钱时会（大赚一笔后）离开，企业没钱时也很可能会弃企业而去。而孙悟空就不会这样，他是一个很理想的创业成员。俞敏洪列举了他的理由：他（孙悟空）的优点很明显：第一，有信念，知道取经就是使命，不管受到多少委屈都要坚持下去。第二，有忠诚，不管唐僧怎么折磨他都会帮助他一路走下去。第三，有头脑，在许多艰难中会不断想办法解决。第四，有眼光，能看到别人看不到的机会和磨难。

当然，孙悟空也有很多个人的小毛病，会闹情绪、撂担子，所以需要唐僧必要时念念紧箍咒。但是，在取经路上，孙悟空所起到的作用是至关重要的。如果将西天取经比喻成一次创业过程，孙悟空就是其中不可或缺的创业成员。

新东方的创业团队就有些类似于唐僧的取经团队。徐小平曾是俞敏洪在北大时的老师，王强、包凡一同是俞敏洪北京大学西语系80级的同班同学，王强是班长，包凡一是大学时代睡在俞敏洪上铺的兄弟。这些人个个都是能人、牛人，俞敏洪曾坦承：论学问，王强出自书香门第，家里藏书超过5万册；论思想，包凡一擅长冷笑话；论特长，徐小平梦想用他沙哑的嗓音做校园民谣，他们都比我厉害。

所以，新东方最初的创业成员，个个都是"孙悟空"，每个人都很有才华，而个性却都很独立，俞敏洪敢于选择这帮牛人作为创业伙伴，并且真的在一起做成了大事，成就了一个新东方传奇，从这一点来说，俞敏洪是一个成功的创业团队领导者。他知道新东方人多是性情中人，从来不掩饰自己的情绪，也不愿迎合他人的想法，打交道都是直来直去，有话直说。因此，新东方形成了一种批判和宽容相结合的文化氛围，批判使新东方人敢于互相指责，纠正错误；宽容使新东方人在批判之后能够互相谅解，互相合作。这就是新东方人的特点：大家相互之间不记仇，不记恨，只计较到底谁对谁错谁公正。

这种源自北大精神的自由文化，是俞敏洪敢用"孙悟空"，而且是多个"孙悟空"的前提条件，这是新东方成功的关键因素之一。而另一个关键因素就是俞敏洪本人所具备的包容性，从这一点来讲，俞敏洪的身上有唐僧的影子。唐僧坚忍而正直，领导了四个本事十分高强的徒弟（还有一个是龙王三太子变成的白马），这些徒弟无论是齐天大圣、天蓬元帅，还是西海龙王三太子，个个都不是省油的灯，硬是在唐僧领导下，取得了真经，完成了任务，各人也都洗除了罪孽，修成正果。而俞敏洪同样带领着一帮比他厉害的"牛人"，不仅将新东方从小做大，还完成了让局外人都为之捏了一把汗的股权改制。最令人意料不到的是，俞敏洪居然还将新东方带到了美国的资本市场，成为中国第一个在海外成功上市的民营教育机构。这一份成绩虽然还不能定义为最终的胜利，但是仍然有着非同寻常的意义，即它告诉了人们，对于中国教育来说，一切价值正有待重估。

同学们，如果是你来选择创业伙伴，你会如何选择呢？

四、创业团队管理的策略

与成熟企业相比，创业团队的管理有一定的特殊性。虽然有统一的目标，但由于创业的未知性比较大，风险性比较高，导致创业团队的稳定性相对较差，关系比较脆弱。所以从管理策略的角度看，可以侧重从以下几个方面进行创业团队的管理。

1. 凝聚核心价值观，强化共同使命

创业团队只有在价值观上凝聚在一起，才能向着共同的使命团结奋进。我们不能要求团队成员在创业一开始就达到统一的认识，但应该不断强调、强化创业的目标，尽可能使之得到每一位成员的认同。

价值观的内化，首先在于团队领导者或核心成员的以身作则、言行一致，还要不断把价值观向其他成员输送，同时建立、健全和完善必要的规章制度，特别是相应的激励和约束机制，使团队既有统一价值观的导向，又有制度化的规范。

2. 树立团队精神，共忧患共进步

团队精神往往是一个创业团队的核心竞争力。团队精神可以使每一个团队成员自发地、热情地参与到创业的活动中，并主动把个人的发展与团队的未来捆绑在一起，这样成员就会热烈期望团队、真心关心团队，并与团队组成利益共同体，甚至是命运共同体。

危机和忧患意识是团队精神形成的外在客观环境。不管我们承认与否，没有压力的创业活动是不存在的，世界500强每年排名的变化就说明了这一点。"我们的公司离破产只有12个月"，这是著名的微软公司总裁发出的声音。

3. 用沟通化解矛盾，用制度约束行为

通常情况下，创业企业由于人员少，下属和领导的沟通是比较方便的，沟通不应该成为薄弱环节。然而事实上，一些创业企业的领导的思想并不开放，以"一家之主"自居，因此也就不注重与员工沟通，久而久之，员工认为既然自己的意见不被采纳，也就没有沟通的必要了。我们应该意识到：集体的创造力往往比个人的创造力要强得多。要想让员工说出真心话，真心为企业付出，前提是要保持上下级的沟通顺畅，用开放的心态去听取意见和建议，平等对话，及时反馈，才能解决掉工作中产生的矛盾，保障团队协作力的正常运转。

对于创业团队人员分工，管理的架构一般都比较粗放，很多事情都是一起决策，共同实施，但一定要注意落实责任，权责明确，必要时打破部门分工，协同作业。在实践中不断优化创业团队的运行机制，解决好决策权限分配问题，做好激励机制，以及建立绩效评估体系，并且要不断依据企业的发展和环境的变化做出调整。

4. 营造归属感，合理分享财富

对大多数管理者来说，缺少的不是理智，而是情感。员工归属感就如同企业的生命，对创业团队来说，尤其如此。凭借归属感，员工不仅可以释放出潜在的巨大能量，而且还可以发展出一种坚强的个性；凭借归属感，员工可以把枯燥乏味的工作变得生动有趣，使自己充满活力；凭借归属感，可以感染周围的同事，让他们理解你、支持你，拥有良好的人际关系；更重要的是，凭借归属感，可以感染顾客，实现更出色的业绩。今天，许多人工作的目的不仅仅是生存，而是通过工作获得成就感。员工工作的目的包括一份满意的薪水、快乐地工作状态和一个好的工作环境。其中最重要的就是在企业中能快乐地工作。环顾四周，总是对员工们板着面孔、高高在上的创业者越来越少，而"远景规划者""煽情高手""团队的服务者"却大受欢迎。

创业团队应该具有这样的意识：与帮助企业创造价值和财富的人一起分享财富。关于如何分配创业收益的问题，往往很难在创业活动的初始阶段就被确定下来并加以实施，不过团队成员应该达成共识，即在创业活动的一定周期内，根据贡献程度分配利益。在衡量每一位团队成员的贡献率时，需要充分考虑创始地位、所起作用、所供资源、岗位职责等多种因素，更重要的是，团队成员之间要多沟通、多协商，努力达成对各项贡献价值的一致意见，并且保持充分的灵活性，以适应今后的变化。

▸▸ **视野延展**

曹德旺和他的民族情怀

曹德旺带领福耀集团改变了世界汽车玻璃行业的格局，从最早的"为中国人做一片汽车玻璃"到"树立汽车玻璃供应商的典范"到"福耀全球"，福耀集团之所以稳扎稳打逐步取得成功，很大程度源自曹德旺充满传奇的人生经历。

"先利用别人的钱来学，学会后再用自己的钱创业"，曹德旺做客《小崔说事》，说："我舅公是老板，却把我爸送到日本人的布店里做学徒。第一年，不让他上柜台，只是干杂活、倒尿壶，早上5点忙到晚上10点，管吃不管工钱，有空还要叫他对着镜子练微笑，练说话。第二年，还是干杂活，还要背着布头布尾到乡下去卖。第三年，才上柜台，教他怎样做生意，他出师之后就可以自己去开店了。我爸后来在上海生意也做得很大。小事都做不好，大事情就别谈了。我自己1976年就在县玻璃厂做采购员，走南闯北，1983年才承包这个厂。年轻人想创业，最好先找个自己适合的工作做着，把小事情做好，你才知道大事该怎么做。先利用别人的钱来学，学会后再用自己的钱创业。现在的大学毕业生，连一个传真都发不好，就是给你100万也是白搭。"

任何人的一生都要经历一个当"学徒"的重要时期。做"学徒"是很苦，却能让你学会很多本领，积累很多经验，让你不再一无所有。曹德旺通过讲述父辈和自己的经历，向听者传递了一个谈话主题：做好学徒，才有前途。年轻人不仅要知道"学徒"阶段的重要性，还要知道，在这个阶段最需要的品质——勤快和肯干。你越是勤快肯干，你就会越早"出师"。

曹德旺曾说："我刚创业成立福耀时，少年得志，一个老总到我公司来问我：听说你很喜欢读书？最近有一本新书《曾国藩》你看过没有？我说没有。他回去以后寄了一套《曾国藩》给我，我那时候非常忙，但还是看了，第一遍我不知道它讲的是什么，但是我相信他寄书给我，肯定是有原因的，我第二遍看，一页一页地看，后来知道了，他是在批评我：少年得志，锋芒太露，曾国藩就是这样。曾国藩第一次兵败回去，几次想自杀，躲在家里不治病，医生就给他开了一个药方——22个字，头两句是骂曾国藩前面太骄狂，现在败了，就装病不起，不像男子汉。后来我把这22个字作为座右铭，写成对联挂在办公室，我认为这是我真正的贵人：战战兢兢，即生时不忘地狱；坦坦荡荡，虽逆境亦畅天怀。"

曹德旺能说出这番话，恰恰说明他拥有一个创业者所必须拥有的可贵的反省之心。这番话也恰恰道出了曹德旺的创业成功之道：做事如临深渊，如履薄冰，小心谨慎，即便再顺都不能忘记地狱的存在；做人坦坦荡荡，即便是在逆境中也会活得畅快。

"企业管理是一个综合性的学科"，在一次访谈节目中，曹德旺说："企业家的事业是风险事业，借林黛玉葬花时唱的一段台词：'一年三百六十日，风刀霜剑严相逼'，这就是企业家的真实处境，因此我给大家的建议是，创业一定要小心。企业管理是一个综合性的学科，我承包工厂之前，学了会计，学了质量管理，我现在可以很自豪地说，在福耀集团，我可以胜任的不单是董事长，我可以出任财务总监、会计总监、质量总监、人力资源总监，我有这个水平。这样才能够把我的企业搞得风生水起。如果我不是多面手，怎么搞得起来？最近有人送了我一本《康熙大帝》。康熙的成功是因为他非常好学，我给他的总结是：少年非常好学，青年非常勤学，壮年非常苦学，成年就非常博学了，晚年可以说是通学。这就是康熙，一个成功皇帝的帝业就是这样建成的。"

　　曹德旺首先借用林黛玉的唱词指出"创业的高风险"，随后他用自己的经历讲明"管理企业，需要的是综合性的素质和能力"，最后他搬出康熙的例子进一步佐证"只有博学通学，方能成就帝业"的道理。曹德旺的这些"创业真经"，并非虚无缥缈的大道理，而是他在披荆斩棘的创业中总结出来的，因而对听者更有现实意义和指导意义。

　　"'仁义礼智信'连起来就是大德"，曹德旺在一次"创业论坛"上讲道："儒家提到的'仁义礼智信'，真是妙不可言。你能够保护自己，首先要做到'仁'，不要见什么都贪，一贪就上当。'义'就是敢于挑战未来和极限，敢于面对。是我错了我承担，是你错了我也有可能站起来说你必须改，这才是和一个企业家、创业者匹配的身份。儒家称'礼'，佛门叫'戒'，首先自己要尊重人家，尊重不尊重人家，取决于你执行不执行人家的规矩。我们有很多人工作上说，老板，我忠于你。我说你忠不忠于我没关系，你先忠于公司的规章制度。智就是要有紧张性。事情一出来，就知道这是大事还是小事？可以做还是不可以做？'信'就是'小成靠智，大成靠德'。这五个字连起来就是大德，你能推动大德，必定能成功。你就是抱病死掉，天下人还是敬你。"

　　"仁义礼智信"是中国价值体系中的最核心元素，也是一个创业者应该拥有的人生观和价值观。曹德旺结合实际工作，对"仁义礼智信"进行了一番独特解读。

　　曹德旺的创业目标是："代表中国人做一面令世界人民尊敬的玻璃！"因而，曹德旺说："我经常告诉我的员工和子女，人生每一天每一分钟的每一件事，都是你在盖历史大厦的每一块砖。某一块砖用坏了，做了坏事，你盖很高的时候，那个地方经不起推敲了，大厦就这样摧毁了。"创业成功，需要千种万种美好品质和能力的层层堆砌；而失败，可能就是因为缺少了一种品质和能力。

　　"在准备创大业时一定要记住，做小事情靠技巧，大事靠眼光和人格魅力。"在这二十多年的企业家生涯中，他认为自己的成功，最大的经验就是做事如同做人，不论做人做事，还是做产品，都要始终"以诚为本"。

▶▶ 拓展训练

一、你有几分创业特质

　　许多人都希望拥有一份属于自己的事业，做一个创业者。你是否适合创业？有无创业潜力？做这个测试看一看吧。

　　本测试由一系列陈述句组成，请根据实际情况，从是和否中选择最符合自己特征的答案。在选择时，一定要根据第一印象回答，不要做过多的思考。

　　如果你还没有工作经历，可把下表中的"工作"理解为社会实践或学习任务。

序号	问题	是	否
1	是否曾经为了某个理想而设下两年以上的长期计划，并且按计划进行直到完成？		
2	在学校和家庭生活中，你是否能在没有父母及师长督促的情况下，可以自动地完成分派的工作？		
3	是否喜欢独自完成自己的工作，并且做得很好？		
4	当你与朋友在一起时，你的朋友是否能常寻求你的指导和建议？你是否曾被推举为领导者？		
5	求学时期，你有没有赚钱的经验？你喜欢储蓄吗？		
6	是否能够专注地投入个人兴趣连续10小时以上？		
7	是否有习惯保存重要资料，并且井井有条地整理，以备需要时可以随时提取查阅？		
8	在平时生活中，你是否热衷于社会服务工作？你关心别人的需要吗？		
9	是否喜欢音乐、美术、体育及各种活动课程？		
10	在求学期间，你是否曾经带领同学，完成一项由你领导的大型活动，比如运动会、歌唱比赛，等等？		
11	喜欢在竞争中生存吗？		
12	当你为别人工作时，发现其管理方式不当，你是否会想出适当的管理方式并建议其改进？		
13	当你需要别人帮助时，是否能充满自信地提出要求，并且能说服别人来帮助你？		
14	你在参与募捐或义卖时，是不是充满自信而不害羞？		
15	当你要完成一项重要工作时，总是给自己足够的时间仔细完成，而绝不会让时间虚度、在匆忙中草率完成？		
16	参加重要聚会时，你是否准时赴约？		
17	是否有能力安排一个恰当的环境，使你在工作时能不受干扰，有效地专心工作？		

序号	问题	是	否
18	你交往的朋友中，是否有许多有成就、有智慧、有眼光，有远见、老成稳重型的人物？		
19	你在工作或学习团体中，被认为是受欢迎的人物吗？		
20	自认是一个理财高手吗？		
21	是否可以为了赚钱而牺牲个人娱乐？		
22	是否总是独自挑起责任的担子，彻底了解工作目标并认真完成工作？		
23	在工作时，是否有足够的耐心与耐力？		
24	是否能在很短的时间内结交许多朋友？		

现在请根据自己的问答打分，选择"是"得 1 分，选择"否"不记分。

统计分数，计算你有几分创业特质：_____

以下观点仅供参考，无须尽信。无论你得了多少分，都应该继续认真学习创业知识，努力提升自己的创业素质与能力。

0～5 分：目前不适合自己创业。

6～10 分：需要在旁人指导下创业，才有成功创业的机会。

11～15 分：非常适合自己创业，但是对于答案是"否"的选项，必须分析出自己的问题加以纠正。

16～20 分：个性中的特质，足以使你从小事业慢慢开始，并从妥善处理中获得经验，成为成功的创业者。

21～24 分：有无限的潜能，只要懂得掌握时机和运气，将是未来的商业巨子。

二、选举最佳团队

1. 制作招募海报

假设你想寻找合伙人共同创业，创办一家快餐连锁企业，请拟一份征集合伙人的广告，并制作招募海报。注意以下几个方面：

(1)你是召集人，不一定是领导者；

(2)创业的初始目标、计划；

(3)你掌握的资源及你需要的资源；

(4)所需伙伴的数量和特点；

(5)你对股权分配、团队管理的设想；

(6)有吸引力的回报及可能的风险；

(7)其他你认为需要说明的问题。

2. 三分钟演讲

张贴你的海报，并用三分钟演讲宣传你的优势，吸引同学加入你的团队。

同学共同评估，选出几位最具吸引力的同学做团队创建者，其他同学自愿加入其中一个团队。

3. 评估初始团队

同学们从以下 4 个方面，分析哪个团队的组成更好？每项 25 分，看哪个队的分数最高？请落后的队谈谈，计划如何赶超对方？

(1)团队成员的目标一致，

(2)团队成员的优势互补，

(3)团队成员的性格、兴趣都很契合，

(4)团队成员的价值观念统一。

4. 确定团队成员

团队创建者组织团队内部成员，就以下四个问题进行讨论，不必一定得出统一结论，团队创建者有权根据成员们的态度，决定其去留（必须增人或减人）。

(1)团队中的权威领导问题，

(2)团队成员间的相互信任问题，

(3)处理不同意见或矛盾的机制，

(4)合理分配股权、分享利益。

抽签选择团队中的任一成员，对本团队做出最后调整（必须增人或减人）。注意此环节中只能增加被其他团队删减的人；被删减的人也应主动寻求其他团队加入，避免出现无队情况。

5. 团队集体展示

经过前面的步骤，团队成员已确定。团队成员再次讨论，完成下表，并进行集体展示。

团队名称	
项目LOGO	
团队口号	
团队愿景	
项目描述	
团队领导者	
团队成员及分工	
团队管理制度	

6. 选举最佳团队

最后，所有同学重新评估这几个团队，选举出表现最完美的团队！

▶▶ 思考题

阅读教材,搜集资料,深入探讨,认真思考并回答以下问题,注意说明你的理由、形成自己的见解:

(1)创业者必须完全具备创业的素质与能力才能去创业,对吗?

(2)知识渊博、兴趣广泛的人,更容易创业成功吗?

(3)小 A 是一名大三男生,在追求爱情过程中败于富二代,于是萌生创业念头。你如何评价小 A 的创业动机?

(4)一个优秀的创业团队中一般应有哪些角色担当?哪几个是必须有的,哪几个不那么重要?(贝尔宾博士提出团队中存在 9 种角色,分别是:协调者、推进者、创新者、信息者、监督者、实干家、凝聚者、完成者、专家)

(5)你有什么办法,可以找到并说服马云(或其他创业名人),做你的创业合伙人?

(6)梁山好汉就是否选择被招安争执不下,如果你是这个团队的领导者,是否有好的管理办法,既能做出比较合理的选择,又能解决争议、得到大家的赞同,并且保证团队成员不流失?

▶▶ 实践活动

电影中的创业者

很多电影都是根据创业者的真实经历改编的,通过观看这些电影,可以了解其创业历程,感悟其创业精神。这里给同学们推荐几部优秀的创业题材电影。

《史蒂夫·乔布斯》

《中国合伙人》

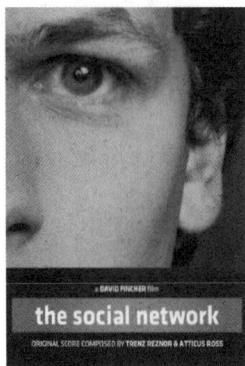

《社交网络》　　　《亿万少年的顶级机密》

任选一部创业电影观看，然后回答：

（1）成功创业者具备哪些素质和能力？

（2）成功创业团队具有哪些特点？

和其他同学进行交流，先总结出尽可能多的答案，再试着讨论这些答案中条目的重要程度，对其进行排序。

第五章　创业机会识别

▸▸ **理论知识**

第一节　创业机会认知

一、创业机会的概念与特征

（一）创业机会的概念

美国经济学家柯兹纳（Kirzner）认为，机会是未明确市场需求或未充分使用的资源或能力。潜在的消费者可能很清楚自己的需要、兴趣或问题，也可能不明确自己的需要。即使消费者不清楚他们想要什么，当创业者把新产品推荐给他们并向他们说明产品的好处时，他们也能够识别这个新产品给他们带来的价值。和有发展潜力的新能力或新技术一样，未得到充分利用的资源也有为潜在消费者创造和传递价值的可能性，尽管这种新价值的形式还不确定。

随着市场需求被创业者精确定义出来，未得到利用或充分利用的资源也被更精确地定义为潜在的用途，创业机会就从其最基本的形式中发展起来，成为一个商业概念。

这一概念的核心观点是如何满足市场需求或如何利用资源。这一商业概念在创业者的开发下将变得更加复杂，包括产品或服务（提供什么）、市场（提供给谁）、供应链、市场营销、经营（如何将产品或服务提供给市场）等。我们可以总结为：创业机会是有利于创业的一组条件的形成情况。

（二）创业机会的特征

蒂蒙斯认为，创业机会的特征是具有吸引力、持久性和适时性，并且伴随着可以为购买者或者使用者创造或增加使用价值的产品和服务。

1. 吸引力

创业者所选择的行业，即创业者所要提供的产品和服务，对于消费者来说应该是具有吸引力的，消费者愿意消费该产品和服务。

2. 持久性

创业机会应当具有持久性，能够得到进一步的发展，具体来说，市场能够提供足够的时间使创业者对创业机会进行开发。创业者进行创业机会分析时，应把握创业机会的这一特征，以免造成对资源和精力的浪费。

3. 适时性

适时性与持久性相对。创业机会存在于某个时间段，这个时间段进入该产业是最佳时机，这样一个时间段被称作"机会窗口"。换句话说，创业机会具有易逝性或时效性，它存在于一定的空间和时间范围内，随着市场及其他创业环境的变化，创业机会很可能消失和流失。

4. 创造顾客价值

创业机会来源于创意，创意是创业机会的最初状态。创意是一种新思维或者新方法，是一种模糊的机会，如果这种模糊的机会能为企业和顾客带来价值，那么它就有可能转化为创业机会。

（三）商业机会与创业机会

商业机会是指存在于某种特定经营环境条件下，企业可以通过一定的商业活动发现、分析、选择、利用，并为企业创造利润和价值的市场需求。《21世纪创业》的作者杰夫里·A. 蒂蒙斯教授提出，好的商业机会有以下四个特征：(1)它很能吸引顾客，(2)它在你的商业环境中行得通，(3)它必须在机会之窗存在的期间被实施，(4)你必须有资源（人、财、物、信息、时间）和技能才能创立业务。

可见，创业机会必然是商业机会，但商业机会未必是创业机会。商业机会与创业机会之间并不存在截然的界限，对二者进行比较，是要强调创业机会独有的价值或者利润创造特征，突出其创新性、变革性。

首先，创业机会常常需要重新组合资源，而商业机会的范畴更广，涵盖所有优化组合资源的可能性。

其次，创业机会是一种独特的商业机会，它往往表现为超越现有情况的全盘变化甚至颠覆性变化，而商业机会只蕴含于局部或全盘变化之中。

最后，创业机会具有持续创造超额经济利润或价值的潜力，而其他商业机会只可能改善现有利润水平，这也是创业机会与商业机会的根本区别所在。

▶▶ 视野延展

创业的机会窗口

一个具体的创业机会，其存在的时间是短暂的。杰弗里·蒂蒙斯(Timmons)在他的著作里描述了一般化市场上的"机会之窗(Window of Opportunity)"。一个市场在不同时间阶段，其成长的速度是不同的。在市场快速发展的阶段，创业的机会随之增多；发展到一定阶段，形成一定结构后，机会之窗打开；市场发展成熟之后，机会之窗就开始关闭。选择那些机会之窗存在的时间长一些的市场机会，创业企业可获利的时间也可长一些，取得成功的概率就大一些。这样的机会，其期望价值自然高一些。

所谓机会窗口，即特定商机存在于市场之中一定的时间跨度。市场规模和机会窗口的长度构成了风险和回报的基础。机会的时间跨度越大，市场规模越大，机会窗口越大，创业者才可能抓住这个机会。否则，创业者可能无法抓住这个机会。

产生创业机会窗口的原因主要有三点：第一，一些因不均衡冲击产生的机会常常被其他冲击带来的新机会所取代，而现有机会就会消失。第二，即使没有发生新的冲击，竞争也会耗尽机会的利润。带来机会的信息一开始呈现显著不对称性，随着有关机会的信息逐步扩散，这种不对称性逐渐消失。当创业者开发机会时，他们将机会内容及如何追求机会的信息传递给其他人。尽管这样的模仿一开始使得机会得到承认，但也制造了竞争，使差异消失。当其他创业者的进入达到一定的比例，新进入者的收益超过成本，创业利润被越来越多的人分享时，人们追求机会的刺激就会减少。第三，在机会开发的过程中，有关机会的信息在资源所有者之间扩散，资源所有者可以根据创业者提高资源价值的行动，提高资源的价格以分享一部分创业利润。总之，信息的扩散和利润诱惑的减少，将减弱人们追求某具体机会的动力。

如下页图，第一个阶段是机会窗口尚未开启的阶段，市场发展不快，前景也不明朗，但竞争者少，创业者往往拥有先入者的优势，但风险较大；第二个阶段是机会窗口开启到关闭的阶段，这时市场进入快速增长阶段，市场规模不断扩大，可以稳定盈利了，但市场竞争比较激烈，进入门槛逐渐提高，利润率逐渐降低了；第三个阶段市场已基本成熟，趋向于稳定，市场规模增长放缓，外部企业很难再进入，机会窗口基本关闭了。

创业者在机会窗口的哪个阶段进入市场，很大程度上决定了创业的成败。成功的

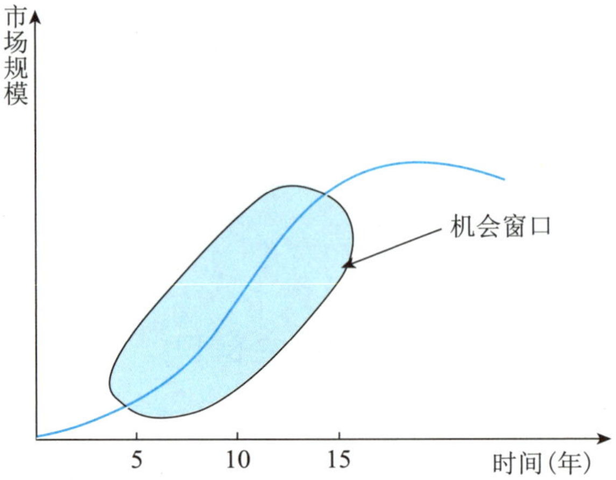
市场规模
机会窗口
5
10
15
时间(年)

创业者往往能在机会窗口尚未开启的第一阶段就先人一步地抓住它，并毫不动摇地坚持发展，不能急功近利，追求短期效益。

机会窗口敞开时间的长短对于创业成功十分关键。机会窗口并不是永远打开的，有的机会窗口打开时间很长，有的则非常短。美国的一项对创业投资的研究调查发现，当机会窗口的打开时间短于三年，新事业投资失败率高达80%以上；如果机会窗口的打开时间超过七年，则几乎所有投资的新事业都能获得丰厚的回报。具体到机会的开发利用时，创业者当然希望机会窗口存在的时间长一些，可获利的时间也长一些。这个周期的长短取决于许多因素。要使周期尽量延长，首先，建立限制其他创业者模仿的机制，如商业秘密协议、专利保护协议或垄断合同，这些都可以延长机会的生命周期；其次，减缓信息扩散的速度；最后，如果其他人无法模仿，替代、交易或获得稀有的资源，也可以通过减少过剩，延长机会的持续时间。

二、创业机会的来源

创业机会既可能是自然生成的，也可能是需要创业者自己创造的，且多数是后一种情况。创业者要想赢得创业机会，那就需要搞清并关注创业机会的来源。创业机会主要来源于环境和技术的变化。

（一）环境的变化

外部环境对创业者来说是可变的，也是不可控的，既包含创业发展的机遇，也包含可能面临的挑战。创业者要善于发现和把握对自身有利的环境因素，积极利用环境机会。

宏观的环境因素包括社会文化，社会习俗，社会道德观念，社会公众的价值观念、工作态度，以及人口统计特征等。变化中的社会因素影响社会对企业产品或劳务的需要，也会改变企业的战略选择和发展方向。社会的不断进步会催生很多新的需求，或改变人们对于创业的看法，诱导出更多的机会。

随着经济的发展，经济建设和人民生活水平的提高，以及个人消费意识和企业经营意识的变化，必然会产生一些新的需要。其中一些是新的消费需求、一些是中间性消费需求。相应地，就需要有企业去满足这些新的需求，这是创业者可利用的商业机会。

市场供求过程中，总有一些供给不能实现其价值，而只能以"伪均衡价格"低价售出；也总有一些需求不能真正得到满足，需求者只能以其他商品来近似地"满足"自己的消费欲望。这实际上是供给结构缺陷问题。即由于供给有缺陷，迫使人们放弃自己真正的需求，而用其他可得到的供给来将就满足。创业者如果能发现这些供给结构性缺陷，同样可以找到可利用的商业机会。

改革开放以来，我国存在这样一种现象，即沿海学国外，内地学沿海。产生这种学习模式的原因在于沿海与国外、内地与沿海，其差距不外乎是产品上的、技术上的、产业上的、商品经济发达程度上的，或者是市场经济制度完善程度上的。只要我们经常将本地区、本企业与先进地区或国家相比较，看看别人已有的哪些东西我们还没有，这"没有的"就是差距，其中即可能发现某种创业机会。

（二）技术的变化

创业的技术机会是指由技术进步、技术变化带来的创业机会，包括现存技术的规范或性能改进的可能性，也包括全新技术的出现和应用。新的技术突破为创业者提供了创业的"技术来源"，这些技术来源有可能触发创业机会。

技术的发展推动新技术的诞生，技术推力表现为科学和技术的重大突破，从而创造全新的市场需求，或是激发市场潜在的需求。技术创新的需求并不是由市场产生，而是由拥有技术专利的创新主体按技术的功能适用性进行创新，从而间接地满足市场上存在的某种需求或在市场上创造新的需求。在经济发展过程中，许多重大的技术创新成果，如尼龙、人造纤维、核电站、半导体等都是属于这一模式。技术突破往往意味着新产品的出现。

技术进步可以创造新的市场，产生大量新型的和改进的产品，改变创业企业在产业中的相对成本及竞争位置，也可以使现有产品及服务过时。技术的变革可以减少或消除企业间的成本壁垒，缩短产品的生产周期，带来比现有竞争优势更为强大的新的竞争优势。对于创业者来说，能正确识别和评价关键的技术机会与威胁是至关重要的。

技术融合是指沿外延机会将不同领域的现有技术进行融合集成，形成新的生产能力。在技术发展的不同阶段，技术机会是不一样的，在一项技术的萌芽阶段或成长的初期，多数创新是重大的技术突破，如晶体管代替真空管、集成电路取代分立元件等。随着新技术与新产业的不断发展，在进入成长期或成熟早期以后，技术创新从产品创新转向工艺创新，突破型技术创新让位于渐进型技术创新，技术机会从内涵更多地转向外延，技术融合逐渐占主导地位。

技术会在国家之间、地区之间和企业之间发生扩散，产生技术扩散有两个原因：一是存在着技术势差，二是存在着模仿学习者潜在利益的刺激。技术扩散可以包括技术贸易、技术转让、技术交流、技术传播等活动。由于技术的扩散，创业者在本国、本地区和本行业率先采用了扩散技术，能够获得技术上的优势，发现创业机会。

技术转移一般需要通过技术贸易来完成，技术贸易又称有偿技术转让，或技术的商业转让，是相对于技术的无偿转让而言的。在现实生活中，绝大多数涉及产品和生产技术的转让都是通过有偿方式进行的。技术贸易的基本内容是专利使用权、商标使用权和专有技术使用权。

技术引进是创业企业从外部获得先进适用的技术的行为，包括引进技术及技术服务、配套设备、管理方法、先进人才等。通过技术引进能够弥补创业企业在技术方面的不足，提高技术水平，填补技术空白，获得发展的良好机会。创业者通过对引进技术的消化、吸收与改进，也能够形成技术机会。创业者可以进行创造性模仿，消化、吸收引进技术，减少对技术提供方的依赖，实现更大的经济效益，甚至在新旧技术结构的相互适应下形成新的技术结构。创业者还能形成自我研究开发的能力，进而根据市场需要，通过自主的研究和开发，进行改进创新。后续开发能够促进创业者对技术的消化，并建立自我发展的能力，是建立技术机会的重要途径。

三、创业机会的类型

根据创业机会来源的不同，我们可以把创业机会分为问题型创业机会、预测型创业机会、组合型创业机会。

问题型创业机会，指的是基于顾客现有需求，或尚未解决的问题而产生的着眼于实际的创业机会。

预测型创业机会，指的是基于环境的动态变化，对顾客的潜在需求预测而产生的着眼于未来的创业机会。

组合型创业机会，指的是基于环境变化、顾客需求、创新变革、市场竞争等多种因素，为创造新价值而产生的，且通常是由多项技术、产品或服务组合而成的创业机会。

根据创业机会的识别难度，我们又可以把创业机会分为模仿型创业机会、挖掘型创业机会、创造型创业机会。

模仿型创业机会，指的是与现有商业机会类似，能够比较明显地被辨识出来的创业机会。其前提条件是市场中现有的机会非常明显。

挖掘型创业机会，指的是需要创业者进行挖掘，比较难辨识的创业机会，这类机会的一般特点是商业链条的某一部分处于未知或模糊状态，难以发现。

创造型创业机会，指的是完全要靠创业者创新创造，几乎无法辨识的创业机会，这种创业机会的整个商业链条都是不明朗的。在这种情况下，对创业者的机会识别能力的要求也特别高。

云谷学校

今天很多人都在讲孩子书包重，孩子没有快乐，孩子这样、孩子那样的问题，云谷学校希望做一所创新型和探索型的学校，摸索出一套经验和方法，为中国的教育改革做一些努力和尝试。

"教"和"育"是两个概念：教，教授的是知识；育，培养的是文化。"学"和"习"也是两个概念，学是学知识，习是想象力的体现。放眼世界，中国成绩中下等的学生，到欧美都是成绩最好的学生，但却未必是竞争力最强的学生，所以我们说中国教育的"育"出现问题。

过去两百年，我们都处于工业时代，是知识和科技高速发展的时代，而未来进入数据时代以后，文化将变成第一要素。在数据时代，机器一定比人聪明，机器比人算得更快、记得更牢。人很难与机器去比知识量，尤其人工智能的不断发展，未来真有可能出现在人脑里面加装一个知识芯片，让人类获得所有的知识。

云谷学校慢慢给孩子们传授、激励和滋养，让他们多体验、多尝试，多一些社会公益和环保意识，不是一味培养他们如何应试，而是让他们有"三创"意识，未来的数据时代，人类和机器竞争就靠三样东西——创意性、创新能力、创造性，这是机器很难学会的。

这么多年我发现，在社会上受欢迎的领导者、各个行业的优秀人才，都未必是在读书时考 97 分、98 分、100 分的人。但他们有想象力，他们乐观，他们具备正能量，他们会交朋友，他们愿意与人合作，他们碰上困难不会抱怨别人，而是通过改变自己去影响别人，他们懂得怎么面对失败和解决问题。这样的人，才是成功的人，这也是我们云谷学校要培养的人。

第二节 创业机会识别

一、创业机会的识别过程

创业机会的识别过程，是创业者对内自我剖析和对外把握环境的一个过程，我们可以通过三个阶段来初步识别创业机会。

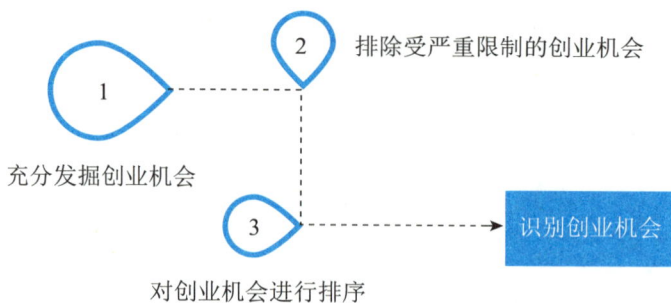

图 5-1　创业机会识别的过程

1. 充分发掘创业机会

从不同视角，创业者结合个人与环境特征，充分发掘创业机会，之后将每个创业机会写出来。可以由创业者，或在创业团队内部进行头脑风暴调动团队力量，列出尽可能多的创业机会。记住，不要轻易否定任何一个看上去不起眼的机会，很多惊人的创意都来源于创业者一瞬间的灵感。

2. 排除受严重限制的创业机会

有一些具有严重缺陷的创业机会，是无须考虑的，应及时排除。常见的严重限制包括以下几类。

（1）政策限制：国家明确规定民间投资者不能进入，或有较大进入限制的领域。

（2）不够环保：在进行一些生产项目时，要衡量环保状况是否可控，或者是否有办法解决可能出现的问题，这也是为了避免后续的麻烦。

（3）易燃易爆：此类项目必定会增加生产、储备、运输、销售的难度和风险，并时刻受到有关部门的监督，安全风险过高，所以要慎重考虑。

（4）资源紧缺：项目所必需的原料、材料、辅助材料绝对量日益减少，或者被垄断组织控制、获取难度过大。这里的资源紧缺，也可以指由于创业者自身的局限，对特定资源的获取无能为力，而又没有办法通过其他方式进行整合，导致创业难以开展和持续。

（5）消费能力过低：如果你的产品或服务针对的是一个消费能力过低的群体，又不可能在短时间内形成较大的规模，赢利是困难的，可能需要你从长计议。

（6）缺乏突出优势：要么是技术的，要么是成本的，或者功能、特色、模式、创新程度、技术含量……总之，与同类项目相比，你的项目如果完全没有突出优势，那开发该项目的意义就不大了。

（7）需要转变观念：观念的转变往往需要时机，例如如果不是雾霾肆虐，口罩的销量可能不会发生大的变化。如果你的产品或服务的被接受，一定要以转变消费者的观念为前提，那就要做好面对难题的准备。

（8）启动资金过大。在没有前期运作过程，不能充分证明项目的优势的时候，最好不要指望私人股权资本和职业投资机构给你投资。这样的故事虽然确实存在，但发生的概率很小,除非你有巨大突破性的技术或创意。

(9)直接面对强大对手:竞争对手已有品牌、技术、市场和消费者认知的优势,密集地占据你涉及的领域,与其直接对抗是不明智的,除非你能在某一个方面有绝对突出的优势。就像所有想挑战 BAT(指百度、阿里巴巴、腾讯)的创业者,都必须慎重考虑如何避开与这三大巨头的直接竞争。

(10)严重依附他人:你的存在是建立在别的存在的基础之上,而这个"别的存在"又是自己不能控制的,不论是原料、技术和市场,此时应充分考虑依附他人带来的风险,最好还是能掌握"自己的命运"。

最后我们应注意:存在以上问题的创业机会,不是绝对不能尝试,也不是注定创业失败。大学生创业者要根据自己的实际情况和能力进行判断,操作难度远远超过自己的控制范围的,理论上就不应该予以考虑。当然,也可以以此为目标,不断学习,积累资源和经验,等到恰当的时机再进入。

3. 对创业机会进行排序

在排除了受到严重限制的创业机会后,我们得到了若干个比较好的创业机会。我们不可能开发自己所有好的创意,所以应该根据一定的标准,对创业机会进行排序,从而深入地识别这些创业机会。

关于评价创业机会的方法,后文将做详细的介绍。对创业机会可以主要依照两个标准进行排序。一是市场需求,市场需求必须是直观而具体的,至少要符合五点:正当的、恒久的、潜在的、有支付能力的、客户目标清楚的;二是自身优势,包括专业的知识、经验的积累、拥有的资源、独有的强项、特别的兴趣等。将每一个创业机会按照这两个标准进行评估,符合的内容越多且分布越均衡,就是需要我们重点考虑和优先选择的创业机会。

二、影响创业机会识别的因素

创业机会的识别过程是一个不断调整反复权衡的过程。不同的创业者可能会关注不同的创业机会,即使是同一个创业机会,不同的人对其评价也往往不同。在影响机会识别和开发的各项因素中,主要有两类,即机会的自然属性和创业者的个人特性。

机会的特征是影响人们是否对之进行评价的基本因素。创业者选择这项机会是因为相信其能够产生足够的价值来填补投入的成本,创业机会的自然属性很大程度上决定了创业者对其未来价值的预期,因而会对创业者的机会评价产生重大影响。

对于机会识别来说,更重要的应当是来自创业者的个人因素,这是因为从本质上说,机会识别是一种主观色彩相当浓的行为。事实上,即使某一机会已经表现出较好的预期价值,但是并非每个人都能从事这一机会的开发,并且坚持到最后,取得成功,因此创业者的个人特征对于机会识别来说更为重要。

与机会识别相关的个人特征包括:自信心、觉察力、风险感知、知识水平、社交网络等。

（1）自信心：成功的创业者需要有执着的信念，能够坚持他们的事业。创业者的自信能够提升其对机会与风险的感知能力，降低错过好机会的风险。

（2）觉察力：创业者渴望成功、渴望机会，这就驱使他比其他人格外留意信息，更加善于从大量的信息中快速提取与自己创业相关的进行思考。对周边事物的觉察力决定着对创业机会的识别力。

（3）风险感知能力：机会评价与创业者的风险感知能力显著相关，而创业者的风险感知能力又受到创业者的自信心、控制力、承受能力等因素的影响。如果你对风险毫无意识，那在你眼里所有的机会都是好机会，你就难以发掘出真正属于你的创业机会；如果你对风险过于抗拒，那么你将举步维艰，因为没有任何的创业机会是不具有风险的。

（4）知识水平：创业者更加关注与他们已经拥有的信息、知识相关的机会，创业者拥有的知识将在技术开发、机会识别、机会开发三个方面影响机会的发现。

（5）社交网络：社交网络是创业者宝贵的资源，它影响着创业者对机会的识别、对机会的开发，影响着创业的整个过程。拥有大规模社交网络的创业者与单独行动的创业者在机会识别上有显著的差异。

以上这些个人因素并非各自独立存在，在某种程度上，它们彼此之间也存在一定的相关性。影响创业机会识别的因素，也不仅仅限于以上这几点。总之，创业者应该全面提升自己的素质与能力，以便更好地识别创业机会。

三、识别创业机会的技巧

可以通过多种方法和技巧识别创业机会，这里介绍两种常见的识别技巧，很多要点其实已经在前文中有所介绍，毕竟创业机会的识别是建立在对创业机会概念、特征、来源、类型及影响因素的了解的基础之上，对创业机会的内涵认识得越深入，越容易抓住创业机会。大学生可以从以下这些层面进行思考和探索，逐渐明晰适合的创业机会。

（一）通过市场对比识别创业机会

1. 现有市场机会和潜在市场机会

市场机会中那些明显未被满足的市场需求称为现有市场机会，那些隐藏在现有需求背后的、未被满足的市场需求称为潜在市场机会。现有市场机会表现明显，往往发现者多，进入者也多，竞争势必激烈。潜在市场机会则不易被发现，识别难度大，往往蕴藏着极大的商机。

2. 目前市场机会与未来市场机会

那些在目前环境变化中出现的市场机会称为目前市场机会，而通过市场研究和预测，分析它将在未来某一时期内实现的市场机会称为未来市场机会。如果创业者提前预测到某种机会会出现，就可以在这种市场机会到来前做准备，从而获得领先优势。

3. 全面市场机会与局部市场机会

全面市场机会是指在大范围市场出现的未被满足的需求，如国际市场或全国市场出现的市场机会，着重于拓展市场的宽度和广度。而局部市场机会则是在一个局部范围或细分市场出现的未被满足的需求。在大市场中寻找和发掘局部或细分市场机会，见缝插针，拾遗补缺，创业者就可以集中优势资源投入目标市场，有利于增强主动性，减少盲目性，增加成功的可能性。

4. 行业市场机会与边缘市场机会

行业市场机会是指某一个行业内的市场机会，而在不同行业之间的交叉结合部分出现的市场机会被称为边缘市场机会。一般而言，人们对行业市场机会比较重视，因为其发现、寻找和识别的难度系数较小，但行业市场机会带来的竞争往往激烈，成功的概率也低。而在行业与行业之间的真空地带，往往无人涉足或难以被发现，需要有丰富的想象力和大胆的开拓精神，一旦开发，成功的概率也较高。

（二）探寻创业项目的常见路径

所有的创业行为都要落实在一个个具体的创业项目之上。创业项目的寻找和选择至关重要，在探寻创业项目时要舍得花工夫。

1. 解决他人的困难

别人的困难往往就是自己企业成功的机会。企业通过为他人提供有益的服务、为他人解决工作和生活中的困难，可以获得正当合法的盈利。譬如，北大方正公司创始人王选先生为解决印刷行业困难，发明了激光照排系统，一举创业成功；有人针对大城市中的三口之家，夫妻两人上班经常为接送孩子上学和孩子吃饭的事发愁这一困难，开办托教服务项目，投资少、见效快，也取得了成功。

2. 解决已有商品存在的问题

市场上销售的商品总会存在这样或那样的问题。有的样式呆板，有的颜色单一，有的在功能和性能方面不够完善，有的在结构方面不够合理，等等。创业者经过调查分析，针对这些商品存在的问题，进行改进、完善、提高，以此作为创业项目往往成功率很高。比如，美国迪士尼乐园的创始人迪士尼，就是针对当时市场上卡通影片存在的问题，改进技术创业。

3. 透视热销商品背后的商机

以热销商品为导向，认真分析热销商品背后隐藏的商机，再选定创业项目进行经营。例如，当看到市场上鸡蛋热销时，分析预测鸡蛋热销背后隐藏的商机：一是马上会兴起养鸡热，二是当养鸡热兴起后，鸡饲料将会供不应求。因此，可以既不去卖鸡蛋也不去养鸡，而是跳过两个阶段去生产鸡饲料。

4. 分析市场供求之间的差距

从宏观上看，任何产品或服务的市场需求总量和市场供给总量之间都会存在一定的差距。若通过调查分析，发现哪个产品或服务的市场供给不足，就可以从中找到创业机会，选定创业项目。市场需求不仅是多样化的，而且是不断变化的。因此，即使有时市场供求总量平衡，但结构也会出现不平衡，这样就会有需求空隙存在。创业者通过分析供需结构差异，也可以从中发现创业机会，选定创业项目。比如，我国饮料市场的供求状况总体上看是供过于求的。但广东三水酒厂厂长李经纬先生，当年创业时就是在这种供过于求的市场状态中，通过分析供需结构差异发现了创业机会，开发出运动保健饮料，起名"健力宝"，一举打开市场，企业不断发展壮大为今天的健力宝公司。

5. 尝试科学的市场细分

所谓市场细分，就是根据整体市场上顾客需求的差异性，以影响顾客需求和欲望的某些因素为依据，把某种商品的整体市场划分为若干个消费者群的一种市场分类方法。通过市场细分划分出的每个消费者群就是一个子市场。每个子市场都是具有相同或类似需求倾向的消费者构成的群体。属于同一子市场的消费者对同一商品的需求极为相似；分属不同子市场的消费者对同一商品的需求则存在着明显的差异。因此，进行科学的市场细分有利于发现市场机会，选定目标市场，确定创业项目。

▶▶ **视野延展**

企业家眼中的未来创业趋势[1]

柳传志：最看好的还是内需消费领域

联想集团有限公司董事局名誉主席柳传志近日表示，联想控股最看好的还是内需消费领域。中产阶级的增加、中国人消费意识的改变、政府的提倡鼓励等都会给消费领域带来机会，并认为这些领域的发展总体上会比较平稳，外界影响的主要是业务模式创新的挑战，像农业食品、医疗服务、互联网的消费服务、出行服务、金融服务等多个领域。

柳传志介绍"联想之星"重点看 TMT（科技、媒体和电信三个英文单词的首字母缩写）产业、医疗健康，也会积极布局人工智能、智能机器、互联网改造传统产业、生物技术、医疗器械这样的前沿领域，联想控股风险投资业务的理念是"事为先，人为重"。

任正非：四面八方喊响"创新""颠覆"就是葬歌

华为技术有限公司创始人、总裁任正非认为是不是互联网公司并不重要，华为的

---

[1] 来源：亿欧网，2015-12-29，原标题：回首2015，十位大佬眼中的2016或未来的创业趋势。

精神是不是互联网精神也不重要，这种精神能否保证企业活下去是最重要的。

他对于互联网思维有自己的理解，一是应该踏踏实实地用互联网的方式，优化内部供应交易的电子化，提高效率，及时、准确地运行；二是应踏踏实实地夯实基础平台，让端到端的实施过程透明化，以免误导青年员工；三是不要动不动就使用社会时髦语言"颠覆"，不要妄谈颠覆性，谁要颠覆这个世界，那最后他自己先灭亡；四是不要盲目创新，分散了公司的投资与力量，同时坚持稳定可靠运行，保持合理有效、尽可能简单的管理体系；五是坚信自己的价值观，坚持合理的发展。

马化腾：下一个时代，可能通过视网膜、脑电波沟通

腾讯董事会主席马化腾一直推动着"互联网＋"行动计划发展，马化腾近日表示，腾讯将继续积极推进"互联网＋"行动计划，帮助缩小不同地区之间的数字信息鸿沟，也将不断探索分享新型的网络经济模式，推动网络经济创新发展。在手机之后，下一个时代属于汽车、穿戴设备还是更神奇的 AR（增强现实技术）、VR（虚拟现实技术）？可能以后不再需要用手机，通过视网膜就可以沟通，也可能是脑电波。

马化腾认为每隔大约 20 年，就可能有一次大的技术更迭。从大型机到 PC（个人计算机）的演变、从 PC 到移动终端设备。每一次终端的演变就会对整个信息业态，甚至对整个经济的业态产生重大影响、推动、改变。

任正非：研究 6G 是未雨绸缪，允许海思继续爬喜马拉雅山

华为技术有限公司主要创始人兼总裁、董事、CEO 任正非近日表示，"从现实的商业角度来看，华为要继续聚焦在 5G＋AI 的行业应用上，要组成港口、机场、逆变器、数据中心能源、煤矿……军团，准备冲锋。解决产业链卡脖子问题时，任正非指出，在科学探索的道路上，我国比较重视实验科学，对理论研究不够重视。现在也一样，公司不能目光短浅，只追求实用主义，那有可能会永远都落在别人后面。我们需要更多的理论突破，尤其是化合物半导体、材料科学领域，基本上是日本、美国领先，我们要利用全球化的平台来造就自己的成功。

李彦宏：移动互联网大幕已到高潮，传统行业仍然是经济支柱

百度公司创始人、董事长兼首席执行官李彦宏对于中国互联网未来的判断如下，一是以后所有企业只剩下传统主流产业和互联网平台类型公司；二是传统产业真正拥抱互联网，找到提升核心竞争力的正确按钮。

在传统企业和互联网企业发展趋势问题上，他认为不论是中国经济还是世界经济，最主流的产业其实不是互联网产业，而是教育、医疗、金融、汽车、房产等代表经济支柱的主流产业。十年前互联网大幕拉开，第一幕的 PC 互联网已结束，以移动互联网为中心的第二幕拉开且已到高潮。李彦宏指出，这些产业拥抱互联网的行动，直到现在仍然处于一个比较迷惘的阶段。

曹德旺：率先发展理工科，让学生毕业前有四级工程师的水平

福耀玻璃董事长曹德旺：福耀科技大学计划率先发展理工科，包括材料科学、生态环境、电子信息、精密仪器与装备制造等专业。同时，福耀科技大学还将推动双导师制度，一个导师完成教学任务，一个导师由来自企业的工程师担任，完成对学生的实践指导。曹德旺指出：未来教育行业的定位一定是"想要成为科学家，要首先成为工程师"。

徐新：只投资消费品品牌、零售连锁、消费互联网

今日资本创始人兼总裁徐新近日表示，她在全民创业和万众创新的大环境下只投资三个领域，一是消费品品牌；二是零售连锁；三是消费互联网。如果说其他人可能投100个项目来赌赛道，她认为自己是赌赛手的选手，她更看重具有狼性的企业家。

在她看来，这些人一般有几个特点：一是嗅觉灵敏，有洞察力，能感受到别人感受不到的东西，看到别人看不到的东西；二是学习能力强；三是领导力，能够吸引一帮牛人跟你一起干。徐新认为在移动互联网时代，创业很残酷，品类机会来临的时候，创业公司要舍命狂奔，市场份额达到70%才安全。她认为企业要想高速成长，一个是抓住消费者升级，第二个就是品质提升。另外，徐新非常关注分享经济，她认为当边际成本为零的时候，资本主义那套就行不通了，因为资本主义是逐利的，利润最大化，而当成本是零的时候，没有成本，就可以共享了。这里有一个众筹的概念，以后都是社会化的东西，没有必要养那么多员工，配送可以搞社会化。

吉姆·布雷耶（Jim Breyer）：现在是"90后"青年创业者最佳时机

吉姆·布雷耶曾多年被《福布斯》评为全球第一风险投资人，2005年成功投资了Facebook的A轮，此前任Accel Partners董事长、合伙人，在沃尔玛担任了12年的董事，现为Breyer Capital的创始人兼CEO。

他对未来创业的投资趋势主要看好四个领域，一是医疗应用领域；二是互联网金融服务；三是人工智能；四是在线教育。吉姆·布雷耶认为移动互联网时代是20岁到24岁的青年在应用开发和创新中创业的最佳时机。

第三节　创业机会评价

一、蒂蒙斯创业机会评价框架

蒂蒙斯的创业机会评价框架，涉及行业和市场、经济因素、收获条件、竞争优势、管理团队、致命缺陷、创业家的个人标准、理想与现实的战略性差异八个方面的53项指标。通过一种量化的方式，创业者可以利用这个体系模型对行业和市场问题、竞争优势、经济结构和收获、管理团队、致命缺陷等做出判断，来评价一个创业企业的投资价值和机会，如表5-1所示。

表 5-1　蒂蒙斯创业机会评价框架

评价项目	评价指标
行业与市场	1. 市场容易识别，可以带来持续收入 2. 顾客可以接受产品或服务，愿意为此付费 3. 产品的附加价值高 4. 产品对市场的影响力高 5. 将要开发的产品生命周期长久 6. 项目所在的行业是新兴行业，竞争不激烈 7. 市场规模大，销售潜力达到 1000 万～10 亿元 8. 市场成长率在 30％～50％，甚至更高 9. 现有厂商的生产能力几乎完全饱和 10. 在五年内能占据市场的领导地位，达到 20％以上的占有率 11. 拥有低成本的原料供货商，具有成本优势
经济因素	1. 达到盈亏平衡点所需要的时间在 1.5～2 年 2. 盈亏平衡点不会逐渐提高 3. 投资回报率在 25％以上 4. 项目对资金的要求不是很大，能够获得融资 5. 销售额的年增长率高于 15％ 6. 有良好的现金流量，能占到销售额的 20％～30％ 7. 能获得持久的毛利，毛利率要达到 40％以上 8. 能获得持久的税后利润，税后利润率要超过 10％ 9. 资产集中程度低 10. 运营资金不多，需求量是逐渐增加的 11. 研究开发工作对资金的要求不高
收获条件	1. 项目带来附加价值或具有较高的战略意义 2. 存在现有的或可预料的退出方式 3. 资本市场环境有利，可以实现资本的流动
竞争优势	1. 固定成本和可变成本低 2. 对成本、价格和销售的控制度较高 3. 已经获得或可以获得对专利所有权的保护 4. 竞争对手尚未觉醒，竞争较弱 5. 拥有专利或具有某种独占性 6. 拥有发展良好的网络关系，容易获得合同 7. 拥有杰出的关键人员和管理团队

评价项目	评价指标
管理团队	1. 创业者团队是一个优秀管理者的组合 2. 行业和技术经验达到了本行业内的最高水平 3. 管理团队的正直廉洁程度达到最高水平 4. 管理团队知道自己缺乏哪方面的知识
致命缺陷	不存在任何致命缺陷
创业家的 个人标准	1. 个人目标与创业活动相符合 2. 创业家可以做到在有限的风险下实现成功 3. 创业家能接受薪水减少等损失 4. 创业家渴望实践创业这种生活方式，而不只是为了赚大钱 5. 创业家可以承受适当的风险 6. 创业家在压力下状态依然良好
理想与现实的 战略性差异	1. 理想与现实情况相吻合 2. 管理团队已经是最好的 3. 在客户服务管理方面有很好的理念 4. 所创办的事业顺应时代潮流 5. 所采取的技术具有突破性，不存在许多替代品或竞争对手 6. 具备灵活的适应能力，能快速地进行取舍 7. 始终在寻找新的机会 8. 定价与市场领先者几乎持平 9. 能够获得销售渠道，或已经拥有现成的网络 10. 能够允许失败

　　该评价框架对评价主体要求相对较高，一般来说，要求评价者是行业经验丰富、商业嗅觉敏锐且具有一定管理经验的投资人或创业者，同时还要求使用者熟悉指标内涵以及评估技术。

　　用该评价框架进行评估，一般来说，要求运用定性与定量相结合的方法，才能判断、得出创业机会的可行性及不同创业机会间的优劣排序。

　　如表5-1所示，评价指标比较多，在实际运用过程中可以结合实际需求进行适当的梳理简化、重新分类，提高使用效能。需要注意的是，无论怎样简化，都要把握创业机会的本质特征和基本标准。

　　对于刚刚开始创业的大学生来说，更多的是要利用这个框架，参照分析自己的若干创业机会，可以按极好(3分)、好(2分)、一般(1分)三个等级进行打分，形成打分矩阵表，选出比较好的创业机会。

二、刘常勇创业机会评价框架

台湾中山大学教授、知名创业管理研究学者刘常勇的创业机会评价框架涉及市场评价、回报评价两个方面的14项指标，与蒂蒙斯框架相比，这个框架更简单、容易操作，且更加符合中国企业的特点。

表5-2　刘常勇创业机会评价框架

评价项目	评价指标
市场评价	1. 是否具有市场定位，专注于具体顾客需求，能为顾客带来新的价值 2. 依据波特的五力模型进行创业机会的市场结构评价 3. 分析创业机会所面临市场的规模大小 4. 评价创业机会的市场渗透力 5. 预测可能取得的市场占有率 6. 分析产品成本结构
回报评价	1. 税后利润至少高于5% 2. 达到盈亏平衡的时间应该低于2年 3. 投资回报率应高于25% 4. 资本需求量较低 5. 毛利率应该高于40% 6. 能否创造新企业在市场上的战略价值 7. 资本市场的活跃程度 8. 退出和收获回报的难易程度

三、创业机会的基本维度分析

创业机会评价就是通过一系列方法对创业机会进行全面考察和综合分析，最后得出一个比较科学的结论。世界上并不存在十全十美的创业机会，对于创业者来说，任何创业机会都有利弊，而且都存在一定的风险。创业者在利用创业机会之前一定要对创业机会进行科学分析与评价，然后做出选择。只有这样才能最大限度地避免创业的盲目性和随意性，增加创业成功的概率。

上文介绍的两个评价框架固然经典，但是都涉及比较具体的定性和定量分析，这对于一些创业知识基础比较薄弱的学生来说可操作性较弱。因此我们试图对创业机会评价的几个重要维度给出解释，便于同学们进行相对模糊的创业机会评价，准确性恐怕不如上面两个框架，但依然有一定的指导作用。

（一）市场

1. 市场规模和价值

如果市场规模和价值小，往往是不足以支撑企业长期发展的。而创业者若进入一个规模巨大而且还在不断发展的市场，即使只占有很小的一个份额，也能够生存下来度过发展期；存在竞争对手也不担心，因为市场足够大，构不成威胁。一般来说，市场规模和价值越大，创业机会越有价值。

2. 市场进入障碍

如果创业机会面临着市场进入的障碍，那么就不是一个好的创业机会。比如存在资源的限制、政策的限制、市场的准入控制等，都可能成为市场进入的障碍，削弱创业机会。但是，对于进入障碍要进行辩证的分析。如果创业者进入以后，不能够阻止其他企业进入市场，这也不是一个好的创业机会。

3. 市场控制程度

如果能够对渠道、成本或者价格有较强的控制，这样的创业机会比较有价值。如果市场上不存在强有力的竞争对手，可控性就比较大。如果竞争对手已有较强的控制能力，例如，把握了原材料来源、独占了销售渠道、取得了较大的市场份额、对于价格有较大的决定权，在这种情况下，新创企业的发展空间就很小。除非这个市场的容量足够大，而且主要竞争者在创新方面行动迟缓，时常损害客户的利益，才有可能适合进入。

（二）运营

1. 启动所需资金

大多数有较大潜力的创业机会需要相当大数额的资金来启动，只需少量或者不需要资金的创业机会是极其罕见的。如果需要过多的资金，这样的创业机会就缺乏吸引力。有着较少或者中等程度的资金需要量的创业机会是比较有价值的，创业者需要根据自身的资金实力和可以动用的资源来评价创业机会，超出能力范围的不应考虑。

2. 盈利能力与潜力

创业的目标就是要获得收益，这要求创业机会能够有合理的盈利能力，包括较高的毛利率和市场增长率。毛利率高说明创业项目的获利能力强，市场增长率高表明了市场的发展潜力大，可使投资的回报增加。如果每年的投资收益率能够维持在25%以上，这样的创业机会是很有价值的；而每年的投资收益低于15%，是不能够对创业者和投资者产生很大的吸引力的。

3. 成本竞争优势

竞争优势的来源之一就是成本，较低的成本会给创业企业带来较大的竞争优势，使得该创业机会的价值较高。创业企业靠规模来降低成本是比较可行的，低成本的优势大多来自于技术和工艺的改进及管理的优化，创业机会如果有这方面的特质，对于创业者来说是非常有利的。

4. 盈亏平衡点

有价值的创业机会可能使项目在两年内盈亏平衡或者取得正现金流。如果取得盈亏平衡和正现金流的时间超过 3 年，那对于创业者的要求就高了，因为大多数创业者支撑不了这么长的时间，其他的投资者和合作伙伴也没有这么长时间的耐心，这种创业机会的吸引力就大大降低了。除非有其他方面的重大利好，一般要求创业机会在较短时间内盈利。

（三）缺陷与退出

创业机会不应该有致命的缺陷，如果有一个或者多个致命缺陷，将使得创业机会变得没有价值。

有吸引力的创业机会还应该有比较理想的获利和退出机制，便于创业者和投资者获取资金及实现收益。没有任何退出机制的创业企业和创业机会是没有太大吸引力的。

▶▶ **视野延展**

瓜子二手车张小沛：如何抓住"真正的"创业机会

瓜子二手车直卖网获得了 2016 年金瑞奖最具投资价值企业奖。

瓜子在选择进入二手车领域时，充分考量了整个行业的情况，并对当下二手车市场做了精准的分析，适时提出个人与个人之间的电子商务直卖模式、两步走策略（优化和扭转效率，省去中间商差价）。

瓜子二手车提出的个人与个人之间的电子商务直卖模式是让买卖双方直接对接。对二手车交易环节做了极简优化，从而提升了交易效率，控制了交易成本。

传统车商没有规模优势，所以需要收取额外 25% 左右加价费才基本能够平衡成本。所以瓜子二手车直接做二手车电商。这个过程中瓜子二手车作为平台不收中间任何差价，只从买家那里收到成交价 3% 的交易手续费。

对目前创业机会的评估，张小沛提供了三个维度：产品和市场的最佳契合点，资本窗口期的判断，自身定位。

任何一家创业公司要做的最关键的事情就是尽快找到产品和市场匹配的地方。瓜子二手车顺应大趋势发展，选择在 2014 年年底切入这样一个行业。整个 2015 年，大概完成将近 40 亿元人民币的交易。

对资本空窗期的精准判断也是创业企业需要把握的技能。张小沛指出，2015 年二手车各家融资额加起来超过 10 亿美元，瓜子 2015 年单月交易规模突破 4 个亿人民币，2016 年又完成 A 轮融资 2.045 亿美元，估值超过 10 亿美元。这也是企业发展与资本市场契合的表现。

定位上，瓜子看到了二手车交易中潜在的商机，从增值服务切入，切入过程中积累不同维度的数据，顺着这个产业链条做一个生态体系。

▸▸ 拓展训练

一、无处不在的创业机会

环顾四周，把看到的物体记下来（不用想太多，随意写下）。然后围绕三个物体进行大量联想——有哪些创业机会？

尽可能多地记录下你想到的创业机会，无论有多么天马行空。看看谁想到的最多，看看哪个想法最具创意？

物体 1：_____

创业想法：_____

_____

物体 2：_____

创业想法：_____

_____

物体 3：_____

创业想法：_____

_____

在上述创业机会中，对你而言，最可能成功的想法是哪个？为什么？

_____

_____

分享创意，在你听到的所有机会中，你认为哪一个最有价值，为什么？

_____

_____

二、爆款我来做

雾霾肆虐之时，云计算、大数据、人工智能——热词一个接一个往外喷的科技圈沉默无语。相比争相推出空气净化器的传统家电厂商，2017 年，智能口罩原本可以成为可穿戴设备市场的爆款，但科技创客们再度错失良机。

同学们按小组进行讨论，根据在本章学习的方法，于 15 分钟内，试着设计一款智能口罩。

设计图	说明

各小组派代表进行 2 分钟展示，并回答其他组的问题。

其他组根据蒂蒙斯创业机会评价框架为其打分，去掉一个最高分，去掉一个最低分，再取平均值为该组项目最终得分。

组号	项目	得分	组号	项目	得分

哪个小组的设计得了最高分？请为他们的创意鼓掌！

综合所有小组的优势，你有信心打造出一个成为爆款的智能口罩吗？记录下你此刻的想法吧。

_____

_____

思考题

阅读教材，搜集资料，深入探索，认真思考并回答以下问题，注意说明你的理由、形成自己的见解。

（1）巴尔扎克说过：机会的获得是极不容易的，需具备三大条件，那就是：像鹿一般会跑的腿，逛马路的闲工夫，犹太人那样的耐性。你如何理解这句话？

（2）你知道什么是"痛点"吗，如何利用"痛点"来识别创业机会？

（3）你更愿意进入"红海"还是"蓝海"？

（4）你的同专业师哥师姐们，他们的创业项目涉及哪些领域？总结出最普遍的3～10个创业方向，并说明这些方向与专业是否相关？

（5）特定创业机会的好与坏，是有固定答案的吗，能举例说明吗？

（6）如果只能用三个问题来评价创业机会，你会用哪三个问题？

▶▶ 实践活动

设计创业机会评价量表

请根据"校园外卖项目"设计一个简单的创业机会评价量表，注意必须包含最关键的评价因素，尽量直观地反映出该创业机会的优劣。

第六章　创业风险控制

▶▶ 理论知识

第一节　创业风险认知

一、风险的概念与构成

通俗地讲，风险是指一个事件产生我们所不希望的后果的可能性，以及某一特定危险情况发生的可能性和后果的组合。学术界对风险的内涵没有统一的定义，由于对风险的理解和认识程度不同，或对风险的研究的角度不同，不同的学者对风险概念有着不同的解释，但无论如何定义风险一词，其核心含义是"未来结果的不确定性或损失"及"个人和群体在未来遇到伤害的可能性，以及对这种可能性的判断与认知"。通过采取适当的措施可使破坏或损失的概率降低，或者说通过智慧的认知、理性的判断，继而采取及时而有效的防范措施，不仅可以规避风险，可能还会带来比例不等的收益，有时风险越大，回报越高、机会越大。

构成风险的要素主要包括风险因素、风险事件和风险损失三个方面。

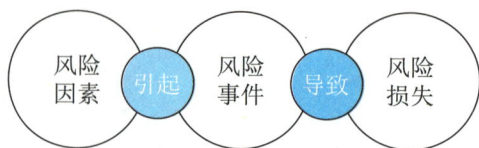

图 6-1 风险的构成要素

1. 风险因素

风险因素是指能够引起或增加风险事件发生的机会或影响损失的严重程度的因素，是事故发生的潜在条件，一般又称为风险条件。引发风险的因素是多方面的综合性的，但在风险因素作用过程中有主次之分，有时是人的因素为主，有时是物的因素为主；有时是社会因素为主，有时是自然因素为主，并且主要风险因素与次要风险因素的地位也随着条件的变化而改变。

2. 风险事件

风险事件是风险因素综合作用的结果，是产生风险损失的原因，也是风险损失产生的媒介物。换言之，风险事件是指风险的可能变成了现实，以致造成损失。如火灾、水灾、地震、爆炸、碰撞等均是典型的风险事件。风险事件与风险因素是不同的，之所以要严格区分风险事件与风险因素，是因为两者在风险损失形成过程中的作用是不一样的，两者之间存在着先后的逻辑关系。

3. 风险损失

风险损失是指非故意的、非预期的、非计划的利益的减少，这种减少可以用货币来衡量。一般而言，风险和损失构成一对因果关系，风险为因，损失为果。但是，风险并不是损失的同义词，风险是指发生损失的可能性，而损失是实际上发生的财产物资的损耗或消耗。风险只有转化为现实，才能造成损失，但它本身并不是损失。风险损失有两种形态：一是直接损失，包括财产损失、收入损失、费用损失等；二是间接损失，包括商业信誉、企业形象、业务关系、社会利益等的损失，以及由直接损失而导致的第二次损失。如某一国际企业的海外子公司等被国有化或违规操作被关闭，除了财产上的损失（直接损失）之外，企业不能再于该国从事生产经营活动，从而引起该企业的全球战略被破坏（间接损失）。

风险因素引起风险事件，风险事件导致风险损失。风险因素、风险事件、风险损失密切相关。它们三位一体构成了风险存在与否的基本条件。

二、创业风险的来源

创业路上充满风险，这是每一个创业者都一定会面对的问题，这是由创业的本质与创业活动的特点决定的。创业环境的不确定性，创业机会与创业企业的复杂性，创业者、创业团队与创业投资者的能力与实力的有限性，是创业风险的根本来源。由于创业的过程往往是将某一构想或技术转化为具体的产品或服务的过程，在这一过程中，存在着几个基本的、相互联系的缺口，它们是上述不确定性、复杂性和有限性的主要来源，也就是说，创业风险在给定的宏观条件下，往往就直接来源于这些缺口。

1. 融资缺口

融资缺口存在于学术支持和商业支持之间，是研究基金和投资基金之间存在的断层。其中，研究基金通常来自个人、政府机构或公司研究机构，它既支持概念的创建，还支持概念可行性的最初证实；投资基金则将概念转化为有市场的产品原型（这种产品原型有令人满意的性能，对其生产成本有足够的了解并且能够识别其是否有足够的市场）。创业者可以证明其构想的可行性，但往往没有足够的资金将其商品化，从而给创业带来一定的风险。通常，只有极少数基金愿意鼓励创业者跨越这个缺口，如有些富有的个人专门进行早期项目的风险投资，以及一些政府资助计划等。

2. 研究缺口

研究缺口主要存在于仅凭个人兴趣所做的研究判断和基于市场潜力的商业判断之间。当一个创业者最初证明一个特定的科学突破或技术突破可能成为商业产品的基础时，他仅仅停留在自己满意的论证程度上。然而，这种程度的论证后来不可行了，在将预想的产品真正转化为商业化产品（大量生产的产品）的过程中，即具备有效的性能、低廉的成本和高质量的产品，能从市场竞争中生存下来的过程中，需要大量复杂而且可能耗资巨大的研究工作（有时需要几年时间），从而形成创业风险。

3. 信息和信任缺口

信息和信任缺口存在于技术专家和管理者（投资者）之间。也就是说，在创业中，存在两种不同类型的人：一是技术专家，二是管理者（投资者）。这两种人接受不同的教育，对创业有不同的预期、信息来源和表达方式。技术专家知道哪些内容在科学上是有趣的，哪些内容在技术层上是可行的，哪些内容根本就是无法实现的。在失败类案例中，技术专家承担的风险一般表现在学术上、声誉上受到影响，以及没有金钱上的回报。管理者（投资者）通常比较了解将新产品引进市场的程序，但当涉及具体项目的技术部分时，他们不得不相信技术专家，可以说管理者（投资者）是在拿钱冒险。如果技术专家和管理者（投资者）不能充分信任对方，或者不能够进行有效的交流，那么这一缺口将会变得更深，带来更大的风险。

4. 资源缺口

资源与创业者之间的关系就如颜料和画笔与艺术家之间的关系。没有了颜料和画笔，艺术家即使有了构思也无从实现。创业也是如此。没有所需的资源，创业者将一筹莫展，创业也就无从谈起。在大多数情况下，创业者不一定也不可能拥有所需的全部资源，这就形成了资源缺口。如果创业者没有能力弥补相应的资源缺口，要么创业无法起步，要么在创业中受制于人。

5. 管理缺口

管理缺口是指创业者并不一定是出色的企业家，不一定具备出色的管理才能，主要有两种：一是创业者利用某一新技术进行创业，他可能是技术方面的专业人才，但却不一定具备专业的管理才能，从而形成管理缺口；二是创业者往往有某种"奇思妙想"，可能是新的商业点子，但在战略规划上不具备出色的才能，或不擅长管理具体的事务，从而形成管理缺口。

三、创业风险的分类

根据角度的不同，创业风险有很多种分类。了解创业风险的分类，可以帮助我们了解创业风险可能发生的情况。在创业机会识别阶段，创业者都应该尽可能地预测到相应的风险，进而理性把握相关风险。

1. 系统风险与非系统风险

系统风险即创业环境的不确定性带来的风险，诸如商品市场需求及竞争的不确定性、生产要素市场供给的不确定性、国家法律及政府政策规章制度的不确定性等带来的风险。系统风险是创业者自身难以掌控的，创业者只能加强监测和预警，进而努力规避。

非系统风险即创业者自身行为的不确定性带来的风险，诸如创意是否可实施的不确定性、创业团队能力的不确定性带来的风险等。非系统风险是创业者通过自身的努力，有可能防范，甚至可以化解的。

2. 创业过程中的风险

在创业过程中，可能出现的风险包括：机会的识别与评估风险、团队风险、确定并获取创业资源的风险、创业产品开发风险和创业企业管理风险等。

机会识别与评估风险是指在项目选择过程中，由创业者掌握信息不够全面、能力不足、问题解决不当等主客观因素造成的，面临创业方向选择和决策失误的风险。

团队风险是在团队组建过程中，由于团队成员选择不当或者缺少合适的团队成员带来的风险。

确定并获取创业资源的风险是指由于存在资源缺口，无法获得所需要的资源，或者得到所需要的资源为创业活动带来较高的风险。

创业产品开发风险，在产品开发过程中存在技术转化不好、开发周期过长等风险。

创业企业管理风险是指由于管理方式、企业文化等因素，在建立企业组织、管理制度、营销方案等方面存在的风险。

3. 创业投资产生的风险

按风险对所投入资金即创业投资的影响程度划分，创业存在：安全性风险、收益性风险和流动性风险。

安全性风险，是指从创业投资的安全性角度来看，不仅预期的实际收益有损失的可能，而且专业投资者与创业者自身投入的其他财产也可能蒙受损失，即投资方财产的安全存在危险。

收益性风险，是指创业投资的投资方的资本和其他财产不会蒙受损失，但预期实际收益有损失的可能性。

流动性风险，是指投资方的资本、其他财产及预期实际收益不会蒙受损失，但资金有可能不能按期转移或支付，造成资金运营的停滞，使投资方蒙受损失的可能性。

4. 市场与技术的选择风险

按创业市场和技术的关系划分，可分为改良型风险、杠杆型风险、跨越型风险和激进型风险。

改良型风险，是指利用现有的市场、现有的技术进行创业所存在的风险。这种创业风险最低，经济回报有限，即风险虽低，但要想生存和发展，获取较高的经济回报也比较困难，一方面会遭遇已有市场竞争者的排斥或进入壁垒的限制，另一方面即便已经进入，想要占有一定的市场份额非常困难。

杠杆型风险，是指利用新的市场、现有的技术进行创业存在的风险。该风险稍高，对一个全球性公司来说，这种风险往往是地理上的，常见于挖掘未开辟的市场，如彩电行业，利用原有技术进入农村市场。

跨越型风险，是指利用现有市场、新的技术进行创业存在的风险。该风险稍高，主要体现在创新技术的应用方面，往往反映了技术的替代，是一种较常见的情况，常见于企业的二次创业，领先者可获得一定的竞争优势，但模仿者很快就会跟上。

激进型风险，是指利用新的市场、新的技术进行创业存在的风险。该风险最大，如果市场很大，可能会带来巨大的机会，对于第一个行动者而言，其优势在于竞争风险较低，但是知识产权保护力度很弱，市场需求不确定，确定产品性能有很大的风险。

▶▶ 视野延展

大学生创业的常见风险

大学生创业者要认真分析自己创业过程中可能会遇到哪些风险，这些风险中哪些是可以控制的，哪些是不可控的，哪些是需要极力避免的，哪些是致命的或不可管理的。一旦这些风险出现，你应该如何应对和化解。特别需要注意的是，一定要明白最大的风险是什么，最大的损失可能有多少，自己是否有能力承担并渡过难关。

根据对大学生创业者的观察，以下总结出大学生创业常见的风险。

1. 团队

现代企业越来越重视团队的力量。创业企业在诞生或成长过程中最主要的力量来源一般都是创业团队，一个优秀的创业团队能使创业企业迅速地发展起来。但与此同时，风险也就蕴含其中，团队的力量越大，风险也就越大。

一旦创业团队的核心成员在某些问题上产生分歧不能达到统一时，极有可能会对企业造成强烈的冲击。事实上，做好团队的协作并非易事。特别是与股权、利益相关联时，很多初创时很好的伙伴都会闹得不欢而散。

意识上的风险是创业团队最内在的风险。这种风险无形，却有强大的毁灭力。风险性较大的意识有：投机的心态、侥幸心理、试试看的心态、过分依赖他人、回本的心理等。

一些研发、生产或经营性企业需要面向市场，大量的高素质专业人才或业务队伍是这类企业成长的重要基础。防止专业人才及业务骨干流失应当是创业者时刻注意的问题，在那些依靠某种技术或专利创业的企业中，拥有或掌握这一关键技术的业务骨干的流失是创业失败的最主要风险源。

很多大学生创业者眼高手低，当创业计划转变为实际操作时，才发现自己根本不具备解决问题的能力，这样的创业无异于纸上谈兵。一方面，大学生应去企业打工或实习，积累相关的管理和营销经验；另一方面，积极参加创业培训，积累创业知识，接受专业指导，提高创业成功率。

2. 项目

大学生创业时如果缺乏前期市场调研和论证，只是凭自己的兴趣和想象来决定投资方向，甚至仅凭一时心血来潮做决定，一定会碰得头破血流。大学生创业者在创业初期一定要做好市场调研，在了解市场的基础上创业。一般来说，大学生创业者资金实力较弱，选择启动资金不多、人手配备要求不高的项目，从小本经营做起比较适宜。

3. 资金

资金风险在创业初期会一直伴随在创业者的左右。是否有足够的资金创办企业是创业者遇到的第一个问题。企业创办起来后，就必须考虑是否有足够的资金支持企业的日常运作。对于初创企业来说，如果连续几个月入不敷出或者因为其他原因导致企业的现金流中断，都会给企业带来极大的威胁。相当多的企业会在创办初期因资金紧缺而严重影响业务的拓展，甚至错失商机而不得不关门大吉。

另外如果没有广阔的融资渠道，创业计划只能是一纸空谈。除了银行贷款、自筹资金、民间借贷等传统方式外，还可以充分利用风险投资、创业基金等融资渠道。

4. 人脉

企业创建、市场开拓、产品推介等工作都需要调动社会资源，大学生在这方面会感到非常吃力。平时应多参加各种社会实践活动，扩大自己人际交往的范围。创业前，可以先到相关行业领域工作一段时间，通过这个平台，为自己日后的创业积累人脉。

5. 管理

一些大学生创业者虽然技术出类拔萃，但理财、营销、沟通、管理方面的能力普遍不足。要想创业成功，大学生创业者必须技术、经营两手抓，可从合伙创业、家庭创业或从经营虚拟店铺开始，锻炼创业能力，也可以聘用职业经理人负责企业的日常运作。

　　创业失败基本上都是管理方面出了问题，其中包括：决策随意、信息不通、理念不清、患得患失、用人不当、忽视创新、急功近利、盲目跟风、意志薄弱，等等。特别是大学生知识单一、经验不足、资金实力和心理素质明显不足，更会增加在管理上的风险。

　　6. 竞争

　　寻找蓝海是创业的良好开端，但并非所有的新创企业都能找到蓝海。更何况，蓝海也只是暂时的，所以，竞争是必然的。如何面对竞争是每个企业都要随时考虑的事，而对新创企业更是如此。

　　如果创业者选择的行业是一个竞争非常激烈的领域，那么在创业之初极有可能受到同行的强烈排挤。一些大企业为了把小企业吞并或挤垮，常会采用低价销售的手段。对于大企业来说，由于规模效益或雄厚实力，短时间的降价并不会对它造成致命的伤害，而对初创企业则可能意味着彻底毁灭的危险。因此，考虑好如何应对来自同行的残酷竞争是创业企业生存的必要准备。

　　对于具有长远发展目标的创业者来说，他们的目标是不断地发展壮大企业，因此，企业是否具有自己的核心竞争力就是最主要的风险。一个依赖别人的产品或市场来打天下的企业是永远不会成长为优秀企业的。核心竞争力在创业之初可能不是最重要的问题，但要谋求长远的发展，就是最不可忽视的问题。没有核心竞争力的企业终究会被淘汰出局。

　　大学生创业过程中所遇到的阻碍并不限于上述情况，在企业发展过程，随时都可能有灭顶之灾。保持积极的心态，多学习，多汲取优秀经验，结合大学生既有的特长优势，才能走好创业的旅程。

第二节　创业风险识别

　　创业风险是创业过程中不可避免的现象，我们必须直面风险并化解之，这是创业过程中的重要任务。

　　风险识别是应对一切风险的基础，只有识别了风险才可能有化解的机会。同时风险也是一种机会，应该开拓、增强它积极的作用。创业风险识别是创业者依据企业活动，对创业企业面临的现实及潜在风险运用各种方法加以判断、归类并鉴定风险性质的过程。创业者必须具备风险识别的能力，并不断提高这种能力。

　　感知风险和识别风险是创业风险识别的基本内容。前者是通过调查了解，识别创业风险的存在；后者是通过归类、掌握创业风险产生的原因和条件，以及鉴别创业风险的性质，为采取有效的风险处理措施提供基础。创业风险识别不仅要识别创业所面临的风险，更重要的、也是最困难的是识别创业过程中各种潜在风险。创业风险识别是创业风险管理过程中最基本和最重要的程序，创业风险识别工作进行得是否全面、深刻，直接影响到整个创业风险管理工作的最终效果。

一、识别创业风险的基本原则

在识别创业风险的过程中，要注意以下原则：

1. 持续动态

由于风险具有可变性，因此创业风险识别工作应该连续地、系统地进行，成为一项持续性、制度化的工作。风险的识别是风险管理的前提和基础，识别的准确与否在很大程度上决定风险管理效果的好坏。为了保证最初分析的准确程度，就应该进行全面系统的调查分析，将风险进行综合归类，揭示其性质、类型及后果。如果没有科学系统的方法来识别和衡量，就不可能对风险有一个总体的综合认识，就难以确定哪种风险是可能发生的，也不可能较合理地选择控制和处置的方法。此外，由于风险随时存在于单位的生产经营（包括资金的借贷与经营）活动之中，所以，风险的识别和衡量也必须是一个连续不断的、制度化的过程。

2. 全面周详

为了对风险进行识别，应该全面系统地考察、了解各种风险事件存在和可能发生的概率，以及损失的严重程度、风险因素及因风险的出现而导致的其他问题。损失发生的概率及其后果的严重程度，直接影响创业者对损失危害的衡量，最终决定风险政策措施的选择和管理效果的优劣。因此，必须全面了解各种风险的存在和发生及其将引起的损失后果的详细情况，以便及时而清楚做出比较完备的决策准备。

3. 综合方法

风险是一个复杂的系统，其中包括不同类型、不同性质、不同损失程度的各种风险。由于复杂风险系统的存在，使得某一种独立的分析方法难以对全部风险奏效，因此必须综合使用多种分析方法。从风险损失的不同角度来看，至少要从三个方面来识别创业风险。

一是直接损失。识别直接财产损失的方法很多，例如，询问经验丰富的生产经营人员和资金借贷经营人员，查看财务报表等。

二是间接损失。它是指企业受损之后，在修复前因无法进行生产而影响增值和获取利润所造成的经济损失，或是指资金借贷与经营者受损之后，在追加投资前因无法继续经营和借贷而影响金融资产增值和获取收益所带来的经济损失。间接损失有时候在量上要大于直接损失。间接损失可以用投入产出、分解分析等方法来识别。

三是责任损失。它是因受害方对过失方的胜诉而产生的。只有既具备了熟练的业务知识，又具备了充分的法律知识，才能识别和衡量责任损失。另外，创业团队的核心人员的意外伤亡或伤残所造成的损失，一般是通过特殊的检测方法来进行识别的。

另外，对风险进行识别的过程，同时就是对企业生产经营状况及其所处环境进行量化核算的具体过程。在条件允许或具备能力的情况下，风险的识别和衡量要以严格的数学理论作为分析工具，在普遍估计的基础上，进行统计和计算，以得出比较科学合理的分析结果。

4. 节约成本

风险识别的目的就在于为风险管理提供前提和决策依据，以保证创业者以最小的支出来获得最大的安全保障，减少风险损失，因此，在经费限制的条件下，创业者必须根据实际情况和自身的财务承受能力，来选择效果最佳、经费最省的识别方法。在风险识别和衡量的同时，应将该项活动所引起的成本列入财务报表，作综合的考察分析，以保证用较小的支出，来换取较大的收益。

二、识别创业风险的常用方法

一般而言，风险识别的方法包括：信息源调查法、数据对照法、资产损失分析法、环境扫描法、风险树分析法、情景分析法、风险清单法，等等。有能力的创业者也可以自行设计识别风险的方法，比如专家调查法、流程图分析法、资产财务状况分析法、SWOT 分析法等。

这里简要介绍几种常见的风险识别方法。

1. 流程图分析法

流程图分析法是对流程的每一阶段、每一环节逐一进行调查分析，从中发现潜在风险，找出导致风险发生的因素，分析风险产生后可能造成的损失及对整个组织可能造成的不利影响。流程图是指使用一些标准符号代表某些类型的动作，直观地描述一个工作过程的具体步骤。

流程图分析法将一项特定的生产或经营活动按步骤或阶段顺序以若干个模块形式组成一个流程图系列，在每个模块中都标示出各种潜在的风险因素或风险事件，从而给决策者一个清晰的总体印象。在企业风险识别过程中，运用流程图绘制企业的经营管理业务流程，可以将对企业各种活动有影响的关键点清晰地表现出来，结合企业中这些关键点的实际情况和相关历史资料，就能够明确企业的风险状况。这个方法在创业活动中同样适用。

2. 资产财务状况分析法

资产财务状况分析法即按照企业的资产负债表及损益表、财产目录等的财务资料，创业者经过实际的调查研究，对企业财务状况进行分析，发现其潜在风险。在创业的初期阶段，创业者常常需要对投资方案进行经济评价，以此分析资金风险，这里介绍几个常用的指标。

对投资方案的经济评价之静态评估，常用 3 个指标：

(1)投资利润率(ROI)＝年利润或年均利润/投资总额×100％。

(2)投资回收率＝(年利润或年均利润＋折旧)/投资总额×100％。

(3)简单投资回收期(不考虑资金的时间价值)＝投资总额/年平均盈利。

对投资方案的经济评价之动态评估动态评估，常用 2 个指标：

(1)现金净流量现值＝累计财务净现值＝$\sum$(CI－CO)t/(1＋IC)t，其中：t 为计算年份数，(CI－CO)t 为第 t 年的净现金流量，IC 为折现率。

(2)内部收益率：指投资项目的净现值为 0 时的报酬率。内部收益率是一个宏观概念指标，最通俗的理解为项目投资收益能承受货币贬值、通货膨胀的能力。比如内部收益率 10％，表示该项目操作过程中每年能承受货币最大贬值 10％，或通货膨胀 10％。

在实际操作中，如有需要，同学们可以自行学习相关知识，或找经济相关专业的教师或老师帮忙，按照合适的指标，进行合理的评估，科学准确地识别创业风险。

3.其他

分解分析法指将一复杂的事物分解为多个比较简单的事物，将大系统分解为具体的组成要素，从中分析可能存在的风险及潜在损失的威胁。

失误树分析方法(Fault Tree Analysis，FTA)，也称作故障树分析法、事故树分析法)是以图解表示的方法来调查损失发生前种种失误事件的情况，或对各种引起事故的原因进行分解分析，具体判断哪些失误最可能导致损失风险发生。失误树分析从一个可能的事故开始，自上而下、一层层地寻找顶事件的直接原因和间接原因事件，直到基本原因事件，并用逻辑图把这些事件之间的逻辑关系表达出来。

任何一种方法不可能揭示出目标项目面临的全部风险，更不可能揭示导致风险事件的所有因素，因此我们建议根据创业的一般过程，对可能涉及的所有问题进行考虑，尽可能多地罗列可能发生的风险。

风险识别是一个连续不断的过程，仅凭一两次分析不能解决问题，许多复杂的和潜在的风险要经过多次识别才能获得较为准确的认识。

▸▸ 视野延展

评估你的创业风险承受力

每个人对于风险的承受力是不一样的，有的人有足够的能力和资源去抵抗风险，那么风险因素对他来说就不是最重要的考量指标；而有的人可能自身无法承受创业失败带来的损失(包括物质上和心理上)，那么就应该分析一下现在选择创业是否正确，以及自己是否适合创业。

一般而言，风险承受度太高或太低均不利于新创业的发展。风险承受度太低的创业者，由于决策过于保守，相对拥有的创新机会也会比较少。但风险承受度太高的创业者，也会因为孤注一掷的举动，而令企业陷入险境。一个能理性面对风险的人，才是比较理想的创业者。

对创业者风险承受力的评估，主要通过以下几个方面进行。

1. 创业机会与个人目标的契合程度

创业过程中遭遇的困难与风险极大，因此有必要了解创业者的创业动机，以利于判断他愿意为创业活动付出代价的程度。一般认为，新创业机会与个人目标的契合程度越高，则创业者投入意愿与风险承受意愿自然也会越大，新创业目标最后获得实现的概率也相对较高。

2. 需要付出的机会成本

一个人一生的黄金岁月大约只有30年光景，期间可分为学习、发展与收获等不同阶段，而为了这项创业机会，你将需要放弃什么？可以由其中获得什么？对得失的评价如何？参与创业，需要仔细思考创业所要付出的机会成本，经由对机会成本的客观判断，可以得知新创业机会是否真的对于个人生涯发展具有吸引力。

3. 对于失败的底线

古人说，留得青山在，不怕没柴烧。创业必然需要面对可能的失败，但创业者也不宜将个人声誉与全部资源都压在一次的创业活动上。理性的创业者必须要自己设定承认失败的底线，以便保留下次可以东山再起的机会。通过失败的底线，可以有效判断创业者的风险承受能力。

4. 个人的风险偏好

创业者个人的风险偏好不同。一般来说，喜欢冒险，具有风险意识的创业者要比安全保守的创业者风险承受能力强。

创业者的耐压性与负荷承受度，也是评量创业者风险承受力的一项重要指针。负荷承受度与创业者愿意为新创事业投入工作量的多寡，以及愿意忍受的辛苦程度密切相关。

对于风险的承受力其实更多地取决于创业者的心理素质，因为创业者一旦选择创业，那么他面对的将不再是自己个人的事情：家庭、员工、社会责任、个人前途，每一个环节都需要认真仔细地考虑、衡量。

第三节　创业风险管理

所谓理性把握创业风险，即分析、判断创业风险的具体来源、发生概率、程度大小，对可能的风险因素进行评估；测算借机冒险创业的"风险收益"，设计并选择综合风险较小且自己有能力承受相关风险的行动方案，并提前准备相应的风险应对预案，这就是创业风险的管理。

一、创业风险的管理策略

管理创业风险，针对特定风险可能的发生频率与损失程度，一般有以下几种应对策略。

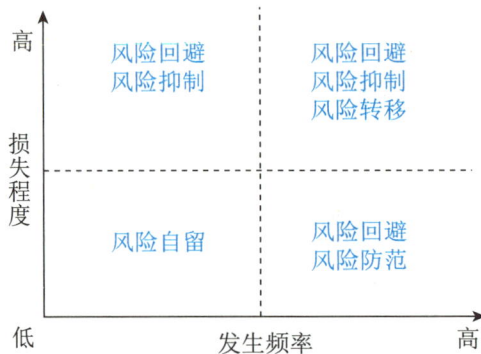

图 6-2　创业风险的管理策略

1. 风险回避

风险回避是创业者有意识地放弃风险行为，避免特定的风险损失。简单的风险回避是一种最消极的风险处理办法，因为创业者在放弃风险行为的同时，往往也放弃了潜在的目标收益。所以一般只有在以下情况下才会采用风险回避：

(1)创业者对该风险极端厌恶；

(2)存在可实现同样目标的其他方案，其风险更低；

(3)创业者无能力消除、转移、抑制或防范该风险；

(4)创业者无能力承担该风险，或承担风险得不到足够的补偿。

2. 风险控制

风险控制不是放弃风险，而是有目的、有意识地通过计划、组织、控制等活动来阻止或防范风险损失的发生，削弱损失发生的影响程度，以获取最大利益。风险控制主要包括风险抑制和风险防范，抑制侧重于"阻止"，防范侧重于"预防"。对于创业者来说，风险的防范是需要格外留意的风险管理策略。

3. 风险转移

风险转移是指通过契约，将让渡人的风险转移给受让人承担的行为。风险转移有时可大大降低创业者的损失程度。

风险转移的主要形式是合同转移和保险转移。合同转移，就是通过签订合同，将部分或全部风险转移给一个或多个其他参与者。保险转移，是使用最为广泛的风险转移方式。

4. 风险自留

风险自留即风险承担。也就是说，如果损失发生，创业者将以当时可利用的任何资金进行支付。风险自留包括无计划自留、有计划自我保险。

无计划自留指风险损失发生后从收入中支付，即不是在损失前做出资金安排。当创业者没有意识到风险并认为损失不会发生时，或将意识到的与风险有关的最大可能损失显著低估时，就会采用无计划自留方式承担风险。一般来说，无计划自留应当谨慎使用，因为如果实际总损失远远大于预计损失，将引起资金周转困难。

有计划自我保险指在可能的损失发生前，通过做出各种资金安排以确保损失出现后能及时获得资金以补偿损失。有计划自我保险主要通过建立风险预留基金的方式来实现。

二、常见创业风险的防范

在创业的过程中，我们应该不断地问自己：还有可能存在哪些风险？如何防范？这里就常见的创业风险，给出了可以尝试的防范措施。注意：每一个特定的风险，都有其自身的特点，不能指望有万能的措施用于防范，而要根据实际情况做出判断和应对。

（一）机会风险

创业者在创业之初，由于缺乏创业能力，缺乏实践经验，在选择创业项目过程中可能出现随意性。项目有朋友介绍的，有偶然碰到的，有靠灵感产生的，有看到别人正在做的，有听了一场报告知道的，有看到报纸上介绍的——偶然发现的项目，能够做起来往往也是偶然。

可以尝试的防范措施：把选择项目设定为创业必需的程序之一，学会在实践中去选择、检验创业项目，不能简单依靠创业者的主观评价。

（二）技术风险

技术创新能够带来丰厚的回报，但是技术转化为产品的过程中也存在着巨大的风险，在对具有一定技术含量的创业项目进行操作时，要注意防范技术风险。

可以尝试的防范措施：首先加强对技术创新方案的可行性论证，减少技术开发和技术选择的盲目性，技术开发要聚焦，不能过于分散；其次要通过组建技术联合体或建立创新联盟等方式来分散技术创新的风险；最后要不断激发技术开发人员工作的积极性和创造性，高度重视保护知识产权。

（三）管理风险

管理运作过程中信息不对称、管理不善、判断失误等因素，会影响管理的水平。管理风险具体体现在构成管理体系的每个细节上，可以概括为四个部分：管理者的素质、组织结构、企业文化、管理过程。

1. 管理者的素质

首先要加强管理者自身的品德修养，从而增强企业凝聚力和激励力，同时着力弥补其他方面如资源劣势的不足，提升管理的效率和效果；同时要扩充知识储备，对技术创新涉及的知识方法等有一定程度的理解，增强与技术创新人员的沟通，从而对创新活动的组织更为科学；还要全面提升管理层人员的素质和能力，对管理人员来说尤其要注重协作沟通能力的提高，着重培养管理者创新意识和创新能力。

2. 组织结构

中小企业应在组织效率和灵活性上充分发挥自身的先天优势；积极利用多种渠道与社会组织加强内外信息的沟通和交流；注重知识经验的有效识别和积累，加强企业知识管理，建立知识储备库；扩大企业开放程度，利用各种社会力量，与高校、科研院所建立密切关系，增强组织对创新方向的把握。

3. 企业文化

要致力于良好的企业文化的培养，除了凝聚力、向心力的形成和培养，尤其应该塑造创新精神和团队精神，真正把创新作为企业生存和发展的根本所在，树立朝气蓬勃、齐心向上的企业精神，为一切创新活动创造良好的环境。

4. 管理过程

应该保证技术创新管理的科学性，减少管理人员的随意性。首先要设立正确的创新目标，最大限度地利用现有条件制订科学合理的计划，其中包括对风险的预测及建立相应的防范规避机制；同时，组织的过程管理要以计划为依据，充分挖掘企业各种资源，使现有资源的效用发挥到最大，注意组织结构的适时调整。管理过程中要以现有目标为前提，加强对参与创新人员的适当激励，保持创新团队的士气；最后，控制环节除了保证一般的信息准确及时、控制关键环节、注意例外处理等方面，应突出关注控制的经济效益，要关注采取行动的效率和效果。

（四）财务风险

财务风险是指公司财务结构不合理、融资不当使公司可能丧失偿债能力而导致投资者预期收益下降的风险。财务风险是企业在财务管理过程中必须面对的一个现实问题，财务风险是客观存在的，企业管理者只有采取有效措施来降低风险，而不可能完全消除风险，可以尝试的防范措施有以下几点。

(1)建立财务预警分析指标体系，产生财务危机的根本原因是财务风险处理不当，因此，防范财务风险，建立和完善财务预警系统尤其必要。

(2)建立短期财务预警系统，编制现金流量预算。由于企业理财的对象是现金及其流动，就短期而言，企业能否维持下去，并不完全取决于是否盈利，而取决于是否有足够现金用于各种支出。

(3)确立财务分析指标体系，建立长期财务预警系统。对企业而言，在建立短期财务预警系统的同时，还要建立长期财务预警系统。其中获利能力、偿债能力、经济效率、发展潜力指标最具有代表性。反映资产获利能力的有总资产报酬率、成本费用利润率等指标；反映偿债能力的有流动比率和资产负债率等指标；经济效率高低直接体现企业经营管理水平，反映资产运营指标的有应收账款周转率及产销平衡率；反映企业发展潜力的有销售增长率和资本保值增值率。

（4）树立风险意识，健全内控程序，降低有负债的潜在风险。如订立担保合同前应严格审查被担保企业的资信状况；订立担保合同时适当运用反担保和保证责任的免责条款；订立合同后应跟踪审查被担保企业的偿债能力，减少直接风险损失。

▶▶ 视野延展

3W 的成长史

"3W 咖啡"目前已经形成了咖啡馆，3W 创新传媒，互联网垂直领域招聘网站拉勾招聘，孵化器 NextBig，猎头服务等多元化发展，这些都是一步一步摸索着形成的。这个局面并不是一蹴而就的，而是经过了创业风险的洗礼，逐渐发展、成长起来的。我们一起来听听"3W 咖啡"创始人之一许单单讲述 3W 的创业故事：

我们 3W 最开始的时候就是三个互联网人，我们三个合伙人最开始都来自腾讯。但在做 3W 之前，我们三个人都不认识。腾讯离职员工曾建了一个群叫永远一家人，当时想把互联网行业的人聚在一起开个咖啡馆，就在群里发了信息，之后我们才认识。

我看到很多报道说我们是创业咖啡馆，其实最开始的时候，3W 咖啡真不是一个创业咖啡馆。我们最初的想法是，征集一百个互联网人士，开办一个专门为互联网行业聚会沙龙提供场地的咖啡厅。走着走着变了形，变成了今天这个样子。

我们当年第一次开股东大会，大家写了各种好玩的东西，后来都没有实现。比如，将每个桌子用一个互联网企业的名字命名，有一个大的书架，大家可以捐书，每个桌子有插座、最快的 WIFI。当年做 3W 的想法极简单，只是为了好玩，开一个咖啡馆方便大家聚聚，仅此而已。后来出乎我们意料，不断有很厉害的人加入，3W 就慢慢扩大，最后股东增加到 180 个。

3W 刚开起来时我们很开心，大家做了很多"小清新"的事情。开了之后，痛苦与日俱增。咖啡厅亏损很严重。创业初期一个月 30 天，至少 25 天待在这个咖啡馆，晚上11 点之后回家，几乎一年都这么干下来的。想努力让它赚钱，但发现赚钱是很困难的。那个时候面临很大的抉择，是继续干下去？还是把它关了？

当时 Ella 在搜狐，我在华夏基金，我们各自干着挺有前途的工作。但咖啡馆倒了怎么办？最后让我们坚持下来的就是责任心，既然，股东把钱给了我们，我们就有职责把它做好，不让他们失望。咖啡馆能否赚钱？怎么让咖啡馆不倒？我们经过摸索、调整、请教各路大佬，最后把 3W 定位成现在这样。

第一，我们的咖啡馆一定要赚钱，回归到生意的本质。我们请了一个专业人士，就是现在这个店的店长，他做了多年的生意。他刚刚开始在深圳做，做了三个月，整个业绩有大幅度的增长，我发现术业有专攻，我们这帮人真做不好这个事情，所以就请专业人士。

第二，我们做了一个传媒公司，叫做 3W 创新传媒。我们做传媒公司，希望我们有品牌，3W 是专注于互联网的品牌，我们只传递有深度的知识，所以我们做了公开课、沙龙之类的，我们过去那个店到今天整整两年，这两年至少做了 500 场到 600 场的沙龙。整个平均下来三天两场，这是一个巨大的量，初步统计，如此小的北京店，一年都有一万人次参加沙龙，这些人开始慢慢认可我们，我们有了这些用户。我们还做了 3W 的微信、3W 的微博、3W 的俱乐部、专家的俱乐部、股东俱乐部，做了非常多的事情，拥有一个广泛的渠道。像三星、腾讯、百度，都是我们传媒公司的客户。我们就把他们的信息传给意见领袖，帮他们做全国的循回的展演，帮他们做策划，做一个 B2B 的品牌，怎么发出互联网的声音，其实都是我们 3W 创新传媒做的。

第三，我们做了一个网站——拉勾网。3W 一直经营互联网的圈子，预计基本上一年有两万人次参加这个店的活动，我们还有深圳的店，还有邮件组、微博、微信，还有自己的官方 APP，所以我们覆盖的互联网上的人数至少二三十万的，我们就做了一个互联网的招聘网站——拉勾网，它的定位和普通的招聘网站不一样，首先是专注于互联网，其次是专注于中型和早期的公司。

第四，我们做了一个猎头公司。

第五，我们做了孵化器——NextBig。我们的定位是针对有过几年工作经验的人，他们的创业成功率更高。我们租来一个座位给人家用，其实是亏钱的，而且我们还提供非常多的服务，包括印名片、相关政策的服务，还提供小的政府扶持基金、请法律顾问等，我们还有无数的股东和老师。我们中午有员工餐，大家可以在这吃饭、聊天，可以干特别多的事情。当然，我们还有一个小的基金，会投这些创业项目。

除了这个之外，我们还做互联网企业家的年会，等等。现在的 3W 完全是一个中心，我们有咖啡馆这个场地，3W 的传媒才比较方便运作所有的事情。因为有 3W 和传媒，有微信、APP，所以我们的拉勾网有各种人用，可以获取各种用户，我们才能做猎头，才有一系列的事情可做。我们在 3W 咖啡馆活不下去的时候，努力寻找活路，找一口饭吃，慢慢变成这个样子。

现在每个业务都有自己的 CEO，一路走来，确实没有那么简单。我曾经在深圳碰到了一个大哥，也是我们的股东，我们深圳的咖啡馆就开在他的楼里面，他见到我就说：无数人想把这个圈子圈起来，都没有圈到，而你，作为一个小朋友，用咖啡馆圈到了，你应该做下去的。因为他这句话，我把对冲基金的工作放下，全身心投入 3W 咖啡馆，这期间我们经历了无比多的迷茫，才把咖啡馆弄成今天这个样子。

我的两个合伙人吵架吵到不再说话，我当时人在美国，只能通过远程 QQ 和他们视频，安抚他们两人的情绪。我回来之后，他俩不吵了，变成我们开始吵了。估计很多顾客来我们咖啡馆，都见过我们吵架的样子，整整吵了两年。吵架也是一种缘分，吵着吵着，我们吵成一家人，几乎成了最亲的人。

拓展训练

一、防范诈骗风险

不法之徒利用 QQ 或微信，冒充被骗人亲友进行诈骗，很多人都上过当，损失了钱财，你听说或遭遇过这样的事情吗？

现在的 QQ 或微信，采取了哪些办法控制类似风险？效果如何？

团队讨论：在 QQ 或微信上再加一个功能，起到防范诈骗的作用。

注意不要追求答案的新奇花哨，重点在于给出有效的风险防范措施。

和同学们分享，看看哪一组的办法最好、最有效。

_____

_____

_____

二、风险级别与应对措施

创业初期，创业者可能面对各种各样的风险，根据你的创业项目（如果还没有创业项目，由教师指定一个项目），思考你可能遇到的风险，分析该风险的严重性与风险发生的可能性，在下表中标记，建议按风险因素逐个分析，再按风险类别进行总结。

风险类别	风险因素	风险的严重性			风险发生的可能性			风险级别
		高	中	低	高	中	低	
环境风险	国家产业政策 社会服务环境 社会文化 其他：							
市场风险	市场接受能力不确定 市场接受时间不确定 赢得市场竞争优势不确定 创新产品扩散速度不确定 其他：							
技术（产品）风险	技术成功不确定 技术效果不确定 配套技术不确定 技术发展前景不确定 技术的可替代性不确定 其他：							

风险类别	风险因素	风险的严重性			风险发生的可能性			风险级别
		高	中	低	高	中	低	
财务风险	融资资金不到位 产品成本提高 销售价格降低 通货膨胀 其他：							
管理风险	管理层水平 团队稳定性 决策风险 组织风险 股本结构 其他：							

填好后，再按照下表分析出每个风险因素的风险级别，填到上表最后一列。显然，三级风险是最严重的，是需要我们立即高度重视的风险因素。

严重性	风险发生的可能性		
	低	中	高
高	二级风险	三级风险	三级风险
中	一级风险	二级风险	三级风险
低	一级风险	一级风险	二级风险

针对以上三级风险，你打算采取哪些应对措施？

_____

针对以上二级风险，你打算采取哪些应对措施？

_____

针对以上一级风险，你打算采取哪些应对措施？

_____

思考题

阅读教材，搜集资料，深入探索，认真思考并回答以下问题，注意说明你的理由、形成自己的见解：

（1）你认为大学生创业面临的最大风险是什么？

（2）创业风险一定会带来损失吗？举例说明。

（3）风险和收益的大小往往是成正比的，所以创业者应该尽可能选择风险大的项目，以追求最大的收益回报，对吗？

（4）每个人对风险的承受力不同，这种承受力是无法改变或提高的，对吗？

（5）很多创业团队可以"共患难"，却无法"共富贵"，你有什么办法防范这个风险吗？

（6）如何防范大学生创业面临的最大风险（根据你对第一题的回答）？

▸▸ **实践活动**

制作风险评估报告

就一个企业案例（如京东、滴滴、格力、沃尔玛等，搜集相关信息），也可以选择本团队的或周围能够深入了解的创业项目，根据本章学习的知识，制作一份《××企业/团队风险评估报告》。

报告中应包括：

（1）比较详尽的创业风险识别与分析，风险预判的依据应尽量科学合理；

（2）针对上述风险，给出风险的管理方案，采取的措施应尽量切实有效。

报告应具有逻辑性，争取评估有依据、措施有深度，可团队合作完成。

第七章　商业模式设计

【学习目标】

1. 了解商业模式的概念与构成，初步认知商业模式
2. 了解常见的商业模式类型，能够辨识常见的商业模式
3. 了解免费商业模式的概念与类型
4. 了解平台商业模式的概念、特征、优势与难度
5. 了解长尾商业模式的概念与应用前提
6. 了解商业模式设计的原则，掌握设计和评价商业模式的方法

▶▶ 理论知识

第一节　商业模式认知

一、商业模式的概念

与商业模式类似的提法有很多，如盈利模式、客户生成模式、收入模式、竞争优势、战略优势、价值主张……这些词常常与商业模式混用，我们应该了解：这些词都不能代表商业模式，商业模式没有同义词。那么到底什么是商业模式呢？事实上，商业模式作为一个特定的词汇，出现的时间并不长，却受到越来越多的重视。

2016年3月22日，淘宝宣布阿里巴巴中国零售交易额（GMV）突破三万亿元人民币。紧接着4月6日，阿里巴巴官方微博发布博文宣布，截至2016年3月31日财年年底，根据阿里巴巴集团中国零售交易市场的交易总额，阿里巴巴集团已经正式成为全球最大的零售体。阿里巴巴超越 54 年的零售业巨头沃尔玛，只用了 13 年的时间！这样的例子并不罕见，国外的 Facebook 在 2004 年上线，发展十分迅速。时至今日已然成为全球社交网络的垄断者。随着越来越多的企业迅速取得巨大的成功，人们开始提出疑问：这种情况是怎么发生的呢？唯一合理的答案就是企业拥有越来越好的商业模式。随着经济收益越来越像买彩票中大奖（尤其是在互联网领域），商业模式的概念受到了空前的关注，围绕商业模式的研究也越来越丰富。

在《商业模式新生代》①一书中，作者给出的定义是：一个商业模式描述的是一个组织创造、传递，以及获得价值的基本原理。从这个定义出发，我们可以从以下几个角度去理解商业模式。

最简单的商业模式是一种盈利模式，它是一种吸引客户、为他们服务并从中赚钱的方法。

从最基础的层次来说，你的商业模式就是能够让你赚钱的准则。你可以将其视为自己所做的所有工作的组合，也就是你的秘方，以此为你的客户提供价值，自己获取利润。你的工作组合差异性和专有性越强，就越能获得更多收益。

商业模式属于企业的基本架构，企业提供什么服务，生产什么产品，或者销售什么以赚取收益都囊括在这个框架之中。所以每个企业都有自己的商业模式，无论创业者或企业家是否注意到。

商业模式属于整体商业战略的一部分，所以两者经常被混淆。商业战略存在不同层级，我们需要特定的战略，去实施商业模式的各个部分。换句话说，商业模式关注的是价值创造，也会涉及为客户提供价值时需要完成的工作；商业战略关注的则是为什么及如何创造并提升价值。

总的来说，商业模式关注的重点在于创造营利性收入并保证收入的流动。绝大多数运营、财务及人力资源的问题，都属于创造营利性收入的附带问题，所以这些问题不在商业模式讨论的范畴之内。

相同的产业，商业模式可能完全不同。淘宝和京东都做线上零售业务，但是这两家企业却有着截然不同的商业模式。由于商业模式各不相同，两家企业的运营原则、企业文化及盈利模式都大不相同。

商业模式是你在竞争中能够赚取利润的核心要素。很多能让你的产业具有差异性的要素直接来自你的商业模式。如苹果和诺基亚都生产手机，但其商业模式大相径庭，最终诺基亚黯然离场，苹果至今所向披靡。

商业模式和商业计划不是一回事，商业模式是企业运营的核心理念，在此之上，你才能制订自己的商业计划。因此，商业模式应当在你的商业计划中占据大量篇幅。

----

① 《商业模式新生代》由机械工业出版社 2011 年出版，作者：［瑞士］亚历山大·奥斯特瓦德、［比利时］伊夫·皮尼厄，这本书介绍的"商业模式画布"影响广泛。

有很多商业计划忽略了商业模式，把大量篇幅留给了与商业计划相关的财务预测与运营细节。当缺少一个扎实的商业模式时，提出这些预测和细节都是过于草率的行为。相比过去仅仅依靠商业计划，你可以利用在商业模式基础上制订的计划，更准确地预测自己的企业能否取得成功。

商业模式也不能等同于竞争优势。竞争优势只是商业模式的一部分，而非全部。商业模式的内涵比竞争优势更广。比如，你可以拥有巨大的竞争优势，但商业模式依然非常脆弱。假如星巴克决定通过单杯咖啡售价降低的方式提高咖啡销售量，它的竞争优势可能得到些微提升，但是，低价策略可能导致星巴克的商业模式出现巨大变化，甚至恶化。

商业模式绝不仅仅是一种理念，好的商业模式能够创造性地为客户解决问题，带来比预想更高的利润。

▶▶ 视野延展

4 人卖睡衣年赚 7000 万

支付快递费 23 元就可以拿到一件价值 188 元的女士睡衣，支持货到付款，支持退货。消费者零风险。同一时段在 157 家网站打出这个广告。有 80% 的信息接收者都会订上一件。

这家公司既不是中国 500 强，也不是世界 500 强，这时候，很多人即使只为了满足一下好奇心，都会定一件。于是，你就会留下名字、电话、手机、地址，13 天后，快递真的送到你家了，你打开信封一看，这个睡衣质量真不错，实体店价格可能超过 188 或者 288 元，很多人看不明白，这家公司是干嘛的？是做慈善？还是赔钱赚吆喝？

1000 万件睡衣免费送，首先我们需要解决货源问题。做生意的人都知道，中国义乌小商品批发市场世界闻名，在那有很多小型的服装加工厂，所以制作起来，成本可以很低。有 1000 万件，就可以实现制作成本由 10 元降到 8 元。

为什么 8 元钱成本的睡衣在商场里面可以卖到 188 元？因为商场及其他所有的渠道都要赚得利润。梦露睡衣生产成本只有 8 元钱，但是到消费者手中没有任何商场环节，所以 8 元钱的睡衣拿到商场里卖 188 元。平时快递一样最小的东西，至少需要 10 元钱，但是，如果一年有 1000 万件快递要在快递公司运送，肯定可以便宜，所以，最后 5 元敲定，因为夏天的女式睡衣很轻，又很小，一个信封就可以装下。下面就剩下广告，本来网上做这种免费送东西的广告是不需要花钱的，因为网站要的是浏览量，为了让我的睡衣送得更疯狂，只要在那家的网站上送出去一件，就给网站经营者 3 元钱的提成，于是，所有的网站都帮着打广告。

23 元钱减去 8 元减去 3 元减去 5 元还剩下多少？7 元，那么就是说，他们实际上送一件睡衣只付出了 16 元钱的成本，但是，消费者却付了 23 元钱的快递费。就是说，他们只要送一件睡衣就赚了 7 元钱，中国有 13 亿人口，一年 1000 万件的订单是可能的。最后，他们"送睡衣"一年就赚了 7000 万。

这家公司从总裁、设计总监、销售总监到会计，加在一起四个人。

二、商业模式的构成

商业模式具有很强的可塑性，使得创业者能够调整自己的模式，去满足商业需求。无论商业模式如何变化，有些基本的要素是始终存在的。也正是这些构成要素让商业模式从其他商业工具，如商业计划、战略计划、运营模式中脱颖而出。

关于商业模式的构成，有很多说法。Timmers(1998)认为，商业模式是由产品/服务、信息流结构、参与主体利益、收入来源四者及其联系构成的。Weill(2001)认为，商业模式是由战略目标、价值主张、收入来源、成功因素、渠道、核心能力、目标顾客、IT 技术设施八者及其联系构成的。Osterwalder(2005)认为，商业模式是由价值主张、目标顾客、分销渠道、顾客关系、价值结构、核心能力、伙伴网络、成本结构、收入模式九者及其联系构成的。

这里介绍一种相对简单直观的构成。著名商学教授与作家加里·哈默尔(Gary Hamel)认为，商业模式由四个要素构成：核心战略、战略资源、伙伴网络和顾客界面。这个构成也非常利于我们进行商业模式设计的思考。

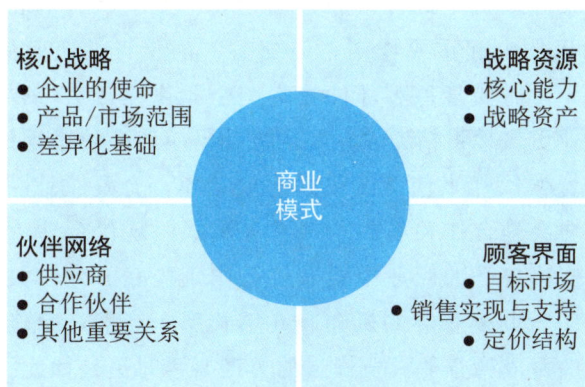

核心战略
● 企业的使命
● 产品/市场范围
● 差异化基础

战略资源
● 核心能力
● 战略资产

商业模式

伙伴网络
● 供应商
● 合作伙伴
● 其他重要关系

顾客界面
● 目标市场
● 销售实现与支持
● 定价结构

图 7-1　商业模式构成要素

1. 核心战略

核心战略从企业的使命、产品/市场范围、差异化基础等方面描述了企业的基本定位，以及企业如何与竞争对手进行竞争。

企业的使命，即使命陈述，描述了企业为什么存在及其商业模式与目标。在不同程度上，使命表达了企业优先考虑的事项，并设置了衡量企业绩效的标准。

企业的产品/市场范围定义了企业集中关注的产品和市场。产品的选择及企业从事经营活动的市场都对企业商业模式的选择有重要影响。

差异化基础意味着商业模式应集中于开发独特的产品和服务，索要更高的价格。

2. 战略资源

如果缺乏资源，企业难以实施其战略，所以企业拥有的资源会影响其商业模式的持续性。两种重要的战略资源是企业的核心能力和战略资产。

企业的核心能力是企业胜过竞争对手的竞争优势的来源。它是超越产品或市场的独特技术或能力，对顾客的可感知利益有巨大的贡献，并且难以模仿。企业的核心能力在短期和长期内都很重要。在短期内，正是核心能力使得企业能够将自己差异化，并创造独特价值。从长期看，通过核心能力获得成长及在互补性市场上建立优势地位也很重要。

战略资产是企业拥有的稀缺、有价值的事物，包括工厂和设备、位置、品牌、专利、顾客数据信息、高素质员工和独特的合作关系等。一项特别有价值的战略资产是企业的品牌。企业最终试图把自己的核心能力和战略资产综合起来以创造可持续竞争优势。

3. 伙伴网络

新创企业往往不具备执行所有任务所需的资源，因此需要依赖其他合作伙伴以发挥重要作用。在很多时候，企业并不愿独自做所有事情，因为完整地完成一项产品或交付一种服务会分散企业的核心优势。企业的伙伴网络包括供应商、合作伙伴和其他重要关系。

供应商是向其他企业提供零部件或服务的企业。几乎所有的企业都有供应商，它们在企业商业模式的运作中起重要作用。传统上，企业与供应商保持着一定的距离，并把它们看作竞争对手。需要某种零部件的生产企业往往与多个供应商联系，以寻求最优价格。如今，企业更多地将精力放在如何推动供应商高效率运作的层面上来。

企业还需要其他合作伙伴来使商业模式有效运作。合资企业、合作网络、社会团体、战略联盟和行业协会是合作关系的一些常见形式。现代企业大多需要组建多元化的合作关系，以此来支持自己的商业模式有效运作。良好的合作关系可以给创业企业带来了更多的创新产品、更多有益的机会和高增长率。当然，合作伙伴关系也包含着风险，在仅有的合作关系成为企业商业模式的关键要素时更是如此。

4. 顾客界面

顾客界面是指企业如何与顾客相互作用。主要包括目标市场、销售实现与支持、定价结构三个方面。

目标市场是企业在某个时点追求或尽力吸引的有限的个人或企业群体。企业选择的目标市场影响它所做的每件事情，如获得战略资产、培育合作关系，以及开展推广活动等。可以很明显地看出，拥有清晰界定的目标市场将使企业受益。由于目标客户的明确界定，公司能够将自己的营销和推广活动聚焦于目标顾客，并且能够发展与特定市场匹配的核心竞争力。

销售实现与支持描述了企业产品或服务"进入市场"的方式，或如何送达顾客的方法，以及企业利用的渠道和它提供的顾客支持水平，所有这些都影响到企业商业模式的形式与特征。

企业的定价结构随企业目标市场与定价原则的变化而变化，包括收入来源及收费模式等内容。

三、常见的商业模式类型

世界上既有延续了几百年的商业模式，也有刚刚诞生没几年的商业模式，比如互联网免费增值模式。一些利润较高的企业并没有创建新的商业模式，它们只是从其他产业借鉴了不同的模式。例如剃须刀的商业模式(消费者购买一种低利润商品，必要消耗品的价格则定在相当高的水平)也被很多喷墨打印机借鉴，创造了巨额利润。有些时候，只要对现有商业模式进行一些小小的改动，改动后的模式就能在不同行业产生惊人的效果。

下面介绍几种我们身边比较常见的商业模式，由于对商业模式的类型并没有统一的界定，也无此必要，所以我们常用该模式代表性的企业来命名其商业模式，有时一种模式有几种说法，或一种说法概括几种模式，一个企业具有几种模式的特点，甚至对模式的说明不十分清晰，这都是正常的，无须计较。我们了解商业模式，不是为了简单的复制，而是为了拓展视野，为创造自己的商业模式汲取灵感。

表 7-1　常见的商业模式

商业模式	关键词	代表企业
特许经营	出售权限、商业模式使用权	麦当劳、假日酒店
低价连锁模式	酒店连锁、低价	如家
定金模式	经常性收入、绑定顾客	健身房、美发店
国美模式	资本运作、专业连锁、低价取胜	国美
新直销模式	多层次直销、直销	玫琳凯、雅芳
超级女声模式	娱乐营销、整合营销、事件营销	湖南卫视"超级女声"
分众模式	新媒体、新蓝海、眼球经济	分众传媒
核心产品模式	打造核心产品、持续改进完善	腾讯(QQ)、优视(UC浏览器)
专业化模式	专注、细分市场、创新	我买网、途牛网
虚拟经营模式	虚拟经营、外包	耐克

商业模式	关键词	代表企业
网络社区模式	流量、人气、广告	天涯社区、百度贴吧、豆瓣
平台模式	开放、生态圈、整合	腾讯、亚马逊、乐视
免费模式	永久免费、部分收费、交叉补贴	360、微软（Windows10）
网络搜索模式	竞价排名、网络广告、搜索营销	百度
网络游戏模式	免费模式、互动娱乐	盛大
电子商务模式	网上支付、安全交易、免费模式	淘宝网、易趣网
O2O 模式	线上线下、最后一公里	大众点评、到家美食会
参与感模式	用户体验、全方位参与、营销互动	小米、魅族
大数据模式	大数据产业链、大数据营销	阿里巴巴
跨界模式	整合、重塑	谷歌、格力

▶▶ 视野延展

小米的商业模式

2015 年 4 月 6 日是小米公司成立 5 周年的纪念日，短短的 5 年时间，雷军就把小米做到了一个国际大公司的规模。《美国时代周刊》甚至用长篇幅报道了雷军和小米手机，并用"中国的手机之王"这样的称号高度评价雷军，高于国内媒体对雷军的评价。

小米对自己的目标人群有着清晰的定位，尤其是小米 1 和小米 2。20～25 岁，大专以上学历，毕业不到五年，收入 2000～6000 元，喜欢网购，有自己的消费观，社会地位不高，从事社会底层工作。从人群上看，小米初期定位的就是典型的屌丝人群。小米 1、2、3 都是低价高配，2000 元价位的小米手机配置几乎可以和苹果 5、三星 note3 媲美，这样的配置对于屌丝人群无疑是撒手锏，击中了他们的痛点。低价高配的市场定位让小米无往而不利，小米以低价高配的策略进入了移动电源市场，一万毫安的移动电源只卖 69 元，小米手环更是只卖 79 元，要知道市场同类产品的价格高达 1000 元。

从研发、生产、销售和服务这四个环节看，小米就是一家典型的轻资产模式的公司，它没有自己的工厂，不自建零售渠道和终端，却把注意力放在两头，研发和售后服务环节。小米不投资制造工厂，却投入巨大的财力和人力在研发环节，是典型的以众包方式做研发，米优系统每周都会升级一次，目前已经发布了 200 多个版本。而在生产制造环节，小米却选择和采购最好的原材料和供应商，红米都是富士康生产的，用最好的生产换来的是好的品质和如期完成的产品，貌似成本较高，其实是降低了成本。小米最初都是通过小米官网直接销售，随着定位日趋大众化，小米的销售渠道主要分为四类：小米手机官网，淘宝、京东网上商城，苏宁、国美实体店和联通、移动、电信的运营渠道。小米对售后服务非常重视。第三方做客服很难做，服务不好，人员流失率高，但是小米做售后服务都是自己做，小米投入巨资创办了"小米之家"，有1700个客服席位，2750人的售后服务队伍，是竞争对手的10倍，优质的服务确保了小米的口碑。

传统的工商企业主要靠技术、品牌与行业控制力维持企业的盈利。小米则更注重利用社交网络加强品牌与行业控制力。比如2011年8月，小米1上市，雷军在微博上"炫耀"自己用过56部手机，结果有56万人参加互动，雷军利用自己的影响力让他们成为小米的粉丝；2012年5月，雷军又在微博上抛出一个话题，引发了网友和粉丝的讨论和转发。手机巨头每年投入百亿美金打广告，但小米却几乎不做广告，小米用社交媒体、自媒体、网络媒体进行营销，代表着非广告时代的来临。小米的论坛也是极其活跃的地方，每天都会新增20万的帖子，小米会删选出8000条反馈给工程师，每个工程师必须回复150个帖子，这等于将管理工作下放到用户和工程师，而粉丝的回赞让工程师也很开心。因此，小米手机30%的功能改进来自粉丝的建议。

雷军关于小米商业模式的七字诀，在业内很有名气：专注、极致、口碑、快。对于很多传统企业而言，转型"互联网＋"，小米的案例具有很现实的借鉴意义，可以给传统企业更多的启示，体现在五个层次。

第一层次做产品。作为互联网行业的一个实物品牌，小米做产品的战略就是做爆品，单机绝杀市场，靠的是过硬的品质，降低成本，以及良好的口碑。爆品战略可以把营销更多的凝结在产品中，产品本身就是广告，不需要打广告，这种模式也为复制提供可能。

第二层次做人。工业化时代的营销是，推出产品，做广告，打知名度，提升美誉度。而在"互联网＋"的时代，消费者与企业冰冷的物质关系结束了，营销的做法完全相反，通过情感连接，先有忠诚度，然后才是美誉度，最后形成知名度，小米营销的模式就是强调情感，不强调功能。

第三层次是复制。做出一个成功产品的商业模式，然后把它迅速地复制出去，在地产行业，万达广场就是这种模式，不断地把这种模式复制到全国各个城市。但是，万达的模式非常复杂，风险大。互联网产品就不同了，可以把产品串起来，交易成本很低。因此，小米把这种成功的模式很快地复制到小米手环、小米盒子、小米移动电源、小米活塞耳机、小米摄像头、小米智能血压仪、小米家装、小米净水机等领域。

第四层次做生态系统。小米更厉害的地方在于，小米建立起了一个生态系统，就成为三个小米，一个小米是小米的米优系统，包括小米的内容、服务等，一个是小米的硬件，包括小米手机、小米路由器、小米电视等，第三个小米则是小米投资的1000

家智能硬件，这一块还没有完全建立起来。

第五层次就是国际化。目前小米已经进军俄罗斯、印度、东南亚市场，据悉，在印度小米已经获得印度塔塔公司的战略投资。

第二节　商业模式剖析

本节将就比较热门的三种商业模式，做简单的剖析，帮助同学们深入了解商业模式的内涵与规律。了解当前商业模式的设计趋势，也为设计自己的商业模式打好基础。

一、免费商业模式

直到十年前，市场上充斥的免费品还都可以归为经济学家所谓"交叉补贴"产品——你免费获得一件产品的同时，为另一件产品或服务付费。然而过去十年间，一种新的免费策略开始出现，这种新模式并非基于交叉补贴，而是基于产品自身的成本正在迅速下降的事实。不过现在我们可以清楚地看到，被互联网技术浪潮所席卷的所有事物几乎都在走向免费，至少与我们消费者相关的那些产品更是如此。在电子商务、网络门户、网络社交、分类信息网站、地方门户、网络游戏、电子邮箱、搜索引擎、即时通讯等互联网领域，面向大众的互联网服务均采用免费的策略吸引用户，这也间接带动了互联网的广泛普及和数亿的庞大互联网用户群。

很多互联网企业都是以免费、好的产品吸引很多的用户，然后通过新的产品或服务给不同的用户，在此基础上再构建商业模式。比如 360 安全卫士、QQ 用户等。互联网颠覆传统企业的常用做法就是在传统企业用来赚钱的领域免费，从而彻底把传统企业的客户群带走，继而转化成流量，然后再利用延伸价值链或增值服务来实现盈利。

克里斯·安德森[①]在《免费：商业的未来》中归纳了基于核心服务完全免费的商业模式：一是直接交叉补贴，二是第三方市场，三是免费加收费，四是纯免费。随着移动互联网的深入发展，高新技术的商业应用大行其道，关于免费模式的探索也在不断玩出新花样。这里介绍两种在当下很常见的免费商业模式。

1. 免费增值模式

大量的基础用户受益于没有任何附加条件的免费产品或服务，而通过另外收费的增值服务来获得收益。

该模式是媒体订阅模式的基础，也是最广为人知的互联网商业模式之一。它又可分为如下几种形式：从免费到付费的内容分级，或者一个额外的比免费版带有更多特

---

① 克里斯·安德森，美国《连线》杂志前任主编，他是经济学中长尾理论的发明者和阐述者。著有《长尾理论》(*The Long Tail*)、《免费：商业的未来》(*Free：The Future of a Radical Price*)等作品。

性的"专业"版网站或软件。传统的免费派送，比如给母亲赠送婴儿尿布，制造商都得花钱，仅能免费派送极小数量的产品，以此诱惑消费者。但就数字产品而言，这种免费品与付费品之比却倒了过来。一个典型的网站通常遵循1%法则：1%的用户支撑起其他所有用户。这种模式的可行之处在于，服务其他那99%的用户的成本几乎为零，甚至能够完全忽略不计。

2. 免费平台模式

通过免费手段销售产品或服务，建立庞大的消费群体，然后再通过配套的增值服务、广告费等方式取得收益。

音乐类网站或APP可以很好地诠释这一模式。随着网络与手机的普及，许多音乐服务成为免费品已是既定事实。这一趋势是如此强大，以至于道德规制及反盗版措施都束手无策。一些歌手在线派发他们的音乐，甚至做直播演唱会，并借此作为线下演唱会、正版唱片、播放许可证，以及其他付费品的营销方式。当然，我们也可以看到，随着国民版权意识的提升，收费音乐也渐渐找到了新的目标顾客。

基于互联网的广告模式非常常见，包括门户网站上按浏览量付费的横幅广告、部分网站按点击率付费的文本广告、视频网站上的贴片广告，以及越来越普遍的：付费的内置搜索结果、付费的信息服务清单，以及对某些特定人群的第三方付费，等等。互联网的大多数服务都采取第三方付费的形式，我们使用的搜索引擎、社交工具等，获取信息的一方并不付费，而且在多数情况下发布信息的一方也不付费。

百科、问答、知乎的成功表明：金钱并非唯一的驱动力，利他主义一直都存在，互联网为其创造了一个平台，在这里，个体行为可以引发全球范围的影响。某种意义上，零成本分发使得共享成为一种产业。货币并非世界上唯一的稀缺资源，在其他方面，最有价值的部分是你的时间和注意力，它们成为新的稀缺资源，免费世界的存在大多是为了获得这些资源，它们随后成为新商业模式的基础。免费模式使经济从局限于可用货币量化的范畴转向更真实的衡量标准，后者涵盖了当代视角下的一切有价值的事物。我们也要注意到：这种模式虽然大行其道，但部分应用还不够清晰，仍在探索中。

▶▶ 视野延展

四川航空的免费模式[①]

相信不少人都有过搭飞机的经验，我们知道通常下了飞机以后还要搭乘另一种交

---

① 来源：百度文库，2014-03-26。本文原标题：《四川航空150辆大巴免费乘坐盈利却上亿》。

通工具才能到达目的地。在中国的四川成都机场有个很特别的景象,当你下了飞机,你会看到机场外停了百部休旅车,写着"免费接送"。

如果你想前往市区,平均要花150元人民币的车费去搭出租车,但是如果你选择搭那种黄色的休旅车。只要一台车坐满了,司机就会发车带乘客去市区的任何一个点,完全免费!居然有这样的好事?其实这个惊喜都是来自四川航空公司的商业创新。

四川航空公司一次性从风行汽车订购150辆休旅车,原价一台14.8万元人民币的MPV休旅车,四川航空要求以9万元的价格集中一次性购买150台,提给风行汽车的条件是,四川航空令司机于载客的途中提供给乘客关于这台车子的详细介绍,简单地说,就是司机在车上帮风行汽车做广告,销售汽车。在乘客乘坐时顺道带出车子的优点和车商的服务。每一部车可以载7名乘客,以每天3趟计算,150辆车,一年带来的广告受众人数是:7×6×365×150,受众群体超过了200万,宣传效果非同一般。

据说这些车辆的司机要先缴一笔和车辆定价差不多费用的保证金,而且他们只有车子的使用权,不具有所有权。四川航空征召了这些人,以一台休旅车17.8万的价钱让其交纳保证金,告诉他们每载一个乘客,四川航空就会付给司机25元人民币。

四川航空立即进账了1320万元人民币:(17.8万元/台-9万元/台)×150台=1320万元。你或许会疑问:不对,司机为什么要用更贵的价钱买车?因为对司机而言,比起一般出租车要在路上到处晃呀晃地找客人,四川航空提供了一条客源稳定的路线!这样的诱因当然能吸引到司机来应征!这17.8万里包含了稳定的客户源、特许经营费用、管理费用。

接下来,四川航空推出了只要购买五折票价以上的机票,就送免费市区接送的活动!

如此一来,一个免费的商业模式形成了。

对乘客而言,不仅省下了150元的车费,也解决了机场到市区之间的交通问题,划算!

对风行汽车而言,虽然以低价出售车子,不过该公司却多出了150名业务员帮他卖车子,并且省下了一笔广告预算,换得一个稳定的广告通路,划算!

对司机而言,与其把钱投资在自行开出租车营业上,不如成为四川航空的专线司机,获得稳定的收入来源,划算!

对四川航空而言呢,这150台印有"免费接送"字样的车子每天在市区到处跑来跑去,让这个优惠讯息传遍大街小巷。而且,与车商签约期限过了之后就可以酌收广告费(包含出租车体广告)。

当这个商业模式形成后,根据统计,四川航空平均每天多卖10000张机票!回想一下,四川航空付出的成本只有多少?

通过这个商业模式,既做了好人,又做了好事,还实现了巨大的盈利!你说好不好?

二、平台商业模式

苹果、谷歌、微软、思科、日本电报电话公司及时代华纳等知名公司，都在应用平台商业模式。在中国，诸如淘宝、百度、腾讯及盛大游戏等公司，同样透过平台商业模式获利并持续扩大市场版图。在网络效应下，平台商业模式往往出现规模收益递增现象，强者可以掌控全局、打造共赢生态圈，因此受到创业者们的关注。

（一）平台商业模式的概念

了解平台商业模式，必须了解双边或多边市场的概念。传统的商业模式是一个单边市场的概念。一个企业，会有上、下游，收入从下游来，成本在与上游博弈中确定。如果企业谈判力量较强，就可以把成本压低或取得更多收入。所以，在传统商业模式中，企业对上、下游会保持一个竞争的态度，而且时刻维持自己的谈判力量。例如汽车厂家，其盈利取决于向供应商压低进货成本然后从下游消费者处增加营收。为了讨好消费者，厂家需要预测消费者喜好并投入大笔资金做研发、发展更多车型，然后再投资建厂进行大量生产。但如果厂家研发生产出来的车型不符合市场的需求，就要承担巨大的损失：研发浪费了，库存又要积压很多资金。

平台商业模式则是一个双边（或多边）的市场概念。比较典型的企业是淘宝。淘宝上有千万种商品，生产是由卖家完成，即便没有卖出去的库存也由卖家负责，这时投资与库存的风险都由卖家来承担了，而不是淘宝。淘宝做的只是一个平台，从连接买家与卖家中赚钱。在平台模式上，如果没有竞争的话，投资的风险理论上会很小。但并不是说，平台模式完全没有风险，平台模式在成长初期非常不容易。还以淘宝为例，如果淘宝把所有的卖家都找来，但是没有买家，这些卖家就不会在淘宝上待太久，同样如果没有卖家，没货可卖，买家也会离开。只有把两者都带到这个平台上来，平台才能够成长。

了解了多边市场的概念，平台商业模式的概念呼之欲出：指连接两个（或更多）特定群体，为他们提供互动机制，满足所有群体的需求，并巧妙地从中赢利的商业模式。平台模式属于行业和价值链层级的代表模式，吸引大量关键资源，实现跨界整合，并能以最快的速度整合资源，使创业者将眼光从企业内部转向企业外部，思考行业甚至跨行业的机遇和战略。建立平台型商业模式的企业，如苹果、沃尔玛等不仅可以迅速扩张市场，还完全脱离了例如价格战等一般层次的竞争，达到了不战而屈人之兵。

（二）平台商业模式的特点

平台型商业模式的特点主要有以下四点：

第一，一定要以某些核心产品作为切入点，打造平台模式的基础，我们称之为"入口"，有了此基础，才可以让各方在此基础上推出产品，并提供延展的各项服务。

第二，平台模式服务于某一人群，必须有足够多的用户数量。实际上，平台模式的成功证明了梅特卡夫准则：每个新用户都因为别人的加入而获得更多的交流机会，导致信息交互的范围更加广泛、交互的次数更加频繁，因而"网络的价值随着用户数量的平方数增加而增加"，"物以稀为贵"变成了"物以多为贵"。

第三，明确游戏规则。用无限生产满足无限需求，不仅可以革命性地降低成本，还实现了收入倍增、盈利倍增。应用平台型商业模式的企业需要设计一套使得生产和需求双方能够互动运转起来的游戏规则和算法。如苹果对于自己不能有效满足用户无限需求的瓶颈，实施开放策略，实现客户共享，用来自社会上的无尽的"N"补充自身交付的不足。于是，社会上无穷无尽的"N"开始源源不断地向平台聚集，无限的生产满足了无限的需求。但是需求和供给买卖都是根据设定好的游戏规则和算法自动完成匹配。在这个平台上，服务和产品被无限延展。

第四，重构整个生态系统。由于海量的产品和企业在平台上大规模、生态化聚集，大幅度降低了企业的协作成本，并创造出一个竞争力足以与大企业相比拟、但是灵活度更胜一筹的商业生态集群，在这种协同模式下，商业的进入成本和创新成本都得到了明显地降低。

除了平台型企业自身的扩张，平台上的众多中小企业也能更好、更快地扩张。如苹果在线商店，一款名为《愤怒的小鸟》的游戏售价仅为 99 美分，却能产生一亿次的下载量，创收 7000 万美元，使得这款游戏的开发公司 Ravioli 市值超过 12 亿美元。

通过平台模式，商业自由度大幅度增长，个体的能量也有了充分施展的舞台，平台型商业模式正向世人显示出其巨大的商业价值。

（三）平台商业模式的优势

平台商业模式是很多创业者的梦想，因为平台处于产业链的高端，不但收益丰厚、主动权大，在竞争中也会处于较为有利的位置，一旦成功，很可能获得"号令天下"的地位。而且，平台商业模式使合作者共赢，经营越久，价值越大。

典型的案例如传统出版行业向网络出版平台的转型，以出版业为例，原产业链为：作者—经纪人—出版社—印刷厂—经销商—零售商—读者。每一个上层都需要为讨好下级而努力。而在网络出版平台上，任何人都可以轻而易举地把自己的作品上传到平台上，直接面向读者(终端消费者)市场。如起点中文这样的网络阅读平台直接连接作者群和读者群，两方互相影响，互相成长，包括群体的数量和作品的数量、价格、更新频率等维度都有明显的进步。

和传统出版社不同，尽管线上出版平台提供的作品量更大，但是线上平台并不需要在每一部作品上都投入编辑经费和营销经费，作者们会进行自我推广，并发表不同风格的作品来满足读者群体的多元需求。因此，书籍作品如果推销不出去，作者而不是平台企业本身将承担最大的损失。

还有一种转型的典型是苹果公司，今天的苹果手机、手表、平板电脑等已经成为iOS 系统的硬件载体，苹果的赢利点已经从早期的硬件产品的贩卖转向搭建平台生态圈（Apple store 和 iTunes)贩卖 APP 等虚拟产品来获取佣金。

（四）平台商业模式的难度

平台商业模式如此吸引人，但要成功也有很大的难度。

首先，选择平台商业模式的创业者需要有能力积累巨大数量的用户，甚至需要获得同行规模第一的用户数。这要求企业不仅产品过硬，正好契合用户的强烈需求，甚至需要合适的时机和行之有效的市场手段，从某种角度可遇不可求。

其次，选择平台商业模式的创业者需要提供给用户有着巨大黏性的服务。一般企业只要为用户提供一个强需求产品就足以成功，平台企业需要成为服务型企业，服务于用户的硬需求（刚需、高频、高附加值等）。

最后，用平台商业模式进行创业，需要构建出一个合作共赢、先人后己的商业模式。只有在平台上的合作伙伴都获得良性成长，平台才能发展壮大；只有让合作伙伴能够得到足够的分润比重，才能将其做成所有参与者的平台；只有做到合作伙伴做不到或者别的伙伴自己做性价比更高的时候才能成为平台。

所以，其实大部分想做成平台的创业者只能想想，平台作为产业链的底盘，大部分细分产业最终只能留下唯一的垄断平台企业。2015年的滴滴和快的、美团和大众点评的合并都是在争抢最终的平台效应。

对创业者来说，在构造平台的过程中要审时度势，顺势而为。如果有一个做平台的机会，就应该摆正理念、设计好平台的商业模式，抓住机遇，深入实施平台战略，做一个在用户心中有一席之地的平台，如果没有这个时机，莫不如踏踏实实做一个垂直服务企业，用好平台。

三、长尾商业模式

长尾概念由克里斯·安德森提出，这个概念描述了媒体行业从面向大量用户销售少数拳头产品，到销售庞大数量的利基产品①的转变，虽然每种利基产品相对而言只产生小额销售量，但利基产品销售总额可以与传统面向大量用户销售少数拳头产品的销售模式媲美。核心是"多样少量"。所以长尾模式需要低库存成本和强大的平台，并使得利基产品对于兴趣买家来说容易获得。

长尾理论在媒体行业以外的其他行业也同样有效。与此同时，安德森认为有三个经济触发因素引发了长尾现象。

（1）生产工具的大众化：不断降低的技术成本使得个人可以接触就在几年前还昂贵得吓人的工具。

（2）分销渠道的大众化：电子商务使得产品能以极低的库存、沟通成本和交易费用

---

① 按照菲利普·科特勒在《营销管理》中给利基（niche）下的定义：利基是更窄地确定某些群体，这是一个小市场并且它的需要没有被服务好，或者说"有获取利益的基础"。企业在确定利基市场后往往是用更加专业化的经营来获取最大限度的收益，以此为手段在强大的市场夹缝中寻求自己的出路。

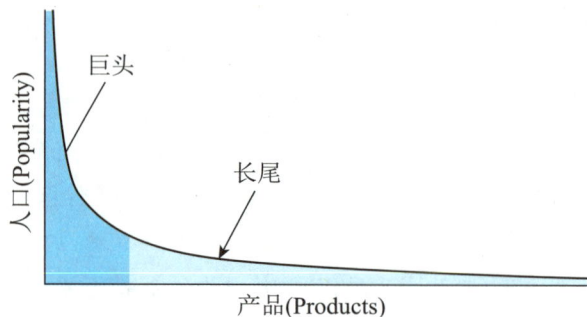

图 7-2　长尾理论

销售，为利基产品开拓了新市场。

（3）连接双方的搜索成本不断下降：销售利基产品真正的挑战是找到感兴趣的潜在买家。现在强大的搜索和几大电子商务平台，已经让这些容易得多了。

在应用长尾理论时，应该注意几个问题：

（1）长尾理论统计的是销量，并非利润。管理成本是其中最关键的因素。销售每件产品需要一定的成本，增加品种所带来的成本也要分摊。所以，每个品种的利润与销量成正比，当销量低到一个限度就会亏损。理智的零售商是不会销售引起亏损的商品的。

例如，超市是通过降低单品销售成本，从而降低每个品种的止亏销量，扩大销售品种。为了吸引顾客和营造货品齐全的形象，超市甚至可以承受亏损销售一些商品。但迫于仓储、配送的成本，超市的承受能力是有限的。相比之下，互联网企业可以进一步降低单品销售成本，甚至没有真正的库存，而网站流量和维护费用远比传统店面低，所以能够极大地扩大销售品种。而且，互联网经济有赢者独占的特点，所以网站在前期可以不计成本、疯狂投入，这更加剧了品种的扩张。

（2）要使长尾理论更有效，应该尽量增大尾巴。也就是降低门槛，制造小额消费者。不同于传统商业的拿大单、传统互联网企业的会员费，互联网营销应该把注意力放在把"蛋糕"做大。通过鼓励用户尝试，将众多可以忽略不计的零散流量，汇集成巨大的商业价值。

（3）使用长尾理论必须小心翼翼，保证任何一项成本都不随销量的增加而激增，最差也是同比增长。否则，就会走入死路。最理想的长尾商业模式是，成本是定值，而销量可以无限增长。这就需要可以低成本扩展的基础设施。

总之，长尾理论的应用，是有前提的——商品销售的渠道足够宽，并且商品生产运送成本足够低。比如在亚马逊书店，网站规模足够大，已经有了几十万甚至上百万的不同产品，这种情况下就能显示出长尾效果。但是对很多中小企业网站来说，产品只有几十种，或者多至几百几千种，这都不足以产生长尾现象。

作为创业者，我们要认识到：长尾商业模式是从整体上描述一种市场现象，而不是从个体角度看；是从零售商的角度看，而不是从生产商的角度看。对某个生产商来说，它不太可能提供所有的种类，比如在图书市场上，没有一家图书出版社能够出版某一类别的所有图书，是许多家共同创造一个图书品种极度丰富的市场，音乐市场同样如此。我们了解任何一种商业观念都是为了应用它，因而，对于大部分创业者来说，要应用长尾都会问如下这个问题：生产商如何在长尾市场中生存？

一个受到普遍认可的策略是建立产品金字塔结构。提供比过去更多品类的产品，企业可以赢利、生存，但要取得更好的、更持久的经营绩效，企业就需要形成超级热门、各大类中的热门商品及多品种商品这样的金字塔式产品组合结构。这是因为超级热门商品有轰动效应和拉动效应：如果没有超级热门商品，企业就很难建立强大的品牌和市场地位；热门商品可以拉动旗下的多品种商品的销售。这就是为什么单独看一件热门商品可能投入产出完全不成正比，但许多企业却依然大举投入。只有建立了产品金字塔结构，有了多品种的基础，在热门商品上的投入才能获得最大的收益。

▸▸ 视野延展

ZARA 的成功秘诀

ZARA 是近年来最成功的潮流服装品牌之一，它开创了一种被称为"快速时尚"的商业模式，它的成功正是基于长尾理论。与传统衬衣业"款少、量多"的模式不同，ZARA 的特点是"快速、少量、多款"，它每年推出上万款服装，并且款式与时尚同步。郎咸平在《模式：零售连锁业战略思维与发展模式》中预测，未来时装业将朝着"ZARA 模式"发展。他分析说，在之前的概念中，款少量多是企业实现规模经济的不二法门，所以传统服装企业大多采取少款式、大批量采购、大批量生产的策略，以实现规模经济，降低货物的平均成本。他对 ZARA 和另一讲求快速时尚的典型公司 H&M 的财务进行研究后发现，多款少量的 ZARA 和 H&M 也实现了规模经济。"多款少量"是ZARA 呈现出来的形态，它背后的运作机制使得这种模式有利可图，这个运作机制的特征就是"快速"二字。

ZARA 的零售处在一个"进货快"与"销货快"两者相互不断强化的正循环之中：分店每周根据销售情况下订单两次，这就减少了需要打折处理存货的情况，也降低库存成本；款式更新加强了新鲜感，吸引消费者不断重复光顾；快速更新的店里的货品，也确保了它们能符合顾客的品位，从而能被销售出去。

ZARA 的"快速"还包括对时尚潮流的快速反应、快速的设计过程和与快速模式相适应的供应链。ZARA 和 H&M 都没有试图做时尚的创造者，而是做时尚潮流的快速反应者，郎咸平在《模式：零售连锁业战略思维与发展模式》中分析道："在流行趋势刚刚出现的时候，准确识别并迅速推出相应的服装款式，从而快速响应潮流。"这样做的优点是："无须猜测快速易变的时装趋势，在降低库存风险的情况下，大大缩短设计的酝酿期。"

ZARA 的快速设计过程体现在与其他同行相比极短的"前导时间"。在服装业，前导时间指的是一件服装从设计到出售所需的时间。ZARA 大大缩短了前导时间，它从设计到生产最快可以两天完成，前导时间最快为 12 天，对比而言，Gap 单单设计酝酿期就达两三个月。服装是随时间快速贬值的，每天贬值 0.7％，计算机产品为每天 0.1％。因而缩短前导时间有多重好处：提高服装价值，降低库存成本，避免生产出不合潮流的商品，减少折扣销售的损失。

ZARA 的供应链具有这样一些特点：采购的布料都是未染色的，以便根据实时需求染色。ZARA 让自己的工厂仅做高度自动化的工作，用高科技生产设备做染色、剪裁等工作，而把人力密集型的工作外包。为了快速反应，ZARA 的采购和生产都在欧洲进行，只有最基本款式的 20％ 服装在亚洲等低成本地区生产。ZARA 拥有高科技的自动物流配送中心，在欧洲用卡车可以保证两天内到达，而对于美国和日本市场，ZARA 甚至不惜成本采用空运以提高速度。

很多人认为 ZARA 成功的关键要素是快速、时尚，其实不然，真正让 ZARA 成功的是量少、款多、长尾。快速、时尚只是 ZARA 的成功之果，量少、款多、长尾才是 ZARA 的成功之因。克里斯·安德森认为，商业的未来在于"品类更多，销量更小"，因为在这个个性张扬的时代，没有一个人喜欢与别人撞衫，都想表现出自己的与众不同。因此，未来商业的成功模式，不再是把少数几种商品卖出很大的量，而是把更多品种的商品卖出去，这同样可以实现经济上的规模效应。长尾现象正是这样的一个参照标准。加拿大心理学家斯普润通过试验揭示："我们对现实世界的认知取决于过去的模式——我们的参照标准，这个参照标准影响着我们对现实世界的认知。"长尾或"品类更多、销量更小"就是所有纷繁复杂的社会与商业现象背后的模式。

第三节　商业模式设计

一、商业模式设计的原则

企业能否持续赢利是判断其商业模式是否成功的唯一的外在标准。一个成功的商业模式不一定是在技术上的突破，而是对某一个环节的改造，或是对原有模式的重组创新，甚至是对整个游戏规则的颠覆。

创业者在设计商业模式时，要兼顾以下八个原则：客户价值最大化原则、持续赢利原则、资源整合原则、创新原则、融资有效性原则、组织管理高效率原则、风险控制原则和合理缴税原则。

1. 客户价值最大化原则

一个商业模式能否持续赢利，是与该模式能否使客户价值最大化有必然关系的。一个不能实现客户价值的商业模式，即使赢利也一定是暂时的、偶然的，是不具有持续性的。反之，一个能使客户价值最大的商业模式，即使暂时不赢利，但终究也会走向赢利。所以对客户价值的实现再实现是创业者应该始终追求的目标。

2. 持续赢利原则

在设计商业模式时，赢利和如何赢利是必须重点考虑的问题。当然，这里指的是在阳光下的持续赢利。持续赢利是指既要"赢利"，又要有发展后劲，具有可持续性，而不是一时的偶然赢利。

3. 资源整合原则

整合就是要优化资源配置，就是要有进有退、有取有舍，就是要获得整体的最优化。在战略思维的层面上，资源整合是系统论的思维方式，是通过组织协调，把企业内部彼此相关但却彼此分离的职能，把企业外部既参与共同的使命又拥有独立经济利益的合作伙伴，整合成一个为客户服务的系统，取得"1＋1＞2"的效果。在战术选择的层面上，资源整合是优化配置的决策，是根据企业的发展战略和市场需求对有关的资源进行重新配置，以凸显企业的核心竞争力，并寻求资源配置与客户需求的最佳结合点，目的是要通过组织制度安排和管理运作协调来增强企业的竞争优势，提高服务水平。

4. 创新原则

时代华纳前首席执行官迈克尔·恩说："在经营企业的过程中，商业模式比高新技术更重要，因为前者是企业能够立足的先决条件。"创业者应该在设计商业模式时，始终保持创新的意识，力所能及地创造出新的、突破性的商业模式。商业模式的创新形式贯穿于企业经营的整个过程之中，贯穿于企业资源开发、研发模式、制造方式、营销体系、市场流通等各个环节，也就是说，在企业经营的每一个环节上的创新，都可能演变成一种成功的商业模式。虽然商业模式一旦确定，不应随意变动。但是也要时刻警惕内外环境的变化，而保持商业模式的与时俱进，才能在激烈的竞争中保持优势。

5. 融资有效性原则

融资模式的打造对企业有着特殊的意义，尤其是对广大的中小企业来说更是如此。我们知道，企业生存需要资金，企业发展需要资金，企业快速成长更是需要资金。资金已经成为很多企业发展中绕不开的障碍和很难突破的瓶颈。谁能解决资金问题，谁就赢得了企业发展的先机，也就掌握了市场的主动权。从一些已成功企业的发展过程来看，无论其对外阐述的成功的原因是什么，都不能回避和掩盖资本对其成功的重要作用，许多失败的企业就是因为没有建立有效的融资模式而失败了。商业模式的设计很重要的一环就是要考虑融资模式，能够融到资并能用对地方的商业模式就已经是成功了一半的商业模式了。

6. 组织管理高效率原则

高效率是每个企业管理者都梦寐以求的境界，也是企业管理模式追求的最高目标。用经济学的角度来衡量，决定一个国家富裕或贫穷的砝码是效率；决定企业是否有赢利能力的也是效率。现实生活中的万科、联想、华润、海尔等大公司，在管理模式的建立上都是可圈可点的，也是值得我们学习的。

7. 风险控制原则

设计得再好的商业模式，如果抵御风险的能力很差，就会像在沙丘上建立的大厦一样，经不起任何风浪。这个风险既包括系统外的风险，如政策、法律和行业风险，也包括系统内的风险，如产品的变化、人员的变更、资金的不继等。

8. 合理缴税原则

合理缴税，而不是逃税。合理纳税是在现行的制度、法律框架内，合理地利用有关政策，设计一套利于利用政策的缴税体系。合理缴税做得好也能大大增加企业的赢利能力，千万不可小看。

▸▸ 视野延展

成功的商业模式的三个基本特征

第一，成功的商业模式要能提供独特价值。有时候这个独特的价值可能是新的思想；而更多的时候，它往往是产品和服务独特性的组合。这种组合要么可以向客户提供额外的价值；要么使得客户能用更低的价格获得同样的利益，或者用同样的价格获得更多的利益。

第二，商业模式是难以模仿的。企业通过确立自己的与众不同，如对客户的悉心照顾、无与伦比的实施能力等，来提高行业的进入门槛，从而保证利润不受侵犯。比如直销模式，人人都知道其如何运作，也都知道戴尔公司是直销的标杆，但很难复制戴尔的模式，原因在于"直销"的背后，是一整套完整的、极难复制的资源和生产流程。

第三，成功的商业模式是脚踏实地的。企业要做到量入为出、收支平衡。这个看似不言而喻的道理，要想年复一年、日复一日地做到，却并不容易。现实当中的很多企业，不管是传统企业还是新型企业，对于自己的钱从何处赚来，为什么客户看中自己企业的产品和服务，乃至有多少客户实际上不能为企业带来利润、反而在侵蚀企业的收入等关键问题，都不甚了解。

二、商业模式设计的方法

"商业模式画布"是现在最为流行、也最受认可的商业模式工具,这里做一个简要的介绍。同学们可以在《商业模式新生代》这本书里找到其详细的理论与方法。

按照商业模式画布的方法设计商业模式,就是利用画布中的九个模块,进行充分的构想(如图 7-3)。

KP 关键合作	KA 关键业务	VP 价值主张	CR 客户关系	CS 客户细分
	KP 核心资源		CH 渠道通路	
CS 成本结构		RS 收入来源		

图 7-3 商业模式画布

我们先来了解下这九个模块的含义。

(1)客户细分(CS Customer Segments):描述了一家企业想要获得的和期望服务的不同的目标人群和机构。

(2)价值主张(VP Value Propositions):描述的是为某一个客户群体提供能为其创造价值的产品和服务。

(3)渠道通路(CH Channels):描述的是一家企业如何同它的客户群体达成沟通并建立联系,以向对方传递自身的价值主张。

(4)客户关系(CR Customer Relationships):描述的是一家企业针对某一个客户群体所建立的客户关系的类型。

(5)收入来源(RS Revenue Streams):代表了企业从每一个客户群体获得的现金收益(须从收益中扣除成本得到利润)

(6)核心资源(KR Key Resources):描述的是保证一个商业模式顺利运行所需的最重要的资产。

(7)关键业务(KA Key Activities):描述的是保障其商业模式正常运行所需做的最重要的事情。

(8)关键合作(KP Key Partnerships)：描述的是保证一个商业模式顺利运行所需的供应商和合作伙伴网络。

(9)成本结构(CS Cost Structure)：描述的是运营一个商业模式所发生的全部成本。

表 7-2 商业模式画布的构想

序号	构想模块	主要构想问题	构想方向示例
1	客户细分	我们为谁创造价值？ 谁是我们最重要的客户？	大众市场 小众市场 求同存异的客户群体 多元化的客户群体 多边平台
2	价值主张	我们该向客户传递什么样的价值？ 我们正在帮助我们的客户解决哪一类难题？ 我们正在满足哪些客户需求？ 我们正在提供给客户细分群体哪些系列的产品和服务？	创新 性能 定制 保姆式服务 设计 品牌/地位 价格 缩减成本 风险控制 可获得性 便利性/实用性
3	渠道通路	通过哪些渠道可以接触我们的客户细分群体？ 我们现在如何接触他们？我们的渠道如何整合？ 哪些渠道最有效？哪些渠道成本效益最好？ 如何把我们的渠道与客户的例行程序进行整合？	渠道类型 (自有渠道) (合作方渠道) 渠道阶段 (知名度) (评价) (购买) (传递) (售后)
4	客户关系	我们每个客户细分群体希望我们与之建立和保持何种关系？ 哪些关系我们已经建立了？ 这些关系成本如何？ 如何把我们与商业模式的其余部分进行整合？	私人服务 专属私人服务 自助服务 自动化服务 社区 与客户协作，共同创造

序号	构想模块	主要构想问题	构想方向示例
5	收入来源	什么样的价值能让客户愿意付费？ 他们现在付费买什么？ 他们是如何支付费用的？ 他们更愿意如何支付费用？ 每个收入来源占总收入的比例是多少？	资产销售 使用费 会员费 租赁 许可使用费 经纪人佣金 广告费
6	核心资源	我们的价值主张需要什么样的核心资源？ 我们的渠道通路需要什么样的核心资源？ 我们的客户关系需要什么样的核心资源？ 收入来源需要什么样的核心资源？	实物资源 知识性资源 人力资源 金融资源
7	关键业务	我们的价值主张需要什么样的核心资源？ 我们的渠道通路需要什么样的核心资源？ 我们的客户关系需要什么样的核心资源？ 收入来源需要什么样的核心资源？	生产 解决方案 平台/网络
8	关键合作	谁是我们的重要伙伴？ 谁是我们的重要供应商？ 我们正在从伙伴那里获取哪些核心资源？ 合作伙伴都执行哪些关键业务？	优化及规模效应 降低风险和不确定性 特殊资源及活动的获得
9	成本结构	描绘运营一个商业模式所引发的所有成本 什么是我们商业模式中最重要的固有成本？ 哪些核心资源花费最多？ 哪些关键业务花费最多？	成本导向 价值导向 固定成本 可变成本 规模经济 范围经济

  在设计商业模式过程中，并不一定必须要回答上述所有的问题。很难有人能做到面面俱到，更多的是用这些问题，引导我们去思考，去勾勒，去完善，不断推敲，不断绘制，不断创新，去设计自己的商业模式。

  你可以在一个大房间里，按照以上的顺序依次在九个板块里填写内容——最好是以便笺纸的形式，每张纸上只写一个点，直到每个板块拥有大量可选答案。然后，摘掉不好的便笺纸，留下最好的那些，最后按照顺序让这些便笺上的内容互相产生联系，就能形成一套或多套商业模式。

  商业模式画布的优点在于让讨论商业模式的会议变得高效率、可执行，同时产生不止一套的方案，在每个决策者心中留下多种可能性。错误的方案被删除，防患于未然；优秀的方案在半个小时内便确定下来，同时还会产生很多备选方案用来应对变化。商业模式画布是关于全局的集体智慧和长远设计。

关于商业模式的设计，还有很多其他方法。有兴趣的同学可以多了解，帮助自己更全面的构想商业模式。

▶▶ 视野延展

创新商业模式的六个方法

方法 1：客户洞察

基于客户洞察建立商业模式。企业在市场研究上投入了大量的精力，然而在设计产品、服务和商业模式上却往往忽略了客户的观点。良好的商业模式设计需要依靠对客户的深入理解，包括环境、日常事务、客户关心的焦点及愿望。操作方法：找出你的相关商业模式中所有客户细分群体。选出 3 个有希望的候选人，并选择一个开始客户描述分析。通过客户看到的是什么、客户听到的是什么、客户真正的想法和感受是什么、客户说些什么又做些什么、客户的痛苦是什么、客户想得到的是什么 6 个问题进行分析，探索商业模式的建立。

方法 2：创意构思

生成全新商业模式创意。绘制一个已经存在的商业模式是一回事；设计一个新的商业模式是另一回事。设计新的商业模式需要产生大量商业模式创意，并筛选出最好的创意，这是一个富有创造性的过程。这个收集和筛选的过程叫作创意构思。创意构思有两个主要阶段：一是创意生成，这个阶段重视数量；二是创意合成，讨论所有的创意，加以组合，并缩减为少量可行的可选方案。这些可选方案不一定要代表颠覆性的商业模式，也许只是把你现有的商业模式略作扩展，以增强创新的竞争力，可以从几个不同的出发点生成针对创新商业模式的创意。我们来看看这两点：一个是使用商业模式画布来分析商业模式创新的核心问题；另一个是使用"假如"的提问方式。商业模式创新的创意可以来自任何地方，商业模式的 9 个构造块都可以是创新的起点。具有改造作用的商业模式创新可以影响到多个商业模式构造块。

方法 3：可视思考

所谓可视思考，是指使用诸如图片、草图、图表和便利贴等视觉化工具来设计和讨论事情。因为商业模式是由各种构造块及其相互关系所组成的复杂概念，不把它描绘出来将很难真正理解一个模式。可以把其中的隐形假设转变为明确的信息，这使得商业模式明确而有形，并且讨论和改变起来也更清晰。

方法 4：原型制作

商业模式原型可以用商业模式画布简单素描出经过深思熟虑的概念形式，也可以表现为模拟了新业务财务运作的电子表格形式。操作时，不必把商业模式原型看成像是某个真正商业模式草图。相反，原型是一个思维工具，用于探索不同的方向，哪些商业模式应该是尝试选择的方向？如果增加另一个客户细分群体会对商业模式产生什么影响？消除高成本资源将是怎样的结果？如果免费赠送一些产品或服务，并且用一些更具创新性的产品或服务替代现在的收入来源又将会意味着什么？通过对这些问题的回答探索新的商业模式。

方法 5：故事讲述

形容一个全新的、未经考验的商业模式就如同只用单薄的文字去描述一幅画作。但是讲一个故事告诉这个商业模式是如何创造价值的，就如同用色彩来装饰画布。讲故事的目的，是要把一种新的商业模式以形象具体的方式呈现出来。故事一定要简单易懂，主人公也只需要一位。结合观众的实际情况，可以从不同的视角塑造不同的主人公，从公司视角、客户视角、合作伙伴视角等去讲故事。能把故事讲得吸引人的技巧有许多，每种技巧也有其优势和劣势，适用于不同的场合和观众。在了解了谁是你的观众、你会出席什么场合后，再来选择一种匹配的技巧。

方法 6：情景推测

把抽象的概念变成具体的模型，通过情景描述探索创意。它的主要作用就是通过细化设计环境，帮助我们熟悉商业模型设计流程。这里，我们会讨论两种类型的情景推测。第一种情景推测描述的是不同的客户背景，客户是如何使用产品和服务的，什么类型的客户在使用它们，客户的顾虑、愿望和目的分别是什么。第二种情景推测描述的是新商业模式未来参与竞争的场景。

三、商业模式的自我评价

商业模式的设计是一个需要慎重、长期思考和决策的过程，很难有一次就设计成功的商业模式。我们需要对设计出的模式进行反复的评价与验证，才能最终确定下来。验证是一个实践的过程，对创业者来说，只能是小规模地进行检验，所以我们有必要在评价商业模式上下功夫。我们可以通过以下八个问题，来评价自己的商业模式，如果难以回答或发现问题，就要及时回过头修正商业模式。

1. 客户的"转移成本"有多高？

转移成本是指客户从一个产品或服务转移到另一个产品或服务所需的时间、精力或者金钱。转移成本越高，客户就越忠实于某项产品或服务，不会轻易离开去选择竞争对手的服务。

将转移成本融入商业模式的一个很成功的例子就是 2001 年苹果的 iPod 产品。这是一个专注于存储的创新产品，也是一个商业模式策略，让消费者将音乐拷贝进 iTunes 和 iPod 里，这种方式会让用户一旦用了这个产品以后很难再用其他竞争对手的数字音乐播放器。仅仅是用户这一点选择偏好，就为苹果后来强大的音乐中心和创新工作打下了坚实基础。

2. 商业模式的扩展性怎样？

扩展性是指在没有增加基本成本的情况下，能很容易地拓展商业模式，赢得利润。当然，基于软件和互联网的商业模式比基于砖头和水泥的商业模式有天然的扩展性，但是即使如此，数字领域的商业模式仍然有很大的区别。最让人钦佩的例子就是 Facebook，只用几千个程序员就可以为亿万用户创造价值。只有很少的公司拥有这样的员工用户比。

3. 能否产生可循环的经济价值？

通过一个例子可以很好地解释循环价值。报纸在报摊销售赚取销售费用，另外的价值可以通过订阅和广告进行循环。循环价值有两个主要的优势：第一，对于重复销售，成本只产生一次；第二，你可以有更多更好的想法来构想未来怎样赚钱。

还有另外一种循环价值形式：从之前的销售中获取增值收入。比如，你买一个打印机，你需要持续购买墨盒，或买一部苹果手机，它从硬件销售中赚得利润的同时，来自内容和 APP 产生的经济价值依然稳定增长。

4. 是否可以在你投入之前就赚钱？

毫无疑问，每个商人都希望在投入之前就获得收入。戴尔就把这种模式运用到电脑硬件设备制造的市场上。通过直销建立装配订单，避免硬件市场可怕的库存积压成本。戴尔取得的商业业绩就显示了其在投入之前就赚钱的力量。

5. 怎么样让用户为你工作？

这可能是商业模式设计上最具有杀伤力的武器。在传统的市场上，宜家就让我们自己组装在它那里购买的家具，我们干活儿，他们赚钱。在互联网领域，Facebook 让我们上传照片，参加对话和"喜欢"某样东西。这正是脸书的真正价值，只提供平台，内容全部由用户创造，而公司却挣得天文数字般的利润。

6. 是否具有高壁垒，以防止竞争对手模仿？

一个优秀的商业模式可以使你保持长时间的竞争优势，而不仅仅是提供一个优秀的产品。苹果主要的竞争优势来自于其商业模式而不是单纯的产品创新。对三星来说，模仿苹果的产品比建一个像苹果那样的应用商店生态系统要容易得多。所以，三星无论产品做得多么炫，仍然无法撼动苹果的地位。

7. 是否建立在改变成本结构的基础上？

降低成本是商业实践中的长期追求，有的商业模式不仅能降低成本，而且创造了一个与以往完全不同的成本结构。巴帝电信——印度最大的移动运营商，一直在通过摆脱网络和 IT 的束缚来完善它的成本结构。该公司通过与网络装备制造商爱立信和

IBM 合作，购买宽带容量来降低成本，现在他们已经能够提供全球价格最低的移动电话服务。

　　当然没有一个商业模式设计能一一对应以上七个问题并且得到完美的 10 分，不过有的却可能会在市场上取得成功。对创业者而言，时刻用这七个问题提醒自己，有助于让你保持长久的竞争力。接下来，你需要做的就是用市场检验你的商业模式。

▶▶ 视野延展

华为的两种商业模式

　　华为在创办的初期，作为民营企业融资困难，同时为了吸引人才，任正非大量稀释了自己的股份，这就是华为的全员持股。既是员工又是股东，所以华为能万众一心，蓬勃向上，企业的执行力特别强。华为发家靠的是国内市场，现在挑大头的是国外市场，针对不同背景、不同发展阶段的市场，采用了不同的商业模式：国内市场商业模式和国外市场商业模式。

国内市场商业模式

　　首先，20 世纪 90 年代初期，华为开始进入国内电信市场时，并不被认可，任正非四处游说各地电信局，由华为与电信职工集资成立合资企业，并承诺高额回报，形成利益共同体，在政策的灰色地带通过利益输送迅速抢占及巩固市场。

　　随着环境的急剧变化，华为的高层管理者对外部环境变化做出准确而又迅速的反应。2000 年中国电信一分为 7，分为电信、移动、联通、铁通、网通等运营商。华为立即决定成立 7 个运营商系统管理部，每个省都相应设置分支机构，建立独立的 KPI考核指标。中国电信一分为 7 后，采购决策权被从地方收到总部。华为在每个地市建立客户服务中心，以前的销售经理变为客户代表，也就是想方设法提高华为的服务水平。

国外市场商业模式

　　作为发展中国家品牌，华为要想短时间内被发达国家认可，绝非易事(发达国家占据世界电信市场 80％份额，是不可忽略的主战场)。因此，华为一开始就确立了"农村包围城市"策略。然而，即便是"农村"，市场开拓难度也是极大的。但华为坚持了下来，2000 年后开始开花结果，2003 年销售额一举突破 3 亿美元。目前华为海外市场已占销售收入的 75％，其中欧洲市场占到了其总销售收入的 10％，华为成为全球第二大电信设备商。为了布局海外市场，华为从国内抽调了大批销售精英奔赴全球，导致国内市场被中兴抢走不少。同时，在海外市场，十年磨一剑，营销费用惊人，而回报却迟迟才到，如果华为是一家上市企业，每年都紧紧围绕在净利润考核指标上，那么华为很多分公司中途估计就会被砍掉，更不会有今日华为辉煌的海外市场。所以换个角度来讲，不上市反而是华为的某种优势，确保了他可以着眼于未来进行长期布局、精耕细作，而不是计较一城一地的得失。

华为的领先，有其自身的努力，更多的应该说是得益于中国的国情。之前有介绍，华为是典型的哑铃型结构，研发和市场人员都超过40%，中国每年300万工科大学毕业生源源不断为其输血，但研发人员平均工资只有国外竞争对手的30%左右，而中国人上班时间本来就长，且华为奉行加班文化，所以华为的研发成本只有国外公司的十分之一。因此华为在研发高投入的通信设备行业，具有得天独厚的成本领先优势。

▶▶ 拓展训练

一、用商业模式再创辉煌

微博曾经风靡一时，但随着更多自媒体与社交工具的出现，微博难免落寞（本训练认为微博的发展陷入困境，也许并不恰当，也可以由教师命题或学生自选讨论项目）。

小组讨论，共同完成以下任务：

1. 根据你的了解，绘制微博的商业模式画布。

KP　关键合作	KA　关键业务	VP　价值主张	CR　客户关系	CS　客户细分
	KP　核心资源		CH　渠道通路	
CS　成本结构		RS　收入来源		

2. 你认为微博的困境，是否是因为商业模式出现了问题？是哪个模块出了问题？

_____

_____

3. 你有什么好办法，帮助微博脱离困境吗？甚至帮助它再创辉煌？注意从商业模式设计或创新的角度去思考。

_____

_____

_____

_____

二、检验你的商业模式

根据你的创业项目（如果还没有创业项目，由教师指定一个项目），用下面的方法检验你的商业模式，回答"是"或"否"。

序号	问题	回答
1	你的商业模式能让你避开竞争吗？	
2	你的商业模式很容易复制吗？	
3	你的商业模式一说别人就能听懂，但却很难模仿吗？	
4	你的商业模式能让企业"按计划"获取销售额、利润吗？	
5	你的商业模式能在一个运营系统下产生多个收入层次吗？	
6	你的商业模式会有很多"利益方"依附其上发展自己的生意吗？	
7	你的商业模式让你的现金充沛吗？	
8	你的商业模式所产生的利润率远高于同行吗？	

计分，"是"得 1 分，"否"得 0 分。

你的得分是：_____

参考标准：

0～3分——原有的商业模式已经难以维系。这个阶段的企业创业者很焦虑，因为心里明白不管怎么努力，企业都前途堪忧，很可能不但没有创造价值，更可能消耗了价值。这时需要果断踩刹车，检查反思。

4～6分——商业模式依然有效，企业的战略方向、竞争力内核都没有问题，但还有很多不顺畅的地方，创业者会觉得做得很辛苦。典型特征是销售增长和利润率只能保一样，要么利润率尚可，但销售额已经停滞甚至下滑，要么销售额还能增长，但利润率下滑。处于这个分数区间的企业，在原有商业模式上做一些优化，很容易短期见效。

7～8分——商业模式非常匹配企业现状，企业上下士气高昂，销售额迅速增长，扣除掉投资的利润率也相当不错，此时企业应该把握时机，尽快完善当前的商业模式。

你是否认可上述参考标准的论断？面对可能存在的问题，你有什么解决办法吗？是否需要重新设计你的商业模式，如何设计？就算你的得分非常高，你认为是否还有需要预防或注意的问题？

_____

_____

_____

_____

▶▶ 思考题

阅读教材，搜集资料，深入探索，认真思考并回答以下问题，注意说明你的理由、形成自己的见解：

(1)用自己的理解，给商业模式下个定义。

(2)说出尽可能多的商业模式类型。

(3)在第二节介绍的三个商业模式中，你认为哪一个最适合大学生用来进行创业？

(4)互联网及移动互联网的普及，对商业模式的发展有哪些影响？

(5)在什么情况下，商业模式必须立即放弃、重新设计？

(6)管理大师德鲁克说"今天企业之间的竞争，已经不是产品和服务之间的竞争，而是商业模式之间的竞争！"你认同这句话吗？

▶▶ 实践活动

探索 O2O 的未来

你知道什么是 O2O 吗？你知道有哪个或哪几个企业是典型的 O2O 模式？

任选一个企业进行深入研究，说明其是如何依靠商业模式获得成功的？

通过研究，你认为未来 O2O 模式发展的方向有可能是什么？

第八章　创业资源整合

▶▶ 理论知识

第一节　创业资源认知

一、创业资源的内涵

资源就是任何一个主体，在向社会提供产品或服务的过程中，所拥有或者所能支配的用以实现自己目标的各种要素及要素组合。创业的前提条件之一就是创业者拥有或者能够支配一定的资源。概括地讲，创业资源是企业创立及成长过程中所需要的各种生产要素和支撑条件。对于创业者而言，只要是对其创业项目和新创企业发展有所帮助的要素，都可归入创业资源的范畴。

资源与创业者的关系就如同颜料和画笔与艺术家的关系那样。获取不到创业所需的资源，创业机会对创业者而言则毫无意义。机会识别的实质是创业者判断是否能够获取足够的资源来支持可能的创业活动。创业机会的存在本质上是部分创业者能够发现特定资源的价值，而其他人不能做到这一点。就整个创业过程来说，创业机会的提出来自于创业者依靠自身的资源财富对机会的价值确认。例如，同样的产品或者盈利模式，一些人会付诸行动去创收，其他人却往往放任机会流失。对于后者来说，往往是缺乏必要的创业资源，因此，从这一角度看待，创业就是把创业机会的识别与创业资源的获取结合起来，创业活动本身是一种资源的重新整合。

对于新创企业来说，资源整合对于创业过程的促进作用是通过创业战略的制定和实施来实现的。丰富的创业资源是企业战略制定和实施的基础和保障，同时，充分的创业资源还可以适当校正企业的战略方向，帮助新创企业选择正确的创业战略。并且，创业资源的整合效用，是打造企业核心竞争力的基础。这种资源效用的最大化，并非是简单的各项资源各安其位，各司其职，而是通过重新整合规划，创造企业独特的核心竞争力，实现企业在市场上的竞争优势。

二、创业资源的分类

根据不同的标准，创业资源有不同的分类。以下介绍几种常见的分类方法。

（一）内部资源和外部资源

图 8-1 内部资源和外部资源

创业资源按其来源可以分为内部资源和外部资源。内部资源也叫自有资源，是创业者自身所拥有的可用于创业的资源，如创业者自身拥有的可用于创业的自有资金，自己拥有的技术，自己所获得的创业机会信息，自建的营销网络，控制的物质资源或管理才能，等等，甚至在有的时候，创业者所发现的创业机会就是其所拥有的唯一创业资源。内部资源的拥有状况将在很大程度上影响甚至决定我们获取外部资源的结果。创业者扩大内部资源的拥有状况（特别是技术和人力资源）可以帮助我们获得和运用外部资源。

外部资源包括朋友、亲戚、商务伙伴或其他投资者、投资人资金，或者包括借到的人、空间、设备或其他原材料（有时是由客户或供应商免费或廉价提供的），或通过提供未来服务、机会等换取到的，有些还可能是社会团体或政府资助的扶持计划。外部资源更多的来自于外部机会发现，而外部机会发现在创业初期起着决定性作用。创业者在开始创业的时期面临的一个重要问题即资源不足。一方面，企业的创新和成长必须消耗大量资源；另一方面，企业自身还很弱小，无法实现资源自我积累和增值。所以，企业只有识别机会，从外部获取充足的创业资源，才能实现快速成长，这也是创业资源有别于一般企业资源的独特之处。对创业者来说，运用外部资源，是一种非常重要的方法，在企业的创立和早期成长阶段尤其如此。其中的关键是拥有资源的使用权并能控制或影响资源部署。

（二）有形资源和无形资源

图 8-2　有形资源和无形资源

创业资源按其存在形态可以分为有形资源和无形资源。有形资源是具有物质形态的、价值可用货币度量的资源，如组织赖以存在的自然资源及建筑物、机器设备、原材料、产品、资金等。

无形资源是具有非物质形态的、价值难以用货币精确度量的资源，如信息资源、人力资源、政策资源，以及企业的信誉、形象等。无形资源往往是撬动有形资源的重要手段。

（三）核心资源和非核心资源

创业资源按照其对企业核心竞争力影响的程度，分为核心资源与非核心资源。

图 8-3　核心资源和非核心资源

核心资源主要包括技术资源和人力资源。这几类资源涉及创业企业有别于其他企业的核心竞争力，是创业机会识别、机会筛选和机会运用几大阶段的主线。必须以这几类要素资源为基点，扩展创业企业发展外延。人力资源对于企业来说，主要是一种知识财富，是企业创新的源泉。创业者自身素质对创业企业的成长有至关重要的作用。

创业者的个性，对机遇的识别和把握，对其他资源的整合能力，都直接影响创业成败。高素质人才的获取和开发是现代企业可持续发展的关键。科技资源是一种积极的机会资源。对于新创企业来说，主动引进和寻找有商业价值的科技成果，是企业的立身之本和市场竞争之源。

非核心资源主要包括资金、场地和环境资源。如何有效地吸收资金资源，并保持稳定的资金周转率，实现预期盈利目标，是创业成功与否的瓶颈课题。场地资源指的是企业用于研发、生产、经营的场所。良好的场地资源能够为企业大幅度降低运营成本，提供便利的生产经营环境，短期内累积更多的顾客或质优价廉的供应商。而环境资源作为一种外围资源影响着创业企业发展。例如，信息资源可以提供给创业者优厚的场地资金、管理团队等关键资源，文化资源可以促进管理资源的持续发展，等等。

（四）直接资源和间接资源

林强、林嵩、姜彦福等人按照资源要素对企业战略规划过程的参与程度，提出创业资源有直接资源和间接资源之分。

图 8-4　直接资源和间接资源

财务资源、管理资源、市场资源、人力资源等是直接参与企业战略规划的资源要素，可以把它们定义为直接资源。财务资源涉及：是否有足够的启动资金？是否有资金支持创业最初几个月的亏损？管理资源涉及：凭什么找到客户？凭什么应对变化？凭什么确保企业运营所需能够及时足量地得到？凭什么让创业企业内部能有效地按照最初设想运转起来？市场资源包括营销网络与客户资源、行业经验资源、人脉关系等涉及：凭什么进入这个行业？这个行业的特点是什么？赢利模式是什么？是否有起码的商业人脉？市场和客户在哪里？销售的途径有哪些？人力资源涉及：是否有合适的专业人才来完成所有的任务？人员配置与能力是否可以保证创业活动的顺利进行？

政策资源、信息资源、科技资源等资源要素对于创业成长的影响更多的是提供便利和支持，而非直接参与创业战略的制定和执行，因此，对于创业战略的规划起间接作用，可以把它们定义为间接资源。政策资源涉及：可不可以有一个"助推器"或"孵化器"推进我们的创业，比如某些准入政策、鼓励政策、扶持政策或者优惠，等等。信息资源涉及：依靠什么来进行决策？从哪里获得决策所需的信息？从哪里获得有关创业资源的信息？科技资源涉及：你的产品或服务依赖哪些核心科技？现有科技如何影响你的创业活动的进展？

（五）按资源的性质进行分类

在平时涉及创业资源的使用时，我们常常会按创业资源的性质，进行直观的描述。所以根据创业资源的性质，可以将创业资源大致分为六类：人力资源、社会资源、财务资源、物质资源、技术资源和组织资源。

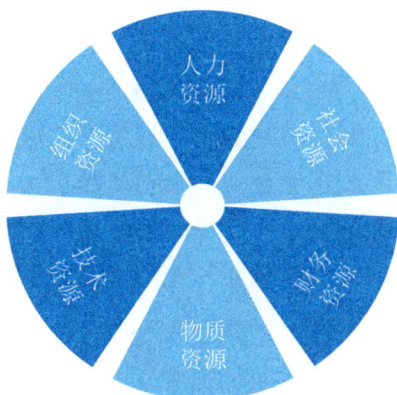

图 8-5　按资源的性质进行分类

人力资源是一切资源中最宝贵的资源。人力资源的最基本方面，包括体力和智力，创业中的人力资源包括创业者与创业团队的知识、训练、经验，也包括团队及其成员的专业智慧、判断力、视野、愿景，甚至是创业者、创业团队的人际关系网络。创业者的价值观和信念，是新创企业的基石；合适的员工也是创业人力资源的重要部分；高素质人才——技术人员、销售人员和管理人员等的获取和开发，是促进企业可持续发展的关键因素。

社会资源指由于人际和社会关系网络而形成的关系资源。社会资源可以是人力资源的一部分，或者说是特殊的人力资源。社会资源对创业活动非常重要，因为社会资源能使创业者有机会接触大量的外部资源，有助于透过网络关系降低潜在的风险，加强合作者之间的信任和声誉。开发社会资源是创业者的重要使命。

财务资源指创业者及创业团队所拥有的资本，以及其在筹集和使用资本的过程中所形成的独有的不易被模仿的财务专用性资产，包括独特的财务管理体制、财务分析与决策工具、健全的财务关系网络及拥有独特财务技能的财务人员，等等。财务资源与资本之间存在着密切的联系，但又不完全等同于资本，财务资源比资本具有更丰富的内涵。创业初期，掌握充足的财务资源是新企业成功创办和顺利经营的前提。

物质资源是创业和企业经营所需要的有形资源的总和。如场地、设施、机器、办公设备、原材料等，一些自然资源如矿山、森林、草原等有时也会成为新创企业的物质资源。

技术资源主要包括关键技术、制造流程、作业系统、专用生产设备等。通常，技术资源包含三个层次：一是根据自然科学和生产实践经验而形成的各种工艺流程、加工方法、劳动技能和诀窍等，二是将这些流程、方法、技能和诀窍等付诸实现的相应的生产工具和其他物资设备，三是适应现代劳动分工和生产规模等要求的对生产系统中所有资源进行有效组织和管理的知识、经验和方法。技术资源与智慧等人力资源的区别在于，后者主要存在于个人身上，随着人员的流动会流失，技术资源大多与物质资源结合，可以通过法律手段予以保护，成为组织的无形资产。

组织资源是组织拥有的，或者可以直接控制和运用的各种要素，这些要素既是组织运行和发展所必需的，又是通过管理活动的配置整合，能够起到增值的作用，为组织及其成员带来利益的。创业中的组织资源一般指企业的组织结构、作业流程、工作规范、信息沟通、决策体系、质量系统、管理制度及正式和非正式的计划活动等。组织资源来自于创业者或其团队对新创企业的最初设计和不断调整，同时包括对环境的适应和对成功经验的学习。由于创业过程通常被解释成组织的形成过程，所以对于创业企业来说组织资源是具有标志性意义的一类资源。一般来说，人力资源需要在组织资源的支持下才能更好地发挥作用，企业文化也需要在良好的组织环境中培养。

三、创业资源与商业资源

商业资源是指包括个人在内的具有商业价值的各类有形和无形的资产和其组合。显然，创业资源是一种商业资源，但不是所有的商业资源都是创业资源。两者的关系体现在两个方面。一方面，创业资源与一般商业资源在本质上都属于商业资源的范畴，因此二者必然具有一定的共同点；另一方面，二者作为商业资源的不同分支，也必然具有各自不同的一些属性。

创业资源作为商业资源的一部分，具有商业资源所具有的共同特性。首先，两者都具有稀缺性，资源相对于创业或商业活动都是稀缺的。这里所说的稀缺性，并不是说这种资源不可再生或可以耗尽，也与这种资源绝对量的大小无关，而是指这样一个事实：与对资源的需求相比，其供给量相对不足。理论上说，资源的配置与整合永远没有最好，只能更好。另外，从广义上看，创业资源与一般商业资源的基本内容大致相近，都包括人力资源、社会资源、财务资源、物质资源等，是指创业活动或商业活动中所需要的各种生产要素和支撑条件。倘若一个人想要创业或者从事某种商业活动，则必须具备一定的条件，而拥有这些资源在某种程度上就是获得了许可证。

与商业资源相比，创业资源的差异性主要表现在范围与规模更小。尽管两者的基本内容相近，但只有创业者能够拥有或使用的资源才是创业资源。创业资源是与创业过程相伴而生的资源，创业机会只有与相应的创业资源进行匹配，才能形成现实的创业行为。否则，即使出现了大好的创业机会，创业者无法获得支撑此机会的创业资源，也只能错失良机。这些资源虽然无法成为创业资源，但是却可能成为更广泛意义的商业活动中的商业资源。这不仅是创业的过程阶段性特点决定的，也是创业活动本身的不确定因素过多决定的。

此外，有学者认为，创业资源更多表现为无形资源，一般商业资源则更多表现为有形资源。创业资源的独特性更强，创业者的个人能力和社会网络资源是其中最为关键的资源，一般商业资源中，规范的管理和制度则是企业成功的基础资源。

▶▶ 视野延展

资源在创业活动中的作用

创业活动的本质，是创业者围绕潜在机会来调动和整合一切可能获得的资源以创造商业价值的过程，这些资源包括社会资本、资金、技术及专业人才等。创业者所拥有或者能够支配的资源在很大程度上决定了创业方向。

1. 社会资本在创业中的作用

社会资本的概念是法国学者布尔迪厄（Pierre Bourdieu）于 20 世纪 70 年代提出来的，其代表著作《区分：判断力的社会批判》于 1984 年译成英文。科尔曼（James Coleman）1988 年在《美国社会学学刊》发表的《作为人力资本发展条件的社会资本》一文，在美国社会学界第一次明确使用了社会资本这一概念，并对其进行了深入的论述。

社会资本指的是个人通过社会联系获取稀缺资源并由此获益的能力。这里指的稀缺资源包括权力、地位、财富、资金、学识、机会、信息，等等。当这些资源在特定的社会环境中变得稀缺时，行为者可以通过两种社会联系获取。第一种社会联系是个人作为社会团体或组织的成员与这些团体和组织所建立起来的稳定的联系，个人可以通过这种稳定的联系从社会团体和组织获取稀缺资源。第二种社会联系是人际社会网络。与社会成员关系不同，进入人际社会网络没有成员资格问题，无须任何正式的团体或组织仪式，它是由于人们之间的接触、交流、交往、交换等互动过程而发生和发展的。

在创业研究方面，社会资本是基于人际和社会关系网络形成的资源。这种资源可以是人力资源的一部分，或者说是特殊的人力资源。社会资本能使创业者有机会接触大量的外部资源，有助于通过网络关系降低潜在的风险，加强合作者之间的信任。有学者通过研究发现：虽然个人的财务资源与其是否成为创业者没有显著关系，但是从创业者个体来看，其获取资源的能力决定了创业活动能否成功启动；创业者常常通过社会网络获取所需的信息和资源，而那些拥有丰富社会资本的创业者往往可借此得到较难获取的资源，或以低于市场的价格购买取得。

根据斯坦福大学研究中心的一份调查显示：一个人赚的钱，12.5% 来自知识，87.5% 基于正常社会经历建立的人际关系。而来自中国的数据显示，社会交往面广、交往对象趋于多样化、与高社会地位个体之间关系密切的创业者，更容易发现创新性

第八章　创业资源整合 ▶▶

更强的创业机会。

2. 资金在创业中的作用

资金是创业者资源整合的重要媒介。从产生创意、发现创业机会到构建商业模式，创业者或创业团队都绕不开资金这个话题。换言之，创业过程的每项活动都需要资金，都需要进行成本补偿。比如，对于新创企业来说，无论是进行产品研发还是生产销售，都需要大量的资金，因此如何有效地吸收资金资源是每个创业者都极为关注的问题。

很多创业者在创业之前，没有正确看待创业资金的重要性，认为企业一开始投入就能盈利，能够弥补创业过程中的资金短缺问题。事实上没那么简单，很多时候一个创业项目在起步后的相当一段时间内是没有收入的，或者收入不会像预期的那么容易。因此，在创业之前必须要做好关于资金问题的思想准备，以备不时之需，尽可能避免因为一时的资金问题让创业团队陷入困境。

大学生创业的最大困难之一就是资金缺乏。即便已经建立若干年的企业，资金链的断裂也是企业致命的威胁。据国外文献记载，倒闭破产的企业中有85％是盈利情况非常好的企业，而这些企业倒闭的主要原因是由于资金链的断裂。企业可能不会由于经营亏损而破产清算，却常常会因为资金断流而倒闭。

3. 技术在创业中的作用

对于制造类型或提供基于技术服务的新创企业而言，技术资源是企业存在和发展的基石，是生产活动和生产流程稳定的根本，其成功的关键是首先寻找成功的创业技术，原因有三个：一是创业技术是决定创业产品的市场竞争力和获利能力的根本因素，在创业初期，创业资金需求得到基本满足的情况下，创业技术是最关键的资源。二是创业是否拥有技术核心决定了所需创业资本的大小。对于在技术上非根本创新的创业企业来说，创业资本只要保持较小的规模便可维持企业的正常运营。三是从创业阶段来说，由于企业规模较小，因此管理及对人才的需求度不像成长期那样高，创业者的企业家意识和素质是创业阶段最关键的创业人才和创业管理资源。

技术资源的主要来源是人才资源，重视技术资源的整合同时也就是注重人才资源的整合。技术资源的整合，不仅要整合、积聚企业内部的技术资源，还要整合外部的可资利用的技术资源，比如积极寻找、引进有商业价值的科技成果，加强和高校科研院所的产学研合作，等等。整合技术资源只是起点，整合技术资源是为了技术的不断创新、自主研发并拥有自主知识产权，保持技术的领先，提高新创企业的核心竞争力。

4. 专业人才在创业中的作用

组织资源观认为，塑造以知识为基础的核心能力是组织获取持续竞争优势的有效策略。这种核心能力具有独特价值，是不可模仿和难以转移的，它需要组织内部的长期开发。专业人才在创业过程中的作用可以从创业者、创业团队、管理团队及骨干员工的角度体现出来。

创业活动的本质，是创业者围绕潜在机会调动和整合一切可能获得的资源来创造商业价值的过程，这些资源包括创业者自身的物质资本、人力资本及不容忽视的社会资本。影响创业者人力资本的直接因素主要包括教育经历、产业工作经历和相关的创业经历；影响创业者社会资本的直接因素主要包括创业者的家庭背景、生活的地缘环境、拥有的社会关系，以及创业团队所具有的其他特征等。创业者是新创企业的核心，其所具有的人力资本、社会资本对新创企业的创建和后续发展具有非常关键的作用。

随着知识经济的兴起、高科技产业发展，人们发现单靠个人力量越来越难以成功创业，创业团队的重要性更加凸显。大量的实证研究表明，团队创办的企业在存活率和成长性两方面都显著高于个人创办的企业。这是因为团队创业通常具有更多样化的技能和竞争力基础，可以形成更广阔的社会和企业网络，有利于获取额外的资源。创业投资家也经常把新企业创业团队的素质作为其投资与否的最重要的决策依据之一。当然，创业者的人力资本和社会资本对创业团队的组建也有重要作用。一方面，优秀的创业领导人更有可能吸引优秀的人才来共同创业；另一方面，创业者的社会资本对创业团队的组建和保持发挥着不可忽视的作用。

管理团队也是创业过程中重要的人力资源。随着新创企业发展到一定阶段，管理体系逐渐健全，各项规章制度逐步完善，组织架构也日益明晰，公司就需要从外部引进一些专业管理人才，这些专业人士能够为企业带来有益的建议与革命性的管理思路。需要提及的是，正是因为专业人士具有外来性，管理风格与理念可能与原本创业团队中的核心成员不同，甚至可能有矛盾冲突。

此外，在创业过程中还有其他可供利用的人力资源，如管理咨询公司、银行、风险投资公司、律师事务所、高校等机构的专业人士。大学生创业者在对企业运作中某项业务不太熟悉时，可以充分利用外部专业人士的帮助，积极与知名的行业专家和学者建立紧密联系，以获得专业知识和建议，整合各方面的资源，提高创业成功率。

第二节　创业资源整合

一、影响创业资源获取的因素

资源的获取指在确认并识别资源的基础上去获取资源。创业资源的获取对于创业的成功非常重要，资源获取的程度决定了创业由想法转化为行动的启动方式和切入方式，影响创业资源获取的主要因素有创业项目的商业价值、资源的配置方式、创业者的能力和社会网络。

1. 创业项目的商业价值

不是所有的创业项目都具备较好的商业价值，具备商业价值的项目更加能够得到资源的青睐，更加有利于创业资源的获取。在资本市场上，一家具有出众商业潜力的企业，往往受到多家投资机构的关注，就是这个道理。

2. 资源的配置方式

资源配置是指资源的稀缺性决定了任何一个社会都必须通过一定的方式把有限的资源合理分配到社会的各个领域中去，以实现资源的最佳利用，即用最少的资源耗费，生产出最适用的商品和劳务，获取最佳的效益。资源配置的方式决定着资源具有一定的倾向性。创业者准确判断并把握资源的配置方式，有利于创业过程中资源的获取。

3. 创业者的能力

创业者的能力是创业企业软实力的重要表现，创业者的能力越强，创业者获取资源的可能性就越大。创业者能力包括沟通能力、学习能力、表达能力、管理能力、协调能力等诸多方面，高水平的创业者能够为企业创造良好的环境。

4. 社会网络

社会网络是指社会个体成员之间因为互动而形成的相对稳定的关系体系，社会网络关注的是人们之间的互动和联系，社会互动会影响人们的社会行为。社会网络对创业资源的获取具有重大的意义，不同的社会网络和网络地位，为人们的交流、沟通提供了不同的渠道。在社会网络中处于优势地位的创业者更加容易获得创业资源。

二、获取创业资源的常见途径

创业资源对创业不可或缺、意义重大，那么我们应该怎样获得创业资源呢？首先，我们要看到那些我们已经拥有的资源，不要做"睁眼瞎"。资源明明就在你面前，却被你视而不见，等其他创业者利用这些资源创造出非凡的价值，你才注意到，已经晚了。其次，我们要学习"整合创业资源"。资源不在于拥有，而在于整合。你拥有了最好的资源，但没有把它们放在最恰当的位置，没有实现它们最大的效用，这样的资源你拥有再多，也是无意义的消耗，甚至是一种浪费。

这里介绍几种重要的创业资源的常见获取途径。

1. 人力资源的常见获取途径

这里的人力资源是指创业者及其团队拥有的知识、技能、经验、人际关系、商务网络等。

现在大学里几乎都有创业课程、创业者协会、科技和发明协会，以及讨论或实践创业的学生社团、沙龙、论坛和讲座等。这些团队通常有固定的活动时间，学生们可以和志同道合的朋友交谈，甚至有时候可能会有向成功企业家请教的机会。一些创新创业课程不仅由学校的老师来讲，也会邀请校外企业家授课，这不仅是我们学习创业知识的重要渠道，也是我们和其他创业者、创业导师，以及企业家建立联系的重要途径，这常常是被很多大学生忽略的宝贵的获取创业人力资源的途径。

优秀的人一般不会主动来到你身边，所以需要我们在大学期间主动地、大胆地向优秀的人请教。要善于寻找最好的顾问，如高素质的董事、律师、银行家、会计师与其他专业人士，并诚挚地邀请他们尽早尽可能深入地参与到我们的创业活动中，甚至加入我们的创业团队。我们可以将学校、政府、企业里面优秀的、值得拜访、并对我们创业有帮助的人列出，设法找到他们的联系方式，然后大胆地、大方地给他们打电话（或者发邮件、利用 QQ 等工具），请求拜访和交流。要记住，拜访前必须做好充足的准备。我们要相信，优秀的人一定很乐意帮助上进的优秀大学生，同时也一定要对自己充满信心。

对大学生来说，学校内外的实践、实习活动都是获取人力资源的重要途径。如果有可能，我们可以在大学期间从事一些力所能及的商业活动，如做一些产品的校园或者地区代理，不管是热水袋、拖鞋、牛奶、化妆品，还是手机卡、文具、数码产品、家教中心等，都可以去尝试。在这个过程中既能赚些钱，增长关于市场的知识，还可以锻炼组织、协调能力，扩大视野和交际面。也可以考虑进入一个企业为别人工作，通过打工的经历学习行业知识、建立客户资源渠道，了解企业运作的经验，学习开拓市场的方法，认知商业模式。

2. 技术资源的常见获取途径

现在很多大学生创业项目都有或多或少的"技术含量"，那么如何获取创业起步项目所依赖的技术资源呢？

了解最新技术信息，大学生创业者应该随时关注各高校实验室、老师或者学生的研发成果，可以去国家专利局查阅各种申请专利，养成及时关注科技信息、浏览各种科技报道、留意科技成果、寻找具有巨大商机的技术的习惯。政府机构、同行创业者或同行企业、专业信息机构、图书馆、大学研究机构、新闻媒体、会议及互联网等，都是我们获取这些信息的渠道，可以根据自己的实际情况与各种方式的特点，选择一种或多种方式，尽可能获取有效的、需要的信息。

把必要技术"据为己有"的途径包括：吸引技术持有者加入创业团队；购买他人的成熟技术，并进行技术市场寿命分析等；购买他人的前景型技术，再通过后续的完善开发，使之达到商业化要求；同时购买技术和技术持有者；自己研发，但这种方式需要时间长、耗资大。

3. 外部资源的常见获取途径

获取外部资源中的资金，有多种途径，如依靠亲朋好友筹集资金；抵押、银行贷款或企业贷款；争取政府某个计划的资金支持；吸引新的拥有资金的创业同盟者加入创业团队，吸引现有企业以股东身份向新企业投资、参与创业活动，以及吸引企业孵化器或创业投资者的股权资金投入等。这些"融资渠道"将在下一节中详细介绍。

创业企业要想生存下来，营销是需要重点考虑的事情。营销网络将帮助新创企业产品或服务走向市场，使创业活动实现盈利。一般情况下，新创企业都需要借用他人已有的营销网络，使用公共流通渠道；也可以自建营销网络与借用他人营销网络相结合，扬长避短，使营销网络更适应于新创企业的要求；完全依靠自建网络，就需要强大的资金或背景支持了，对创业者来说是比较困难的。

三、整合创业资源的基本原则

根据熊彼特的观点，"创业者的功能就是实现新组合"，创业资源的优化配置是创业者要实现成功创业必须仔细斟酌的问题。也有学者曾经通过经验分析得出结论，"创业的精髓在于使用外部资源的能力和意愿"。现在美国用"entrepreneur"专指在没有拥有多少资源的情况下，锐意创新，发掘并实现潜在机会的价值的创业者。在这个问题上我们也许还可以从阿玛·百蒂的话中得到启示："准创始人中绝大部分面临的最大挑战不是筹集资金，而是如何在没有资金的情况下把事情办好的智慧和干劲。"可以说，创业成功并不需要百分百拥有所有资源，整合资源的能力远胜于拥有所有创业资源。

关于资源整合的定义，一般认为是企业战略调整的手段，也是企业经营管理的日常工作。整合就是要优化资源配置，就是要有进有退、有取有舍，就是要获得整体的最优。资源整合是企业对不同来源、不同层次、不同结构、不同内容的资源进行识别与选择、获取与配置、激活和有机融合，使其具有较强的柔性、条理性、系统性和价值，并创造出新的资源的一个复杂的动态过程。实际上，所有成功创业者在新创企业成长的各个阶段，都会做到用尽可能少的资源推进企业发展。

许多创业者早期所能获取与利用的资源都相当匮乏，而优秀的创业者在创业过程中所体现出的卓越创业技能之一，就是创造性地整合和运用资源，尤其是那种能够创造竞争优势，并带来持续竞争优势的战略资源。尽管与已存在的进入成熟发展期的大公司相比，创业型企业资源比较匮乏，但实际上创业者所拥有的创业精神、独特创意及社会关系等资源，却同样具有战略性。因此，对创业者而言，一方面要借助自身的创造性，用有限的资源创造尽可能大的价值，另一方面更要设法获取和整合各类战略资源。

对于创业者来说，整合创业资源要注意以下几点。

1. 资源有限，节约为先

创业者的资源的"有限"决定了我们必须"节约"。尤其是大学生创业者没有足够长的工作经历积攒开办企业所需要的资金，没有足够的信用史，没有贵重的个人资产，所以难以从银行或投资者那里筹措资金。大量有关初创资金来源的报告显示，创业者的初创资金主要来自创业者个人或家庭成员、朋友。传统的外部资金来源，如银行贷款，很难成为多数创业者的选择。即使是风险投资，也只是青睐少数的成长潜力大的企业。在这种情况下，我们必须追求更经济的做事方法，尽可能争取在有限资源的约束下获取满意的收益，包括在资源受限的情况下寻找实现创业目标的途径；最大限度地降低对外部资源的依赖；最大限度地发挥创业者投在企业内部的资源的作用。

"节约"意味着降低资源的使用量，但过分强调降低成本，会影响产品和服务质量，甚至会制约创业的发展。如为了求生存和发展，有的创业者不注重环境保护，或者盗用别人的知识产权，甚至以次充好。这样的创业活动尽管短期可能赚取利润，但长期而言，发展潜力有限。所以节约是有前提的，就是明确我们的创业使命，在能够实现创业使命的可行路径中，选择成本最小的。例如创业往往需要有办公场所，这时在不影响我们的创业使命的情况下，我们可以通过申请政府或高校创立的创业园或创业孵化器，享受那里的免费或低价办公室，与其他创业者一起共享办公设备等，也可以利用兼职人员、实习生。我们完全可以相信自己：我们能够想出很好的创意，用极低的成本，获取相当的收益。

"节约"不仅是资源受限的必需策略，同时也可以帮助创业者更好地掌控企业的所有权和管理权。外部融资基本上都会降低创业者对企业所有权的份额，从而减少创业者所享有的企业所创造的财富和利润。同时，"节约"还可以一定程度地降低创业者需要承担的风险，增加企业的柔韧度，提升创业者控制与管理的能力。只要运用得当，不谨小慎微、事无巨细，"节约"是创业者在进行资源整合时，应该持有的一个基本理念。

2. 资源无限，连接一切

对创业者来说，看上去你拥有的资源是有限的。但是换一个角度，当你在资源与资源之间建立起连接，资源利用的可能性就被无限扩充了。

很多资源看上去是无用的、废弃的，但创业者可以通过自己的独有经验和技巧，对其进行整合再造。现实中，很多高新技术企业的创业者并不是科班出身，可能是出于兴趣或其他原因，对某个领域的技术略知一二，却凭借这个略知的"一二"敏锐地发现了机会，并迅速实现了相关资源的整合。马云曾经多次声称自己"不懂技术"，却缔造了阿里巴巴的商业奇迹。这就是在自己拥有的人力资源——创业者的智慧，与其他人拥有的技术资源——技术团队的执行力，两者之间建立了连接，实现了资源的整合，把有限的资源变成了无限的可能。

李小龙的哲学思想"以无法为有法，以无限为有限"，对创业者来说同样意蕴深刻。创业者应该善于用发现的眼光，洞悉身边各种资源的属性，将它们创造性地连接起来。这种整合很多时候甚至不是事前仔细计划好的，往往是具体情况具体分析、"摸着石头过河"，甚至是"灵光一现"的产物。而这也正体现了创业的不确定性，并考验了创业者的资源整合能力。

3. 充分利用，杠杆显效

如何用尽可能少的付出获取尽可能多的收获？古希腊科学家阿基米德给我们的答案是：假如给我一个支点，我就能撬动地球。这句名言说的就是"杠杆原理"。杠杆原理启示我们：也许你现有的资源还没有被充分地开发和利用，只要我们找到合适的"支点"，就能够把其利用得更充分，使其显现出更大的效用，可能体现在：更加长期地使用现有资源；更充分地利用别人没有意识到的资源；利用他人或者别的企业的资源来完成自己的创业目的；利用一种资源获得另一种资源，等等。

在创业过程中，容易产生杠杆效应的资源，主要包括人力资本和社会资本等非物质资源。创业者的人力资本一般由人力资本与特殊人力资本构成，一般人力资本包括受教育背景、以往的工作经验及个性品质特征等。特殊人力资本包括产业人力资本（与特定产业相关的知识、技能和经验）与创业人力资本（如先前的创业经验或创业背景）。调查显示，特殊人力资本会直接作用于资源获取，有产业相关经验和先前创业经验的创业者能够更快地整合资源，更快地实施市场交易行为。而一般人力资本使创业者具有知识、技能、资格认证、名誉等资源，也提供了同窗、校友、老师及其他连带的社会资本。

相比之下，社会资本有别于物质资本、人力资本，是社会成员从各种不同的社会结构中获得的利益，是一种根植于社会关系网络的优势。在个体分析层面，社会资本是嵌入、来自于并浮现在个体关系网络之中的真实或潜在资源的总和，它有助于个体开展目的性行动，并为个体带来行为优势。外部联系人之间社会交往频繁的创业者所获取的相关商业信息更加丰裕，从而有助于提升创业者对特定商业活动的深入认识和理解，使创业者更容易识别出常规商业活动中难以被其他人发现的顾客需求，进而更容易获得财务和物质资源——这正是其杠杆作用所在。

4. 资源共享，利益共赢

现代的商业已经不是"单打独斗"的年代，创业者必须学会"抱团取暖"。把一定的资源共享，往往能够吸引到广泛的资源共享者，共同创造更大的收益，实现两方或多方共赢。如果有利益影响或驱动，实现共赢就变得轻而易举。所以如何设置资源共享中的利益机制，是用这种方法进行资源整合的重点。

整合资源需要关注有利益关系的组织或个人，要尽可能多地找到利益相关者。同时，分析清楚这些组织或个体和自己的创业活动有何利益关系，利益关系的强度和远近怎样，整合到资源的可能性多大。利益关系者之间的利益关系有时是直接的，有时是间接的，有时是显性的，有时是隐形的，有时甚至还需要在没有的情况下创造出来。另外，有利益关系也并不意味着能够实现资源整合，还需要找到或发展共同的利益，或者说利益共同点。为此，识别到利益相关者后，逐一认真分析每一个利益相关者所关注的利益非常重要，多数情况下，将相对弱的利益关系变强，更有利于资源整合。

资源整合是多方面的合作，切实的合作需要有各方面利益真正能够实现的预期加以保证，这就要求寻找和设计出多方共赢的机制。对于在长期合作中获益、彼此建立起信任关系的合作，双赢和共赢的机制已经形成，进一步的合作并不很难。但对于首次合作，建立共赢机制尤其需要智慧，要让对方看到潜在的收益，为了获取收益而愿意投入资源。因此，创业者在设计共赢机制时，既要帮助对方扩大收益，也要帮助对方降低风险，降低风险本身也是扩大收益。在此基础上，还需要考虑如何建立稳定的信任关系，并加以维护管理。

整合资源为我所用

办一个鞋厂需要哪些资源？需要订单、资金、场地设备、人才团队、原材料这五大基本资源。如果这五大资源你都没有，你会如何去创办一个鞋厂？

来自湖北的小伙张家维给出的答案是：用了一年半时间，在创新思路的指引下，以低成本整合以上五大资源，目前已拥有1家总公司、4个工厂、1个办事处、2个外贸接单中心。他是怎么做到的？他说，干一件事情下，不是看你有什么，而是看你想什么！张家维坦言，在只有思路、其他什么都缺的情况下，要整合好各种资源并不容易，常常碰壁。

看到一些鞋业工厂由于面临困境处于停工状态时，张家维就跟对方谈，让对方把工厂以一种新的合作方式让他使用，他每销售1双鞋子向工厂业主支付1元钱，并向工厂支付一定的保证金，但不承担工厂业主的任何债务。张家维说，这种新的合作方式，不少鞋企老板并不认可，他们觉得直接拿一笔租金省事些，但这种风险共担、收益共享的新的合作模式也得到一些老板的认可。

"在所有的这些生产要素当中，最核心的资源是优质订单。"当工厂有合作意向后，最重要的是要拿到订单。他提出了以股权换订单的思路，让出一家工厂20%～30%的股份给拥有订单资源的出口贸易商，以换取更多的国外订单资源。他的这个合作思路获得了一些出口贸易商的支持。

在管理方面，张家维很好地运用了股权激励的方式，出让一部分的工厂股份吸引一批优秀的职业经理人，由二三人组合成为微型的管理团队，扁平化管理各个工厂的日常生产和运作，降低了工厂的管理成本。

在资金方面，张家维也是以股权投资的方式获得了一些投资商的支持，为公司起步发展解了燃眉之急。通过这种资源整合的方式，张家维启动一家工厂的资金不到200万元，远远低于正常运作一家工厂的资金。

第三节　创业融资渠道

一、创业融资认知

融资主要是指资金的融入，也就是通常意义的资金来源，具体是指通过一定的渠道、采用一定的方法、以一定的经济利益付出为代价，从资金持有者手中筹集资金，满足资金使用者在经济活动中对资金需要的一种经济行为。

创业融资有广义和狭义之分。狭义的融资概念仅指不同资金所有者之间的资金融通，即资金从资金供给方流向需求方。广义的融资不仅包括前者，还包括某一经济主体通过一定方式在自己内部进行资金融通。

了解创业融资，需要知道一些基本的概念，下面就融资方式、融资成本、融资动机与偏好做基本的介绍。

（一）融资方式

1. 外源融资与内源融资

从融资主体角度，创业融资的方式可以作三个层次的划分：第一层次为外源融资和内源融资；第二层次将外源融资划分为直接融资和间接融资；第三层次则是对直接融资和间接融资再作进一步的细分。

创业企业内源融资，是指创业企业依靠其内部积累进行的融资，具体包括如下几种形式：资本金（除股本）、折旧基金转化为重置投资和留存收益转化为新增投资。创业企业外源融资，则是指企业通过一定方式从外部融入资金用于投资。

相对于外源融资，内源融资可以减少信息不对称的问题及与此相关的激励问题，节约企业的交易费用，降低融资成本，也可以增强企业的剩余控制权。内源融资在企业的生产经营和发展壮大中的作用是相当重要的。但是，内源融资能力及其增长，要受到企业的盈利能力、净资产规模和未来收益预期等方面的制约。现实中的资金供求矛盾总是存在的，并推动着外源融资的发展。任何企业在创业发展过程中，都会遇到一个确定内源融资与外源融资合理比例的问题。

直接融资，是指企业作为资金需求者向资金供给者直接融通资金的方式，一般是指发行股票和债券等；间接融资方式，则是企业通过金融中介机构间接向资金供给者融通资金的方式，一般是指银行或非银行金融机构的贷款等。

就各种融资方式来看，内部融资不需要实际对外支付利息或股息，不会减少企业的现金流量；同时由于资金来源于企业内部，不发生融资费用，内部融资的成本远低于外部融资。因此它是企业首选的融资方式。

但企业内部融资能力的大小取决于企业利润水平、净资产规模和投资者的预期等因素；当内部融资仍不能满足企业的资金需求时，企业可以考虑转向外部融资，但外部融资方式中股权融资会使企业股东股权稀释，收益减少，并且产生的影响时间较长，而债务融资则成本较高，但影响时间较短。

2. 股权融资和债权融资

按大类来分，企业的融资方式有两类：股权融资和债权融资。这也是两个被创业者和投资者经常提及的名词。

股权融资是指企业的股东愿意让出部分企业所有权，通过企业增资的方式引进新的股东的融资方式。股权融资所获得的资金，企业无须还本付息，但新股东将与老股东同样分享企业的赢利与增长。股权融资的特点决定了其用途的广泛性，既可以充实企业的营运资金，也可以用于企业的投资活动。

股权融资按融资的渠道来划分，主要有两大类，公开市场发售和私募发售。所谓公开市场发售就是通过股票市场向公众投资者发行企业的股票来募集资金，包括我们常说的企业的上市、上市企业的增发和配股都是利用公开市场进行股权融资的具体形式。所谓私募发售，是指企业自行寻找特定的投资人，吸引其通过增资入股企业的融资方式。因为绝大多数股票市场对于申请发行股票的企业都有一定的条件要求，例如中国对公司上市除了要求连续 3 年赢利之外，还要企业有 5000 万的资产规模，因此对大多数中小企业来说，较难达到上市发行股票的门槛，私募成为民营中小企业进行股权融资的主要方式。

债权融资是指企业通过借钱的方式进行融资，债权融资所获得的资金，企业首先要承担资金的利息，另外在借款到期后要向债权人偿还资金的本金。债权融资的特点决定了其用途主要是解决企业营运资金短缺的问题，而不是用于资本项下的开支。债权融资产生的结果是增加了企业的负债，按渠道的不同主要分为银行信用、民间信贷、债券融资、信托融资、项目融资、商业信用及其租赁等。

无论是股权融资还是债权融资均具有一定的优点，也存在着不足，创业者要熟悉不同融资方式的利弊，考虑不同情况下的融资成本，以便做出科学的融资决策（见表 8-1）。

表 8-1　股权融资和债权融资的比较

比较项目	股权融资	债权融资
本金	永久性资本，保证企业最低的资金需要	到期归还本金
资金成本	根据企业经营情况变动，相对较高	事先约定固定金额的利息，较低
风险承担	低风险	高风险
企业控制权	按比例或约定享有，分散企业控制权	无，企业控制权得到维护
资金使用限制	限制条款少	限制条款多

债权融资的资金成本较低，合理使用还能带来杠杆收益，但债务资金使用不当会带来企业清算或终止经营的风险；股权资金的资金成本由于要在所得税之后支付，成本较高，但在企业正常生产经营过程中，不用归还投资者，是一项企业可永久使用的资金，没有财务风险。创业者在筹集资金时应对债务资金、股权资金的优缺点进行比较，并考虑企业的资金需要量、资金的可得性、宏观理财环境、筹资的成本、风险和收益及控制权分散等问题来进行综合分析。

（二）融资成本

融资成本包括融资的显性成本和隐含成本。显性成本就是创业企业的加权平均资本（包括资金筹措和资金占用费）。隐含成本包括创业者融资时所出让的所有权份额、融资不成功所错失商机的机会成本和创业企业融资契约安排下的代理成本。首先，由于创业企业的风险比较大导致投资者和债权人所要求的报酬率也比较高，如果是权益融资，投资者所要求的所有权份额也比较高；其次，创业企业没有贷款抵押和担保，风险大且盈利能力弱，这种企业无法从诸如内部积累、股票市场、债券市场和银行这些传统渠道获得资金，这样创业企业的资金筹措费用也比较高；最后，创业融资是一种资金、管理与创意相结合的融资，创业者拥有创意和技术，而资金基本上由投资者和债权人提供，因此创业融资的代理成本比较高。

（三）融资动机与偏好

创业企业融资有不同的动机，根本原因是为了企业的发展。创业企业融资的内在动机有：提高核心能力，扩大市场规模和份额，提高企业盈利能力。

融资资源有各种偏好和方式，包括他们将提供多少资金、在创业企业生命周期的哪个阶段投资、资本的成本或他们寻求的预期年回收率。要确定真实的融资资源并制定出相应的融资战略，需要知道投资者或贷款人正在寻求的投资类型。事先对特定投资者或贷款人的偏好作适当研究，可以避免盲目寻找，并节省许多个人资金，同时可以大大增加按可接受条件成功筹集资金的可能性。

创业者的融资偏好应与投资者偏好、融资成本、融资风险及创业企业的投资性等匹配。投资者根据对风险的偏好程度可以分为：风险偏好者、风险厌恶者与风险中性者。创业企业由于创立的时间不长，未来的成长不确定性很高，潜伏的失败风险极大。一般来说，风险偏好者愿意投资成长性高的高技术企业，期望获得高的收益，如创业投资者。银行等中介机构出于安全性原则，一般不愿意贷款给新兴的企业，新兴的企业的风险更高，贷款收不回的可能性更大，所以应实行信贷配给。投资者或贷款人的实践方式因人而异，即使同一类的投资，贷款人也会随市场条件、时间、地点的不同而采取不同的行动。

▸▸ 视野延展

创业的启动资金

你知道你的创业究竟需要多少启动资金吗？你可能有一个粗略的估计，但这还不够详细，无法支撑你制作一套可行的创业计划书，要准确地衡量你需要多少启动资金，这是成功的关键。如果低估了需求，那么在企业开始盈利之前，你可能就已经用光了运营资金。而预测成本过高，你又可能永远都无法筹集到足够的资金以起步。

启动资金用来支付场地（土地和建筑）、办公家具和设备、机器、原材料和商品库存、营业执照和许可证、开业前广告和促销、工资所产生的费用，以及水电费和电话费，等等。这些支出可以归为两类：投资资金和流动资金。

1. 投资资金

投资资金，也叫固定资产，是指你为企业购买的价值较高、使用寿命长的东西。有的企业用很少投资就能开办，而有的却需要大量的投资才能启动。明智的做法是把必要的投资降到最低限度，让企业少担些风险。实事求是地说，每个企业开办时总会有一些投资。

投资资金一般可以分为两类：企业用地和建筑，设备。办企业或开公司，都需要有适用的场地和建筑。也许是用来开工厂的整个建筑，也许只是一个小工作间，也许只需要租一个铺面。如果你能在家开始工作，就能降低投资。当清楚了需要什么样的场地和建筑时，要做出以下选择：或建造新的建筑，或购买现成的建筑，或租用办公场地，或在家开业。

设备是指你的企业需要的所有机器、工具、车辆、办公家具等。对于制造商和一些服务行业，最大的需要往往是设备。一些企业需要在设备上大量投资，因此了解清楚需要什么设备，以及选择正确的设备类型就显得非常重要。即使是只需要少量设备的企业，也要慎重考虑你确实需要哪些设备，并把它们写入创业计划。

2. 流动资金

企业开张后要运转一段时间才能有销售收入。制造商在销售之前必须先把产品生产出来；服务企业在开始提供服务之前要买材料和用品；零售商和批发商在卖货之前必须先买货。所有企业在招揽顾客之前必须先花时间和费用进行促销。总之，你需要流动资金支付至少以下种类的开销：购买并储存原材料和成品，促销，工资，租金，保险和许多其他费用。

有的企业需要足够的流动资金来支付 6 个月的全部费用，也有的企业只需要支付 3 个月的费用。总之你必须预测，在获得销售收入之前，你的企业能够支撑多久，也就是要计算出你的"盈亏平衡点"。一般而言，刚开始的时候销售总不如你想象得顺利，因此，你的流动资金要计划得富裕些。你需要制订一个现金流量计划。它会帮助你更准确地预测你所需要的流动资金。等你做完这个计划之后，你可能还得回头再更改启动资金里的流动资金数额。

创业者往往容易忽略的是流动资金包括"工资"，包括雇用员工的工资，也包括创业者自己的工资，甚至包括人员流动造成的人力资源成本。

在企业起步阶段，还要支付一些其他费用，例如电费、文具用品费、交通费等，这些也是需要考虑的。一般来说，在收回成本之前，微小企业事先至少要准备 3 个月的流动资金。

随着创业环境的开放性、创业方向的多元性、创业活动的多样性增强，创业启动资金包括的内容也更加丰富，但是万变不离其宗，为了控制创业的资金风险，为了保障创业的持续发展，你必须制订一个创业启动阶段的现金流量计划、明确自己所需要的启动资金数目与用途。

二、创业融资的常见渠道

融资渠道是指企业筹集资本来源的方向与通道，体现资本的源泉和流量。融资渠道主要由社会资本的提供者及数量分布决定。了解融资渠道的种类、特点和适用性，有利于创业者充分利用和开拓融资渠道，实现各种融资渠道的合理组合，有效筹集所需资金。关于我国创业融资渠道分类的界定，还不是十分清晰，这里就大学生创业融资的常见渠道，做简要的介绍。

（一）私人资本融资

私人资本包括创业者个人积蓄、亲友资金、天使投资等。据世界银行所属的国际金融公司(IFC)对北京、成都、顺德和温州四个地区的私营企业的调查，我国私营中小企业在初始创业阶段几乎完全依靠自筹资金，其中，90%以上的初始资金是由主要的业主、创业团队成员及家庭提供的，银行和其他金融机构贷款所占的比例很小，私人资本在创业融资中具有不可替代的作用。

1. 个人积蓄

尽管有些创业者没有动用过个人资金就办起了新企业，但这种情况非常少见。这不仅因为从资金成本或企业控制权的角度来说，个人资金成本最为低廉，而且还因为创业者在试图引入外部资金时，外部投资者一般都要求企业必须有创业者的个人资金投入其中。所以，个人积蓄是创业融资最根本的渠道，几乎所有的创业者都向他们新创办的企业投入了个人积蓄。

个人积蓄的投入对于创业企业来说具有非常重要的意义：首先，创业者个人积蓄的投入，表明了创业者对于项目前景的看法，只有当创业者对未来的项目充满信心时，他才会毫无保留地向企业投入自己的积蓄；其次，将个人积蓄投入企业，是创业者日后继续向企业投入时间和精力的保证，投入企业的积蓄越多，创业者在日后的生产经营过程中对企业投入的关注越多；再次，个人积蓄的投入是对债权人债权的保障，由于在企业破产清算时，债权人的权益优于投资者的权益，所以，企业能够融到的债务资金一般以投资者的投入为限，创业者投入企业的初始资金是对债权人债权的基本保障；最后，个人积蓄的投入有利于创业者分享投资成功的喜悦。因此，准备创业的人，应从自我做起，较早地将自己收入的一部分储蓄起来，作为创业储备资金。

创业者可以通过转让部分股权的方式从合伙人那里取得创业资金，创办合伙企业。或通过公开或私募股权的方式，从更多的投资者那里获得创业资金，成立公司制企业。将个人合伙人或个人股东纳入自己的创业团队，利用团队成员的个人积蓄是创业者最常用的筹资方式之一。

就中国的现状而言，家庭的资金支持在大学生创业中起到重要的作用。以家庭为中心，形成的亲缘、地缘、商缘等为经纬的社会网络关系，对包括创业融资在内的许多创业活动产生重要影响，因此，创业者及其团队成员的家庭储蓄一般归入个人积蓄的范畴。

对许多创业者来说，个人积蓄的投入虽然是新企业融资的一种途径，但并不是根本性的解决方案。一般来说，创业者的个人积蓄对于新创企业而言，总是十分有限的，特别是对于新创办的大规模企业或资本密集型的企业来说，几乎杯水车薪。

2. 亲友资金

对于新创企业来说，除了个人积蓄之外，身边亲朋好友是最常见的资金来源。亲朋好友由于与创业者个人的关系而愿意向创业企业投入资金，因此，亲友资金是创业者经常采用的融资方式之一。

在向亲友融资时，创业者必须要用现代市场经济的游戏规则、契约原则和法律形式来规范融资行为，保障各方利益，减少不必要的纠纷。第一，创业者一定要明确所融集资金的性质，据此确定彼此的权利和义务。若融集的资金属于亲友对企业的投资，则属于股权融资的范畴；若融集的资金属于亲友借给创业者或创业企业的，则属于债权融资。由于股权资本自身的特性，创业者对于亲友投入的资金可以不用承诺日后的分红比例和具体的分红时间；但对于从亲友处借入的款项，一定要明确约定借款的利率和具体的还款时间。第二，无论是借款还是投资款项，创业者最好能够通过书面的方式将事情确定下来，以避免将来可能出现的矛盾。

除此之外，创业者还要在向亲友融资之前，仔细考虑这一行为对亲友关系的影响，尤其是创业失败后的艰难困苦。要将日后可能产生的有利和不利方面告诉亲友，尤其是创业风险，以便将将来出现问题时对亲友的不利影响降到最低。

3. 天使投资

天使投资指个人出资协助具有专门技术或独特概念而缺少自有资金的创业家进行创业，并承担创业中的高风险和享受创业成功后的高收益；或者说是自由投资者或非正式风险投资机构对原创项目构思或小型初创企业进行的前期投资，是一种非组织化的创业投资形式。

天使投资一词源于纽约百老汇，特指富人出资资助一些具有社会意义的演出的公益行为。对于那些充满理想的演员来说，这些赞助者就像天使一样从天而降，使他们的美好理想变为现实。后来，天使投资被引申为一种对高风险、高收益的新兴企业的早期投资。天使资本主要有三个来源：曾经的创业者，传统意义上的富翁，大型高科技公司或跨国公司的高级管理者。在部分经济发展良好的国家中，政府也扮演了天使投资人的角色。

在美国约有 25 万个以上的天使投资者，其中有 10 万人在积极投资。他们每年在总共 2 万～3 万家公司投资 50 亿～100 亿美元。在中国，随着经济的发展，一部分富人在希望自己越来越富有的同时也在寻求挑战，开始充当天使投资者。中国的天使投资者近年有了较快增长，以真格基金创始人徐小平先生为代表的天使投资者进行的投资活动，在社会上和创业者中产生了广泛的影响。

天使投资分为两类，一类是有行业背景的天使投资，另一类是没有行业背景的天使投资。这两类天使投资，从行为、预期到和创业团队的合作都非常不一样。从资本的角度来说，这两类投资人都是非常好的来源。创业者早期仍需要资金，而来源非常有限，所以才寻求天使投资支持。否则，完全可以自己做得稍微成熟一些再寻求早期风险投资。倘若创业团队早期并非单纯缺乏资金，寻找具有行业背景的天使投资则更加理性。

（二）机构融资

和私人资金相比，机构拥有的资金数量较大，挑选被投资对象的程序比较正规，获得机构融资一般会提升企业的社会地位，给人以企业很正规的印象。机构融资的途径有银行贷款、非银行金融机构贷款、中小企业间互助机构贷款、风险投资等。

1. 银行贷款

2006 年，孟加拉国格莱珉银行的创立者穆罕默德·尤努斯因以银行贷款的方式帮助穷人创业而获得诺贝尔和平奖。中国也有很多银行推出了支持个人创业的贷款产品。如 2003 年 8 月，中国银行、光大银行、广东发展银行、中信银行等金融机构相继推出"个人创业贷款"项目，而中国农业银行早在 2002 年 9 月就推出了《个人生产经营贷款管理办法》并一直在运行中。比较适合创业者的银行贷款形式主要有抵押贷款和担保贷款两种。缺乏经营历史从而也缺乏信用积累的创业者，比较难以获得银行的信用贷款。

（1）抵押贷款

抵押贷款指借款人以其所拥有的财产作抵押，作为获得银行贷款的担保。在抵押期间，借款人可以继续使用其用于抵押的财产。抵押贷款有以下几种。

其一，不动产抵押贷款。不动产抵押贷款是指创业者可以土地、房屋等不动产作抵押，从银行获取贷款。

其二，动产抵押贷款。动产抵押贷款是指创业者可以用机器设备、股票、债券、定期存单等银行承认的有价证券，以及金银珠宝首饰等动产作抵押，从银行获取贷款。

其三，无形资产抵押贷款。无形资产抵押贷款是一种创新的抵押贷款形式，适用于拥有专利技术、专利产品的创业者，创业者可以用专利权、著作权等无形资产向银行作抵押或质押获取贷款。

（2）担保贷款

担保贷款指借款方向银行提供符合法定条件的第三方保证人作为还款保证的借款方式。当借款方不能履约还款时，银行有权按照约定要求保证人履行或承担清偿贷款连带责任。其中较适合创业者的担保贷款形式有以下两种。

其一，自然人担保贷款。自然人担保贷款是指经由自然人担保提供的贷款。可采取抵押、权利质押、抵押加保证三种方式。

其二，专业担保公司担保贷款。目前各地有许多由政府或民间组织的专业担保公司，可以为包括初创企业在内的中小企业提供融资担保，像北京中关村担保公司、首创担保公司等，其他省、市也有很多此类性质的担保机构为中小企业提供融资担保服务，这些担保机构大多属于公共服务性非营利组织，创业者可以通过申请，由这些机构担保向银行借款。

（3）政府无偿担保贷款

根据国家及地方政府的有关规定，很多地方政府都为当地的创业人员提供无偿贷款担保。如上海、青岛、南昌、合肥等地的应届大学毕业生创业可享受无偿贷款担保的优惠政策，自主创业的大学生，向银行申请开业贷款的担保额度最高可为 100 万元，并享受贷款贴息；江苏省镇江市润州区创业农民可通过区农民创业担保基金中心，获取最高 5 万元贷款，并由政府为其无偿担保；湖南省各级财政安排一定的再就业资金，用于下岗失业人员小额贷款担保基金及贴息等四个方面；浙江省对持《再就业优惠证》的人员和城镇复员转业退役军人，从事个体经营自筹资金不足的，由政府提供小额担保贷款。

（4）中小企业间互助机构贷款

中小企业间的互助机构是指中小企业在向银行融通资金的过程中，根据合同约定，由依法设立的担保机构以保证的方式为债务人提供担保，在债务人不能依约履行债务时，由担保机构承担合同约定的偿还责任，从而保障银行债权实现的一种金融支持制度。信用担保可以为中小企业的创业和融资提供便利，分散金融机构的信贷风险，推进银企合作。

从 20 世纪 20 年代起，许多国家为支持中小企业发展，先后成立了为中小企业提供融资担保的信用机构。目前，全世界已有 48% 的国家和地区建立了中小企业信用担保体系。我国从 1999 年开始，已经形成了以中小企业信用担保为主体的担保业和多层次中小企业信用担保体系，各类担保机构资本金稳步增长。

（5）信用卡透支贷款

创业者可以采用两种方式取得信用卡透支贷款。一种方式是信用卡取现，另一种方式是透支消费。

信用卡取现是银行为持卡人提供的小额现金贷款，在创业者急需资金时可以帮助其解决临时的融资困难。创业者可以持信用卡通过银行柜台或是 ATM 机提取现金灵活使用。透支取现的额度根据信用卡情况设定，不同银行的取现标准不同，最低的是不超过信用额度的 30%，最高的可以将信用额度的 100% 都取出来；另外，除取现手续费外（各银行取现手续费不一），境内外透支取现还须支付利息，不享受免息待遇。创业者还可以利用信用卡进行透支消费，购置企业亟须的财产物资。

实际上按目前的社会现状来看，大学生要取得较高的信用卡透支额度是不现实的。所以这种方法一般用于应急周转。

2. 非银行金融机构贷款

非银行金融机构指以发行股票和债券、接受信用委托、提供保险等形式筹集资金，并将所筹资金运用于长期性投资的金融机构。根据法律规定，非银行金融机构，包括经银监会批准设立的信托公司、企业集团财务公司、金融租赁公司、汽车金融公司、货币经纪公司、境外非银行金融机构驻华代表处、农村和城市信用合作社、典当行、保险公司、小额贷款公司等机构。

(1)保单质押贷款

保险公司为了提高竞争力，也为投保人提供保单质押贷款。保单质押贷款最高限额不超过保单保费积累的70%，贷款利率按同档次银行贷款利率计息。如中国人寿保险公司的"国寿千禧理财两全保险"，就具有保单质押贷款的功能：只要投保人缴付保险费满2年，且保险期已满2年，就可以凭保单以书面形式向保险公司申请质押贷款。

(2)实物质押典当贷款

当前，有许多典当行推出了个人典当贷款业务。借款人只要将有较高价值的物品质押在典当行就能取得一定数额的贷款。典当费率尽管要高于银行同期贷款利率，但对于急于筹集资金的创业者来说，不失为一个比较方便的筹资渠道。典当行的质押放款额一般是质押品价值的50%~80%。

(3)小额贷款公司贷款

小额贷款公司由自然人、企业法人与其他社会组织投资设立，不吸收公众存款，经营小额贷款业务的有限责任公司或股份有限公司，发放贷款坚持"小额、分散"的原则。小额贷款公司发放贷款时手续简单，办理便捷，当天申请基本当天就可放款，可以快速地解决新创企业的资金需求。

3. 交易信贷和租赁

交易信贷指企业在正常的经营活动和商品交易中由于延期付款或预收货款所形成的企业间常见的信贷关系。企业在筹办期及生产经营过程中，均可以凭借商业信用筹集部分资金。如企业在购置设备或原材料、商品过程中，可以通过延期付款的方式，在一定期间内免费使用供应商提供的部分资金；在销售商品或服务时采用预收账款的方式，免费使用客户的资金等。

创业者也可以通过融资租赁的方式筹集购置设备等长期性资产所急需的资金。融资租赁是指实质上转移与资产所有权有关的全部或绝大部分风险和报酬的租赁。资产的所有权最终可以转移，也可以不转移。融资租赁是集融资与融物、贸易与技术更新于一体的新型金融业务。由于其融资与融物相结合的特点，出现问题时租赁公司可以回收、处理租赁物，因而在办理融资时对企业资信和担保的要求不高，所以非常适合中小企业融资；此外，融资租赁属于表外融资，不体现在企业财务报表的负债项目中，不影响企业的资信状况，对需要多渠道融资的中小企业非常有利。初创企业在筹建期，通过融资租赁的方式取得急需设备的使用权，解决部分资金需求，获得相当于租赁资产全部价值的债务信用，一方面可以使企业按期开业，顺利开始生产经营活动，另一方面又可以解决创业初期资金紧张的局面，节约创业初期的资金支出，将用于购买设备的资金用于主营业务的经营，提高企业现金流的创造能力；同时融资租赁分期付款的性质可以使企业保持较高的偿付能力，维持财务信誉。

4. 从其他企业融资

尽管在大多数情况下，企业是资金的需求者而不是提供者，但是对于不同行业的企业，或者在企业发展的不同时期，部分企业还是会有暂时的闲置资金可以对外提供的，尤其是一些从事公用事业业务的企业，或者已经发展到成熟期的企业，现金流一般会比较充足，甚至会有大量资金需要通过对外投资的方式实现较高收益。对于有闲置资金的企业，创业者既可以吸收其资金作为股权资本，还可以向这些企业借款，形成债权资本。

（三）风险投资

在我国，对于风险投资尚未形成统一的看法，比较普遍的观点是：风险投资是由专业机构提供的投资于极具增长潜力的创业企业并参与其管理的权益资本。中国的风险投资不仅涉及高科技项目，也对传统领域，如教育、医疗保健这样的项目感兴趣。

前面提到的天使投资也是广义的风险投资的一种，但狭义的风险投资主要指机构投资者。天使投资者对项目的选择有所偏好，风险投资机构也是如此。创业者在寻求风险投资机构的融资时，要注意多加了解，以便沟通。一般来说，创业者寻求风险投资需要经过十个步骤（见图 8-6）。

（四）政府扶持基金

创业者还可以利用政府扶持政策，从政府方面获得融资支持。政府的资金支持是中小企业资金来源的一个重要组成部分。综合世界各国的情况，政府的资金支持一般能占到中小企业外来资金的 10％左右，资金支持方式主要包括：税收优惠、财政补贴、贷款援助、风险投资和开辟直接融资渠道等。

随着我国经济实力的增强，政府对创业的支持力度，无论从产业的覆盖面还是从政府对创业者的支持额度都有了很大进展，由政府提供的扶持基金也在逐步增加。如专门针对科技型企业的科技型中小企业技术创新基金，专门为中小企业"走出去"准备的中小企业国际市场开拓资金等，还有众多的地方性优惠政策等。创业者应善于利用相关政策的扶持，以达到事半功倍的效果。

1. 再就业小额担保贷款

根据中发〔2002〕12 号文件精神，为帮助下岗失业人员自谋职业、自主创业和组织起来就业，对于诚实守信、有劳动能力和就业愿望的下岗失业人员，针对他们在创业过程中缺乏启动资金和信用担保，难以获得银行贷款的实际困难，由政府设立再担保基金。通过再就业担保机构承诺担保，可向银行申请专项再就业小额贷款。该政策从2003 年年初起陆续在全国推行，并不断扩大小额担保贷款的范围，目前再就业小额担

```
┌─────────────────────────────────────┐
│      创业者了解自身的资金需求            │
└─────────────────────────────────────┘
                  │
┌─────────────────────────────────────┐
│    了解、分析创业投资市场和相应机构        │
└─────────────────────────────────────┘
                  │
┌─────────────────────────────────────┐
│      确定寻求创业投资的可能性            │
│   初步确定寻求融资的目标创业投资机构       │
└─────────────────────────────────────┘
                  │
┌─────────────────────────────────────┐
│          准备创业计划                  │
└─────────────────────────────────────┘
                  │
┌─────────────────────────────────────┐
│        联系接洽创业投资机构             │
│        提交创业计划执行总结             │
└─────────────────────────────────────┘
                  │
┌─────────────────────────────────────┐
│      最终确定关键的创业投资机构          │
└─────────────────────────────────────┘
                  │
┌─────────────────────────────────────┐
│      接受创业投资机构的尽职调查          │
└─────────────────────────────────────┘
                  │
┌─────────────────────────────────────┐
│   就企业价值和投资的股权架构进行谈判       │
└─────────────────────────────────────┘
                  │
┌─────────────────────────────────────┐
│        确定最终投资协议               │
└─────────────────────────────────────┘
                  │
┌─────────────────────────────────────┐
│   获得创业投资，投资方参与企业发展         │
└─────────────────────────────────────┘
```

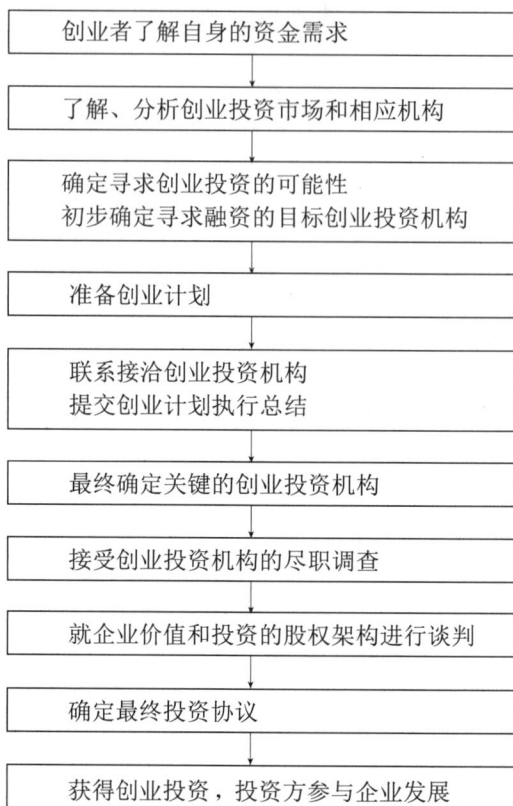

图 8-6 创业者寻求创业投资的步骤

保贷款的适用范围包括：年龄在指定范围内（一般为 60 岁以内，各地政策可能有所不同），有创业愿望和劳动能力，诚实守信，有《下岗证》或者《再就业优惠证》的国企、城镇企业下岗职工，退役军人，农民工，外出务工返乡创业人员，吸纳下岗失业人员达到地方规定的小企业、合伙经营实体或劳动密集型企业，大中（技）专毕业生，残疾人员，失地农民等符合条件的人员。

2. 科技型中小企业技术创新基金

科技型中小企业技术创新基金是于 1999 年经国务院批准设立的，为扶持、促进科技型中小企业技术创新，用于支持科技型中小企业技术创新项目的政府专项基金，由科技部科技型中小企业技术创新基金管理中心实施。创新基金重点支持产业化初期（种子期和初创期）、技术含量高、市场前景好、风险较大、商业性资金进入尚不具备条件、最需要由政府支持的科技型中小企业项目，并将为其进入产业化扩张和商业性资本的介入起到铺垫和引导作用。根据中小企业和项目的不同特点，创新基金通过无偿拨款、贷款贴息和资本金投入等方式扶持和引导科技型中小企业的技术创新活动，促进科技成果的转化。

3. 中小企业国际市场开拓资金

中小企业国际市场开拓资金是由中央财政和地方财政共同安排的专门用于支持中

小企业开拓国际市场的专项资金。市场开拓资金用于支持中小企业和为中小企业服务的企业、社会团体和事业单位组织中小企业开拓国际市场的活动。该资金的主要支持内容包括：举办或参加境外展览会，质量管理体系、环境管理体系、软件出口企业和各类产品的认证，国际市场宣传推介，开拓新兴市场，组织培训与研讨会，境外投（议）标等方面。市场开拓资金支持比例原则上不超过支持项目所需金额的50%，对西部地区的中小企业，以及符合条件的市场开拓活动，支持比例可提高到70%。

4. 天使基金

政府有关部门和社会各界有识之士还纷纷出资，设立了鼓励和帮助大学生自主创业、灵活就业的一些天使基金。如北京青年科技创业投资基金由北京科技风险投资股份有限公司出资设立，是出资方与共青团北京市委、北京市青年联合会和北京市工商局共同管理的一项基金。其特点之一是以个人为投资主体，孵化科技项目的快速成长，凡在电子信息产业、新材料、生物医药工程及生命科学领域拥有新技术成果，45岁以下的自然人均可申请创投基金，资金投资区域为北京地区。

5. 其他基金

科技部的"863计划"、"火炬计划"等，连同科技型中小企业技术创新基金一起，每年都有数十亿资金用于科技型中小企业的研发、技术创新和成果转化；财政部设有利用高新技术更新改造项目贴息基金、国家重点新产品补助基金；国家发展和改革委员会设有产业技术进步资金资助计划、节能产品贴息项目计划；工业和信息化部设有电子信息产业发展基金等。

各省市等为支持当地创业型经济的发展，也纷纷出台政策，支持创业。主要有人力资源和社会保障部设立的开业贷款担保政策、小企业担保基金专项贷款、中小企业贷款信用担保、开业贷款担保、大学生科技创业基金等。

创业者应结合自身情况，利用好相关政策，获得更多的政府基金支持，降低融资成本。

（五）知识产权融资

知识产权融资也是创业者值得关注的融资方式，在国内外已有诸多成功案例。知识产权融资可以采用知识产权作价入股、知识产权质押贷款、知识产权信托、知识产权证券化等方式。

1. 知识产权作价入股

2014年3月1日实施的《公司法》第27条规定："股东可以用货币出资，也可以用实物、知识产权、土地使用权等可以用货币估价并可以依法转让的非货币财产作价出资。"允许知识产权入股，明确了知识产权作为生产要素的原则。新《公司法》还规定，不再限制股东（发起人）的货币出资比例，无形资产可以百分百出资。这说明股东可以专利、商标、软件著作权等无形资产进行百分之百的出资，有效地减轻股东货币出资的压力。

根据新"公司法"的规定，除了法律、行政法规规定不得作为出资的财产，股东可以用知识产权等可以用货币估价，并可以依法转让的非货币财产作价出资。对作为出资的非货币财产应当评估作价，核实财产，不得高估或者低估作价，必须以专业的知识产权评估结果作为出资依据。

2. 知识产权质押贷款

知识产权质押贷款是指以合法拥有的专利权、商标权、著作权中的财产权，经评估后向银行申请融资，是商业银行积极探索的中小企业融资途径。2006年全国首例知识产权质押融资贷款在北京诞生，2008年国家知识产权局确定了知识产权质押融资的试点城市。很多地市出台了质押贷款管理办法，如浙江2009年1月20日出台"浙江省专利权质押贷款管理办法"，为金融机构、企业操作知识产权质押提供了规范指引；2009年9月和11月，广州市知识产权局、武汉市知识产权局分别和有关银行签署了促进知识产权质押融资的合作协议；2010年财政部、工业和信息化部、银监会、国家知识产权局、国家工商行政管理总局、国家版权局共同发布了《关于加强知识产权质押融资与评估管理，支持中小企业发展的意见》通知，进一步推进了知识产权质押融资工作的开展。

知识产权质押融资可以采用以下三种形式：质押——以知识产权质押作为贷款的唯一担保形式；质押加保证——以知识产权质押作为主要担保形式，以第三方连带责任保证(担保公司)作为补充组合担保；质押加其他抵押担保——以知识产权作为主要担保形式，以房产、设备等固定资产抵押，或个人连带责任保证等其他担保方式作为补充担保的组合担保形式。

知识产权质押贷款仅限于借款人在生产经营过程中的正常资金需求，贷款期限一般为1年，最长不超过3年；贷款额度一般控制在1000万元以内，最高达5000万元；贷款利率采用风险定价机制，原则上在人民银行基准利率基础上按不低于10%的比例上浮；质押率为：发明专利最高为40%，实用新型专利最高为30%；驰名商标最高为40%，普通商标最高为30%；质物要求投放市场至少1年以上；根据企业的现金流情况采取灵活多样的还款方式。

3. 知识产权信托

知识产权信托是以知识产权为标的的信托，知识产权权利人为了使自己所拥有的知识产权产业化、商品化，将知识产权转移给信托投资公司，由其代为经营管理，知识产权权利人获取收益的一种法律关系。依据知识产权的类型，结合我国目前已有的信托案例，当前的知识产权信托包括专利信托、商标信托、版权信托等方式。在美国、欧洲、日本等国家，知识产权信托已广泛用于电影拍摄、动画片制作等短期需要大量资金的行业的资金筹措。流动资金少的文化产业公司，在投入制作时，可与银行、信托公司签订信托构思阶段新作品著作权的合同，银行或信托公司向投资方介绍新作品的构思、方案，并向投资方出售作品未来部分销售收益的"信托收益权"，制作公司等则以筹集到的资金再投入新作品的创作。目前为止，知识产权信托在我国的发展状况并不理想，还需要在立法完善和政策支持上多加关注。

4. 知识产权证券化

知识产权资产证券化是发起人将能够产生可预见的稳定现金流的知识产权，通过一定的金融工具安排，对其中风险与收益要素进行分离与重组，进而转换成为在金融市场上可以出售的流通证券的过程。知识产权资产证券化的参与主体包括发起人（原始权益人）、特设载体（SPV）、投资者、受托管理人、服务机构、信用评级机构、信用增强机构、流动性提供机构。近几年，美国、英国、日本等国家的知识产权资产证券化发展迅速。在美国，知识产权资产证券化的对象资产已经非常广泛，从电子游戏、音乐、电影、娱乐、演艺、主题公园等与文化产业关联的知识产权，到时装设计的品牌、最新医药产品的专利、半导体芯片，甚至专利诉讼的胜诉金，几乎所有的知识产权都已经成为证券化的对象。在日本，产业省早在 2002 年就声明要对信息技术和生物等领域企业拥有的专利权实行证券化，并成功地对光学专利实行了资产证券化。2004 年，国务院颁布《关于推进资本市场改革开放和稳定发展的若干意见》，强调指出应"建立以市场为主导的品种创新机制，研究开发与股票和债券相关的新品种及其衍生产品，加大风险较低的固定收益类证券产品的开发力度，为投资者提供储蓄替代型证券投资品种，积极探索并开发资产证券化品种"。该政策文件为知识产权资产证券化在我国的探索发展提供了政策支持。

▸▸ 视野延展

雷军的投资智慧[①]

以下为雷军自述。

我在选择投资项目时，通常考虑四个必备条件：大方向很好，小方向被验证，团队出色，投资回报率高。

关于大方向，主要是看这个方向 5～10 年内是否可能被看好，每个投资人都有自己独到的见解，目前我最看好的方向是移动互联网和电子商务，当然，我也还愿意学习研究一些新的方向。关于投资回报率，早期风险投资项目回报的目标是 10 倍的收益，而天使投资比早期风险投资进入要早，风险更高，要求的回报会更高。

所以，我判断是否投资的关键主要在于具体方向和团队。在我看来，团队和方向

---

① 原文来自：李晓艳：《我为什么要投资你》，北京，中国商业出版社，2012.

第八章　创业资源整合 ▸▸

两者相辅相成，缺一不可。也就是说，如果创业者能力不足，再好的方向和机遇也很难把握；如果创业者能力非常出色，但做的方向不对，也难成大器。

第一是团队。

投资就是投人，人是最关键的因素。在商业社会里，人最重要的素质是诚信，缺乏诚信的人，是不会有人为其投资的。具体来说，团队要具备以下几个条件：首先能洞察用户需求，对市场极其敏感，并且要志存高远且脚踏实地，而且团队里最好是两三个优势互补的人在一起。如果是互联网领域的项目一定要有技术过硬并能带队伍的技术带头人，还需要具备低成本情况下的快速扩张能力，最后有创业成功经验的人会得到加分。

第二是方向。

即在对的时间去做对的事情。首先要做最肥的市场，选择自己能做的最大的市场，只有大市场才能造就大企业，小池子养不了大鱼，方向有偏差的话，会浪费宝贵的创业资源；其次选择正确的时间点——市场基本成熟了，企业也已有雏形，引入天使投资后，业务会得到爆炸性增长；另外是要专注，要专注再专注，最好只做一件事情，这样能把事情做到极致；最后业务在小规模下被验证，才有机会在某个垂直市场做到数一数二的位置。

方向比速度重要，很多人一创业就很急，好像要抢钱去了。我觉得要想清楚，有的时候一个大方向对了，你哪怕速度稍微慢一些，也会成功的。

这些条件并非完全必需，但具备这些条件的创业团队成功的把握会更大。尤其在目前的市场环境下，随着全球金融风暴席卷全球，风险投资人对于项目的审查标准也会变得更为严格，满足的条件越多越好。这些条件全部满足的创业项目，就是投资人眼里完美的项目，会很容易拿到投资。

三、创业融资的基本策略

企业在创业阶段风险较大，融资相对较难，如果不认真做好准备工作，成功的希望非常渺茫。在创业者缺乏相关经验的情况下，即使意外成功，交易结构和投资条款也对企业很不利，会为今后的发展埋下隐患。所以，要成功实现创业企业融资，必须预先做好融资准备工作，可以参照图 8-6 进行融资准备。这里介绍创业融资的基本策略。

1. 深入进行融资总收益与总成本分析

创业者首先应该考虑的是：企业必须融资吗？融资后的投资收益如何？融资后的收益是否大于融资成本？创业者只有经过深入分析，确信利用筹集的资金所得到的总收益要大于融资的总成本时，才有必要考虑融资。融资成本既有资金的利息成本，还有可能是较为昂贵的融资费用和不确定的风险成本。企业融资成本是决定企业融资效率的决定性因素，对于创业企业选择哪种融资方式有着重要意义。

2. 合理确定企业的融资规模与融资期限

创业者在进行融资决策之初，要根据各种条件，量力而行地确定企业合理的融资规模。此外，创业者必须做出最佳的融资期限选择，以利于企业的发展。因为融资期限过长，会增加融资成本与融资风险；融资期限过短，则会限制企业的发展。创业者做关于融资期限的决策，一般是在短期融资与长期融资两种方式之间权衡，做何种选择主要取决于融资的用途和创业者的风险性偏好。从资金用途来看，如果融资是用于企业流动资产，则宜于选择各种短期融资方式；如果融资是用于长期投资或购置固定资产，则适宜选择各种长期融资方式。从风险性偏好角度来看，创业者对风险的偏好越大，就越倾向于用短期资金融通永久性资产；反之，则越倾向于用长期资金融通波动性资产。

3. 尽量选择有利于提高企业竞争力的融资方式

企业融资通常会给企业带来以下直接影响：一是壮大了企业资本实力，增强了企业的支付能力和发展后劲，从而减少了企业的竞争对手；二是提高了企业信誉，扩大了企业产品的市场份额；三是增加了企业规模和获利能力，充分利用规模经济优势，从而提高企业在市场上的竞争力，加快了企业的发展。但是，企业竞争力的提高程度，根据企业融资方式、融资收益的不同而有很大差异。比如，股票融资，通常初次发行普通股并上市流通，不仅会给企业带来巨大的资金融通，还会大大提高企业的知名度和商誉，使企业的竞争力获得极大提高。因此，进行融资决策时，企业宜选择最有利于提高竞争力的融资方式。

4. 有效利用企业的金融成长周期

在中小企业创业初期，企业的信息基本上是封闭的，由于缺乏业务记录和财务审计，它主要依靠内源融资和非正式的天使融资；当企业进入成长阶段，随着规模的扩大，可用于抵押的资产增加，信息透明度逐步提高，业务记录和财务审计不断规范，企业的内源融资难以满足全部资金需求，这时企业开始选择外源融资，开始较多地依赖于来自金融中介的债务融资；在进入稳定增长的成熟阶段后，企业的业务记录和财务趋于完备，逐渐具备进入资本市场发行有价证券的资产规模和信息条件。随着来自资本市场可持续融资渠道的打通，企业债务融资的比重下降，股权融资的比重上升，部分优秀的中小企业逐步发展成为大企业。金融成长周期理论的提出，有利于企业据此实行系统化和模式化的金融管理并简化融资决策程序，对于指导企业的融资实践发挥了重要作用。

5. 慎重挑选投资者

确定实际可行的融资方式及制定融资策略，必须明白要寻找什么类型的投资者。创业融资是一个双向选择的过程，投资者在选择创业者的同时，创业者也在积极地挑选合适的投资者。创业者一般应选择这样的投资者：的确考虑要投资，并有能力提供相应资金的；了解并对该行业投资有兴趣的；能够提供有益的商业建议，并且与业界、融资机构有接触的；有名望、道德修养高的；为人处世公平合理，并能与创业者和谐相处的；具有此类投资经验的。具有这些特质的投资者是稀缺的、有价值的、难以复制的、不可替代的人力资源，他们可以给企业持久的竞争优势。理想的投资者可以存在于以下任何一组投资群体之中：一是友好的投资者，如家人、朋友、未来的雇员和管理者、商业伙伴、潜在的客户或供应商；二是非正规的投资者，如富有的个人（医生、律师、商人）；三是风险投资产业的正规的、专业的投资者。

▶▶ 视野延展

企业外债融资策略分析

2016 年 4 月人民银行发布了《关于在全国范围内实施全口径跨境融资宏观审慎管理的通知》，该政策出台最大的影响在于为中资企业借外债打开了大门，从那时起，境内所有企业（房地产和政府平台除外）均可以选择境内境外两个市场的资金进行融资，并且在境内银行融资形势紧张的前提下，外债融资可以有效解决境内贷款规模不足的问题。

外债融资成本由两部分构成，一部分是外币贷款利率，另一部分是用人民币购汇还款导致的错币种还款成本，外债融资合计成本与人民币流贷成本相当，年化都在 5% 以上，该价格优质客户是无法接受的，因此推荐策略必须有所调整，既然锁汇以后成本客户无法接受，只能推荐不锁汇模式，不锁汇模式虽然风险很大，但是如果处理得当，反而可以降低融资成本，因此客户可以适当利用政府政策红利变更融资策略，下面将通过案例来详细说明为什么客户可以选择不锁汇模式的外债融资。

假设客户 A 在银行有 2.1 亿元人民币授信额度，客户 A 选择采用外债融资的方式提款 1560 万美元，期限 1 年（360 天），融资利率 3.5%，折合人民币约 1 亿元，假设 USD/CNY 结汇汇率为 6.40，占用 1 亿元授信额度。在不锁汇的前提下，客户会面临以下两种情况。

第一，贷款存续期间人民币兑美元出现升值。这种情况下客户可以择机锁汇，当还款的本息和乘以远端购汇价格低于外债结汇得到的人民币时，本案例测算当 USD/CNY 远期购汇汇率小于 6.184 时，客户实现套利，也就是说到期向银行归还的钱少于借到的钱；本案例测算当 USD/CNY 远期购汇汇率小于 6.4526 时，客户人民币最终融资成本小于 4.35%，也就是锁汇以后的人民币融资成本为基准利率。

第二，贷款存续期间人民币兑美元出现贬值。出现这样的情况企业无法完成锁汇锁定汇率风险，因此客户只能利用剩余的授信额度续贷 1614 万美元归还上笔外债本息和，并且配套完成汇率锁定。假设锁汇成本年化 1.5%，则锁汇成本平摊到这两年的融资业务中，在美元未加息、美元融资报价未变化的情况下，相当于客户做了一笔贷款利率为4.25%的两年期人民币融资。假设第二年美元融资成本变为3.7%，则相当于客户办理了期限两年利率为(3.5%＋3.7%＋1.5%)/2＝4.35%的人民币融资。假设客户依然选择不锁汇，则客户可以重复以上两步择机锁汇或者再融资，期限越长，锁汇成本平摊至每年的成本也就越低。

经过以上测算，外债融资是优质客户的一个很好选择，选择这种融资模式既能抓住人民币升值带来的套利机会，也能解决境内银行贷款规模不足成本高的问题，而且这种再融资加锁汇的思路对海外发债也同样适用。因此，利用国家允许中资企业借外债的政策红利进行融资，对企业是有现实意义的。

当然要保证自己符合各大银行的外债融资准入门槛，并且要确认好是否可以在同一家银行续办外债融资、归还前一笔外债融资，如果不行则需要提前在他行续办外债融资、归还前一笔借款。

▶▶ 拓展训练

一、绘制你的人脉圈

1. 你认识谁

参考下面的表，用尽可能大的纸张写下所有你认识的人，要尽可能多地记录。

同学：	家人：	朋友：
老师：	我	朋友的朋友：
校友：	同事：	陌生人：

2. 谁是重要的人

观察这幅图，认真且反复思考以下问题，得出答案后，在图中对应的名字旁边做个标记，如▲，一个人可以被多次标记。

- 谁是你最信任的人？
- 谁是你最崇拜的人？
- 谁是你成功时最想一起分享喜悦的人？
- 谁是你失败时最先想到的避风港？
- 谁是和你最志同道合的人？
- 谁是你创业路上必不可少的支持力量？
- 谁有可能为你的创业带来帮助？
- 谁有可能成为你的创业伙伴？
- 谁有可能为你的项目投资？
- 谁有可能为你提供创业的关键资源？
- 谁有可能为你提供创业的技术支持？
- 谁有可能为你提供创业的管理支持？
- 谁是市场营销或公关的高手？
- 谁善于化解危机，处理问题？
- 谁善于创新研发，能给你带来很多新点子？
- 谁善于沟通交际，能帮你认识很多新朋友？
- 谁有可能成为你未来的合作者？
- 谁是你的潜在客户？

还可以就其他你认为重要的问题进行思考和标记。

注意：陌生人也可以成为不可忽略的重要人力资源！

3. 反思

首先观察标记后的人脉圈，哪些人被标记了很多次？

_____

_____

你可以立刻去找他们，和他们分享你的创业想法，争取得到他们的支持。

你认识的人会越来越多，所以你可以经常做这个练习，尽量不要漏掉"重要的人"，找到他们，并及时地与他们交流，得到必要的和可能的帮助。

你还可以按你创业所需要的资源，设计更多的问题。

你会发现，其实你拥有很丰富的人力资源，他们都可能帮助你走近创业的梦想，不要小看你的人脉地图，不要低估他们对你创业的影响，更不要忘记：你自己也是非常宝贵的创业人力资源。

回想你在做这个练习之前，是如何看待自己拥有的人脉圈（创业资源）的？现在，你有什么新的想法或感受？

_____

_____

_____

_____

二、制作融资计划

融资计划，是创业者的资金准备计划，也是一份说服投资者的方案与策略。结合你的创业项目（如果还没有创业项目，由教师指定一个项目），制作一份融资计划简表。

概要说明	融资计划	理由说明
融资项目论证：主要指项目可行性和项目收益率		
融资途径选择：选择成本低、融资快的融资方式		
融资分配：所融资金专款专用，主要用途与周期		
融资成本收益：代价与利润分配		
融资风险：主要风险分析		

▶▶ 思考题

阅读教材，搜集资料，深入探索，认真思考并回答以下问题，注意说明你的理由、形成自己的见解：

(1)对大学生创业者来说，最重要的创业资源是什么？

(2)对大学生创业者来说，最独特的创业资源是什么？

(3)你知道哪些资源整合的案例，创业者们是如何"化腐朽为传奇"的？

(4)如何扩大自己的"人脉圈"，获取更多的创业人力资源？

(5)相比成熟企业，初创企业的融资更难，为什么？

(6)对大学生创业者来说，最可行的融资渠道是什么？

▸▸ 实践活动

白手起家竞赛

每个小组有20元的种子基金，你们将有2小时可以行动，目标是：赚取尽可能多的钱！

分小组进行比赛，看哪一组赚的钱最多。

在出发之前，小组可以讨论"通过什么活动可以白手起家？"

是否使用你的启动资金由小组自主决定。在2小时的活动里，不限制活动场所，但必须在2小时内回来展示结果。

注意：不能从其他途径获得额外资金；不能从事非法活动；不能抽奖或买彩票或赌博；2小时之后，你不能再做任何事情。

活动后，各小组交付成果，并回答：

(1)收到任务时，感受如何？

(2)描述你的团队是如何产生行动方案并怎样实施的？

(3)最终赚到了多少利润(现金)？

(4)在该活动中，你们得到的收获是什么？

第九章　创业计划

▶▶ 理论知识

第一节　创业计划认知

创业计划，也叫商业计划（Business Plan），特定语境下也被简称为 BP，它是引领创业的纲领性文件，是创业者创业行动的指南。在现实中，创业计划书主要被用于吸引投资，是寻求融资的重要工具之一。对大学生创业者来说，创业计划书是我们参加创业大赛的展示和竞争性文件，可以成为我们成功获取融资的有力武器，也可以帮助我们有计划、有步骤地开展创业活动，其主要作用表现在以下几个方面。

1. 引导创业活动，监控创业过程

创业计划书可以引导创业者走过企业发展的各个阶段，尤其是在创业过程中，还可以依据创业计划书来跟踪监督企业的业务流程、分析实际成果与预期目标的差距等，及时调整自己的策略与方法。

创业计划的制订是建立在有效的信息收集和分析的基础之上的。这些信息有利于确定创业机会的价值，有利于确定创业的使命、目标和方法，从而确定创业是否可行和达到什么目标。同时，在实现这个创业机会的过程中也存在风险。创业者将机会与风险进行比较，以确定实现这个机会的可能性，即明确机会的价值高于风险从而值得去追求。

创业计划的制订，有利于明确创业的战略，包括战略的内容和执行的过程。因为创业计划的制订过程回答了制订战略所需要的有关问题，包括对市场、顾客和竞争对手的分析。创业计划对信息的整合则有利于进一步形成一个战略，而战略确定了企业的模式和方向。

2. 强化内外沟通，建立创业信心

对于创业者来说，创业计划书是创业者与投资人之间必要的，也是最佳的沟通工具。在创业起步阶段或是成长阶段，外部融资将是创业者所面临的一项艰巨任务。创业计划不仅要告知潜在的投资者新创的企业所具有的成长潜力和收益回报，而且还要表明所包含的风险。由于创业者要与其他人和项目为争取有限的资金而竞争，因而创业者必须重视创业计划的制订，不能只走走形式或存在侥幸心理，因为投资者都是这一领域的行家，有着丰富的经验。

在创业团队内部，制订创业计划的过程也是一个梳理成员想法、明晰共同方向的过程。对于吸纳团队新成员及招聘企业新员工，创业计划书中描绘的发展前景和成长潜力，也会使参与创业活动的全部人员团结起来，帮助他们建立信心，为了共同的未来而努力工作。

创业计划还可以给早期客户或潜在客户以充分的信息，使其对新创企业和所提供的新产品充满信心，从而购买所提供的新产品并承诺建立长期稳定的合作关系。当提供同类产品的竞争者越多，这种承诺就越有价值。这时，创业计划的质量及它的吸引力和可信度起着决定性的作用。

在创业的准备阶段，供应商是否愿意向新创企业提供资源，以及以什么方式提供，将取决于其对新创企业及其前景的信任和信心。因此，创业者要通过创业计划使供应商对新创企业充满信心，这不仅会给企业带来所需要的资源，而且还可以获取较好的供货条件。

3. 成为承诺文件，约束创业行为

创业计划书通常会作为创业者与投资人所签署的合同的附件，从法律意义上讲，创业计划书将成为创业者对投资人的承诺书。同时，创业计划书也体现了核心领导对团队成员或者上级对下级的承诺，尤其是战略目标的定位、未来发展的规划、行动方案的提出都是一种书面的承诺，从而避免出现朝令夕改的问题。

第二节　计划书写作指南

对初创风险企业来说，创业计划书的作用尤为重要，一个酝酿中的项目，往往很模糊，通过制定创业计划书，把正反理由都书写下来，创业者就能对这一项目有更清晰的认识。可以这样说，创业计划书首先是把计划中要创立的企业推销给创业者自己。其次，创业计划书还有助于把计划中的风险企业推销给风险投资家。创业计划书一般包括：执行总结，产业背景和公司概述，市场调查和分析，公司战略，总体进度安排，关键的风险、问题和假定，管理团队，公司资金管理，财务预测，假定公司能够提供的利益十个方面。

1. 执行总结

执行总结包括以下方面：本创业计划的创意背景和项目的简述、创业的机会概述、目标市场的描述和预测、竞争优势和劣势分析、经济状况和盈利能力预测、团队概述、预计能提供的利益。

2. 产业背景和公司概述

产业背景包括详细的市场分析和描述，竞争对手分析，市场需求。

公司概述应包括详细的产品/服务描述、它如何满足目标市场顾客的需求，以及进入策略和市场开发策略。

3. 市场调查和分析

(1)目标市场顾客的描述与分析。

(2)市场容量和趋势的分析、预测。

(3)竞争分析。

(4)估计的市场份额和销售额。

(5)市场发展的走势分析。

4. 公司战略

(1)阐释公司如何进行竞争。

(2)在发展的各阶段如何制定公司的发展战略。

(3)如何通过公司战略来实现预期的计划和目标。

(4)制定公司的营销策略。

5. 总体进度安排

公司的进度安排，包括以下领域的重要事件：收入来源、收支平衡点和正现金流、市场份额、产品开发介绍、主要合作伙伴、融资方案。

6. 关键的风险、问题和假定

关键的风险分析涉及以下几个方面：财务、技术、市场、管理、竞争、资金撤出、政策等。

说明将如何应付或规避风险和问题(即制订应急计划)。

7. 管理团队

介绍公司的管理团队，尤其要注意介绍各成员与管理公司有关的教育和工作背景(注意管理分工和互补)，介绍领导层成员、创业顾问，以及主要的投资人和持股情况。

8. 公司资金管理

(1)股本结构与规模。

(2)资金运营计划。

(3)投资收益与风险分析。

9. 财务预测

(1)财务假设的立足点。

(2)会计报表(包括收入报告，平衡报表，前两年的季度报表，前五年的年度报表)。

(3)财务分析(现金流量表、比率分析等)。

10. 假定公司能够提供的利益

这是创业计划的"卖点"，包括：总体的资金需求；在这一轮融资中需要的是哪一级；如何使用这些资金；投资人可以得到的回报，还可以讨论可能的投资人退出策略。

第三节　如何制订创业计划

创业计划书必须要说明：(1)创办企业的目的——为什么要冒风险，花精力、时间、资源、资金去创办风险企业？(2)创办企业所需多少资金？为什么要这么多的钱？为什么投资人值得为此注入资金？对已建的风险企业来说，创业计划书可以为企业的发展定下比较具体的方向和重点，从而使员工了解企业的经营目标，并激励他们为共同的目标而努力。更重要的是，它可以使企业的出资者以及供应商、销售商等了解企业的经营状况和经营目标，说服出资者(原有的或新来的)为企业的进一步发展提供资金。正是基于上述理由，创业计划书将是创业者所写的商业文件中最主要的一个。那么，如何制定创业计划书呢？

一、怎样写创业计划书

那些既不能给投资者以充分的信息也不能使投资者激动起来的创业计划书，其最终结果只能是被扔进垃圾箱。为了确保创业计划书能"击中目标"，创业者应做到以下几点。

(一)关注产品

在创业计划书中，应提供所有与企业的产品或服务有关的细节，包括企业所实施的所有调查。这些问题包括：产品正处于什么样的发展阶段？它的独特性怎样？企业分销产品的方法是什么？谁会使用企业的产品，为什么？产品的生产成本是多少，售价是多少？企业发展新的现代化产品的计划是什么？把出资者拉到企业的产品或服务中来，这样出资者就会和创业者一样对产品有兴趣。在创业计划书中，企业家应尽量用简单的词语来描述每件事——商品及其属性的定义对企业家来说是非常明确的，但其他人却不一定清楚它们的含义。制订创业计划书的目的不仅是要出资者相信企业的产品会产生较大的影响，同时也要使他们相信企业有证明它的论据。创业计划书对产品的阐述，要让出资者感到："噢，这种产品是多么美妙、多么令人鼓舞啊！"

（二）敢于竞争

在创业计划书中，创业者应细致分析竞争对手的情况。竞争对手是谁？他们是如何工作的？竞争对手的产品与本企业的产品相比，有哪些相同点和不同点？竞争对手所采用的营销策略是什么？要明确每个竞争者的销售额、毛利润、收入及市场份额，然后再讨论本企业相对于每个竞争者所具有的竞争优势，要向投资者展示顾客偏爱本企业的原因是：本企业的产品质量好，送货迅速，定位适中，价格合适等。创业计划书要使它的读者相信，本企业不仅是行业中的有力竞争者，而且将来还会是确定行业标准的领先者。在创业计划书中，企业家还应阐明竞争者给本企业带来的风险及本企业所采取的对策。

（三）了解市场

创业计划书要给投资者提供企业对目标市场的深入分析和理解。要细致分析经济、地理、职业及心理等因素对消费者选择购买本企业产品这一行为的影响，以及各个因素所起的作用。创业计划书中应包括一个主要的营销计划，应列出本企业打算开展广告、促销及公共关系活动的地区，明确每一项活动的预算和收益。创业计划书中还应简述企业的销售战略：企业是使用外面的销售代表还是使用内部职员？企业是使用转卖商、分销商还是特许商？企业将提供何种类型的销售培训？此外，创业计划书还应特别关注一下销售中的细节问题。

（四）表明行动的方针

企业的行动计划应该是无懈可击的。创业计划书中应该明确下列问题：企业如何把产品推向市场？如何设计生产线，如何组装产品？企业生产需要哪些原料？企业拥有哪些生产资源，还需要什么生产资源？生产和设备的成本是多少？企业是买设备还是租设备？解释与产品组装、储存及发送有关的固定成本和变动成本的情况。

（五）展示你的管理队伍

把思想转化为一个成功的风险企业，其关键因素是要有一支强有力的管理队伍。这支队伍的成员必须有较高的专业技术知识、管理才能和多年工作经验，要给投资者这样一种感觉："看，这支队伍里都有谁！如果这个公司是一支足球队的话，他们就会一直杀入世界杯决赛！"管理者的职能就是计划、组织、控制和指导公司实现目标的行动。在创业计划书中，应首先描述一下整个管理队伍及其职责，再分别介绍每位管理人员的特殊才能、特点和造诣，细致描述每个管理者将对公司所做的贡献。创业计划书中还应明确管理目标及组织机构图。

（六）列出出色的计划摘要

创业计划书中的计划摘要也十分重要。它必须能让读者有兴趣并渴望得到更多信息，将给读者留下长久的印象。计划摘要将是创业者所写的最后一部分内容，但却是出资者首先要看的内容，将从计划中摘录出与筹集资金最相关的细节：包括对公司内部的基本情况、公司的能力及局限性、公司竞争对手、营销和财务战略、公司的管理队伍等情况的简明的概括。如果公司是一本书，它就像是这本书的封面，做得好就可以把投资者吸引住，它会给风险投资家这样的印象："这个公司将会成为行业中的巨人，我已等不及要去读计划的其余部分了。"

二、创业计划书的内容

（一）计划摘要

计划摘要列在创业计划书的最前面，它是创业计划书的精华。计划摘要涵盖了计划的要点，要求一目了然，以便读者能在最短的时间内评审计划并做出判断。

计划摘要一般要包括以下内容：公司介绍、主要产品和业务范围、市场概貌、营销策略、销售计划、生产管理计划、管理者及其组织、财务计划、资金需求状况等。

在介绍企业时，首先要说明创办新企业的思路、新思想的形成过程，以及企业的目标和发展战略。其次，要交代企业现状、背景和企业的经营范围。在这一部分中，要对企业以往的情况做客观的评述，不回避失误。中肯的分析往往更能赢得信任，从而使人容易认同企业的创业计划书。最后，还要介绍一下创业者自己的背景、经历、经验和特长等。企业家的素质对企业成绩的取得往往起关键性的作用。在这里，企业家应尽量突出自己的优点并表明自己强烈的进取精神，以给投资者留下一个好印象。

在计划摘要中，企业还必须要回答下列问题：

(1)企业所处的行业，企业经营的性质和范围；

(2)企业主要产品的内容；

(3)企业的市场在哪里，谁是企业的顾客，他们有哪些需求；

(4)企业的合伙人、投资人是谁；

(5)企业的竞争对手是谁，竞争对手对企业的发展有何影响。

摘要要尽量简明、生动。特别要详细说明企业自身的特别之处及帮助企业获取成功的市场因素。如果企业家了解他所做的事情，摘要仅需 2 页纸就足够了。如果企业家不了解自己正在做什么，摘要就可能要写 20 页纸以上。因此，有些投资家就依照摘要的长短来"把麦粒从谷壳中挑出来"。

（二）产品（服务）介绍

在进行投资项目评估时，投资人最关心的问题之一就是，风险企业的产品（服务）能否及在多大程度上解决现实生活中的问题，或者，风险企业的产品（服务）能否帮助顾客节约开支，增加收入。因此，产品介绍是创业计划书中必不可少的一项内容。通常，产品介绍应包括以下内容：产品的概念、性能及特性，主要产品介绍，产品的市场竞争力，产品的研究和开发过程，发展新产品的计划和成本分析，产品的市场前景预测，产品的品牌和专利。

在产品（服务）介绍部分，企业家要对产品（服务）做出详细的说明，说明要准确，也要通俗易懂，使不是专业人员的投资者也能明白。一般的产品介绍都要附上产品原型、照片或其他介绍，必须要回答以下问题：（1）顾客希望企业的产品能解决什么问题，顾客能从企业的产品中获得什么好处？（2）企业的产品与竞争对手的产品相比有哪些优缺点，顾客为什么会选择本企业的产品？（3）企业为自己的产品采取了何种保护措施，企业拥有哪些专利、许可证，或与已申请专利的厂家达成了哪些协议？（4）为什么企业的产品定价可以使企业产生足够的利润，为什么用户会大批量地购买企业的产品？（5）企业采用何种方式去改进产品的质量、性能，企业对发展新产品有哪些计划，等等。产品（服务）介绍的内容比较具体，因而写起来相对容易。虽然夸赞自己的产品是推销所必需的，但应该注意，企业所做的每一项承诺都是"一笔债"，都要努力去兑现。要牢记，企业家和投资家所建立的是一种长期合作的伙伴关系。空口许诺，只能得意于一时。如果企业不能兑现承诺，不能偿还债务，企业的信誉必然要受到极大的损害。

（三）人员及组织结构

有了产品之后，创业者第二步要做的就是组织一支有战斗力的管理队伍。企业管理的好坏，直接决定了企业经营风险的大小。而高素质的管理人员和良好的组织结构则是管理好企业的重要保证。因此，风险投资家会特别注重对管理队伍的评估。

企业的管理人员的组成应该是互补型的，而且管理人员要具有团队精神。一个企业必须要具备负责产品设计与开发、市场营销、生产作业管理、企业理财等方面的专门人才。在创业计划书中，必须要对主要管理人员加以阐明，介绍他们所具有的能力，他们在本企业中的职务和责任，他们过去的详细经历及背景。此外，在这部分创业计划书中，还应对公司结构做一简要介绍，包括：公司的组织机构图；各部门的功能与责任；各部门的负责人及主要成员；公司的报酬体系；公司的股东名单，包括认股权、比例和特权；公司董事会成员；各位董事的背景资料。

（四）市场预测

当企业要开发一种新产品或向新的市场扩展时，首先，就要进行市场预测。如果预测的结果并不乐观，或者预测的可信度不高，那么投资者就要承担更大的风险，这对多数风险投资家来说都是不可接受的。市场预测首先要对需求进行预测：市场是否存在对这种产品的需求？需求程度是否可以给企业带来所期望的利益？新的市场规模有多大？需求发展的未来趋向及其状态如何？影响需求的都有哪些因素？其次，市场预测还要包括对市场竞争的情况——企业所面对的竞争格局进行分析：市场中主要的竞争者有哪些？是否存在有利于本企业产品的市场空当？本企业预计的市场占有率是多少？本企业进入市场会引起竞争者怎样的反应，这些反应对企业会有什么影响？

等等。

在创业计划书中，市场预测应包括以下内容：市场现状综述，竞争厂商概览，目标顾客和目标市场，本企业产品的市场地位，市场区隔和特征，等等。风险企业对市场的预测应建立在严密、科学的市场调查基础上。风险企业所面对的市场，本来就有变幻不定的、难以捉摸的特点。因此，风险企业应尽量扩大收集信息的范围，重视对环境的预测和采用科学的预测手段和方法。创业者应牢记的是，市场预测不是凭空想象出来的，对市场错误的认识是企业经营失败的最主要原因之一。

（五）营销策略

营销是企业经营中最富挑战性的环节，影响营销策略的主要因素有：消费者特点、产品特性、企业自身状况、市场环境方面的因素。最终影响营销策略的则是营销成本和营销效益因素。在计划书中，营销策略应包括以下内容：市场机构和营销渠道选择、营销队伍和管理、促销计划和广告策略、价格决策。对创业企业来说，由于产品和企业的知名度低，很难进入其他企业已经稳定的销售渠道中去。因此，企业不得不暂时采取高成本低效益的营销战略，如上门推销，大打商品广告，向批发商和零售商让利，或交给任何愿意经销的企业销售。

（六）制造计划

创业计划书中的生产制造计划应包括以下内容：产品制造和技术设备现状、新产品投产计划、技术提升和设备更新的要求、质量控制和质量改进计划。

在寻求资金过程中，为增大企业在投资前的评估价值，创业者应尽量使生产制造计划更加详细、可靠。生产制造计划应回答以下问题：企业生产制造所需厂房、设备情况如何；怎样保证新产品在进入规模生产时的稳定性和可靠性；设备引进和安装情况，谁是供应商；生产线的设计与产品组装是怎样的；供货者的前置期和对资源的需求量；生产周期标准的制定及生产作业计划的编制；物料需求计划及其保证措施；质量控制的方法是怎样的等。

（七）财务规划

财务规划需要花费较多的精力来做具体分析，其中就包括现金流量表、资产负债表及损益表的制备。流动资金是企业的生命线，因此企业在初创或扩张时，对流动资金需要有预先周详的计划和进行过程中的严格控制；损益表反映的是企业的赢利状况，它是企业在一段时间运作后的经营结果；资产负债表则反映在某一时刻企业的状况，投资者可以用资产负债表中的数据得到的比率指标来衡量企业的经营状况及可能的投资回报率。

财务规划一般要包括以下内容：创业计划书的条件假设、预计的资产负债表、预计的损益表、现金收支分析、资金的来源和使用。

可以这样说，一份创业计划书概括地提出了在筹资过程中创业者需做的事情，而财务规划则是对创业计划书的支持和说明。因此，一份好的财务规划对评估风险企业所需的资金数量，提高风险企业取得资金的可能性是十分关键的。如果财务规划准备得不好，会给投资者以企业管理人员缺乏经验的印象，降低风险企业的评估价值，同时也会增加企业的经营风险，那么如何制定财务规划呢？这首先取决于风险企业的远景规划——是为一个新市场创造一个新产品，还是进入一个财务信息较多的已有市场。

着眼于一项新技术或创新产品的创业企业不可能参考现有市场数据、价格和营销方式。因此，要预测所进入市场的成长速度和可能获得的纯利，并把它的设想、管理队伍和财务模型推销给投资者。准备进入一个已有市场的风险企业则可以很容易地说明整个市场的规模和改进方式。风险企业可以在获得目标市场的信息的基础上，对企业头一年的销售规模进行规划。

企业的财务规划应保证和创业计划书的假设相一致。事实上，财务规划和企业的生产计划、人力资源计划、营销计划等都是密不可分的。要完成财务规划，必须要明确下列问题：

(1)产品在每一个期间的发出量有多大？

(2)什么时候开始产品线扩张？

(3)每件产品的生产费用是多少？

(4)每件产品的定价是多少？

(5)使用什么分销渠道，所预期的成本和利润是多少？

(6)需要雇用哪几种类型的人？

(7)雇佣何时开始，工资预算是多少？等等。

三、检查

在创业计划书写完后，创业者最好再将计划书检查一遍，看一下该计划书是否能准确回答投资者的疑问，争取投资者对本企业的信心。通常，可从以下几个方面对计划书加以检查：

(1)你的创业计划书是否显示出你具有管理公司的经验。如果你自己缺乏能力去管理公司，那么一定要明确地说明，你已经雇了一位经营大师来管理你的公司。

(2)你的创业计划书是否显示了你有能力偿还借款。要保证给预期的投资者提供完整的偿还比率分析。

(3)你的创业计划书是否显示出你已进行过完整的市场分析。要让投资者坚信你在计划书中阐明的产品需求量是确实的。

(4)你的创业计划书是否容易被投资者所领会。创业计划书应该备有索引和目录，以便投资者可以较容易地查阅各个章节。此外，还应保证目录中的信息是有逻辑的和现实的。

(5)你的创业计划书中是否有计划摘要并放在了最前面，计划摘要相当于公司创业计划书的封面，投资者首先会看它。为了保持投资者的兴趣，计划摘要应写得引人入胜。

（6）你的创业计划书是否在文法上全部正确。如果你不能保证，那么最好请人帮你检查一下。计划书的拼写错误和排印错误会造成难以估计的损失。

（7）你的创业计划书能否打消投资者对产品（服务）的疑虑。如果需要，你可以准备一件产品模型。创业计划书中的各个方面都会对筹资的成功与否产生影响，因此，如果你对你的创业计划书缺乏信心，那么最好去查阅一下计划书编写指南或向专门的顾问请教。

▸▸ 拓展训练

一、撰写并检验创业计划

根据你或团队的创业项目，也可以是你们一直想从事的创业项目，试着撰写一份简易的创业计划书，必须有一级、二级目录。重点内容要适当展开描述。无须纠结于细节，注重计划的完整性、逻辑性和倾向性，并能让读者一目了然。

与同学或其他团队交换这份创业计划书，请对方拟定检验指标，对你的创业计划书进行检验。建议拟 10 条指标，每条计 10 分，最后算出总分。

序号	检验指标	得分	建议或其他说明
1			
2			
3			
4			
5			
6			
7			
8			
9			
10			
总分：			
总评：			

你是否认同上面的评价？谈谈你的看法：

_____

_____

_____

_____

二、3 分钟创业计划展示

针对你的小组的一份创业计划，或者找一份自己比较熟悉的创业计划书，认证研读和思考，确保自己掌握了创业项目的所有信息，然后提炼出创业计划的各个要点。

现在，你要代表这个创业项目，去面见投资人。而投资人比较忙，仅仅给你 3 分钟时间陈述你的项目计划。你会如何设计这 3 分钟的融资沟通呢？你准备用什么样的方式和策略，去打动投资人，引起投资人的兴趣，进而获得融资机会呢？

准备一份 3 分钟的展示材料和演讲稿，可在下面记录要点。

_____

_____

_____

请老师或其他同学扮演投资人。利用 3 分钟的时间，充分展示你的风采。征询"投资人"的意见，聆听其感受和点评。

_____

_____

_____

总结反馈信息，进一步思考，有哪些地方需要改进？

_____

_____

_____

▶▶ 思考题

阅读教材，搜集资料，深入探索，认真思考并回答以下问题，注意说明你的理由、形成自己的见解：

(1) 有很多创业者不知道什么是创业计划，然而他们成功了，这种现象怎么解释？

(2) 阐述创业计划对大学生创业的独特作用。

(3) 撰写创业计划之前，必须做好哪些准备？

（4）检验创业计划的最好方法就是实践，对吗？

（5）向投资者陈述你的创业计划时，需要注意哪些问题？

（6）你听说过哪些创业大赛，参加创业大赛对大学生有什么好处？

▶▶ **实践活动**

撰写创业计划书

根据你的创业项目，或你一直想从事的创业项目，撰写一份创业计划书，并用它向你的客户、合作者和顾问等角色进行展示，并与之沟通。

第十章　新企业的创办与管理

【学习目标】

1. 了解企业的组织形式及其优势、特点，掌握公司登记的流程与方法
2. 了解新企业社会责任的概念与意义，查询与新企业创办有关的法律
3. 了解生存对于新企业的重要意义，掌握新企业生存管理的策略
4. 掌握必要的新企业财务管理知识，明确新企业的现金流管理要点
5. 了解新企业成长的驱动因素与制约因素，建立对新企业成长的印象
6. 掌握新企业成长的推动策略，学习与新企业管理有关的知识

理论知识

第一节　新企业的成立

一、企业组织形式的选择

在新企业创立之前，创业者应该首先确定拟创办企业的法律组织形式。新创企业可采用不同的组织形式，例如创业者个人独立创办的个人独资企业，或者由创业者团队创办的合伙制企业，或者成立以法人为主体的有限责任公司和股份有限公司。对创业者而言，各种企业组织形式没有绝对好坏之分，各有利弊。但无论选择怎样的形式，都必须根据国家的法律法规要求和新创企业的实际情况，科学衡量各种组织形式的利弊，决定合适的组织形式。

公司、个人独资企业、合伙企业，以及个体工商户都是常见的组织形式，就相对比例而言，公司制的组织形式占据了绝大多数。为什么绝大多数组织都采取公司的形式？为什么说公司是最具活力的组织形式？什么是有限责任？不少创业者在浑浑噩噩地注册完公司以后，才发觉对上述问题一无所知，就连法律行业的从业人员有时也难以说清上述组织形式之间的区别。创业者在实际的经营管理中势必会经常与各种类型的组织形式打交道，了解它们的性质和特点，对于选择理想的组织形式有着至关重要的意义。

这里采用比较通俗易懂的区分方法，以便同学们从宏观上做一个了解、为决策做准备。在实际创业的过程中，需要根据国家、地区、行业、项目的实际情况，来做出判断和决定。

我们先简单地把我国的企业组织形式分为公司制组织与非公司制组织。其中，公司包括有限责任公司和股份有限公司两种。其余的则都属于非公司制组织，主要包括个人独资企业、合伙企业及个体工商户。

（一）公司制组织

了解公司及成立公司的要求，应该关注最新《公司法》。《公司法》中明确指出：公司是企业法人，有独立的法人财产，享有法人财产权。公司以其全部财产对公司的债务承担责任。有限责任公司的股东以其认缴的出资额为限对公司承担责任；股份有限公司的股东以其认购的股份为限对公司承担责任。其中，一人有限责任公司是指只有一个自然人股东或者一个法人股东的有限责任公司。

我们常常把"法人"理解成公司的负责人（如董事长、总经理），而规范的说法应该是"法定代表人"。正确理解了"法人"及"法定代表人"的相关概念和背后的法律知识，就能更加深入地理解公司制组织与非公司制组织的实质差异。

公司制企业被称为法人，顾名思义，法人和自然人不同，并不是实际存在的人格，而是由法律赋予的人格。在法律意义上，公司制企业和自然人一样，可以独立承担责任、履行义务。而公司本身并无意识，不可能独自执行经营活动，这就需要代理人代替公司执行经营事务和作出决定，这个代理人就是公司的法定代表人。简单来说，在法律上，公司可以被看成一个独立的个人，公司的法律责任都由公司独立承担，而与公司的股东无关。理解了这个问题，有限责任就很容易理解了。

1. 优势——有限责任

有限责任指的是股东所承担的责任是有限的。公司制组织能不断做大做强，甚至上市，能让投资人心甘情愿把资金投入公司并支持其发展。商业活动存在太多的未知风险，如果稍有不慎就倾家荡产甚至巨额债务伴随一生的话，创业就只能是冒险家的游戏了。正因为股东成立公司后只需承担有限责任，现在越来越多的商铺也采取公司制的组织形式，公司已经成为世界上最具活力的组织形式。

有限责任固然很好，但有限责任是有前提的，就是公司的财产必须是独立的，股东不可以滥用有限责任侵吞公司财产及损害债权人的权益。当股东向公司投入注册资本以后，这部分财产就是公司的财产了，其所有权已经发生转移，股东不可以擅自使用公司的资金或财产用于私人的用途，这是法律的强制规定。由于很多创业者法律意识薄弱，经常出现公司和股东之间大额的资金往来现象，这样的行为，不但已经涉嫌违反公司法，还有逃避缴纳个人所得税的风险。另外，仍然有大量的公司账务混乱，公司财产和个人财产权属不清，当公司真的出现资不抵债的时候，股东很难利用有限责任而独善其身，破产管理人首先要做的就是追偿股东从公司侵占的财产。

公司财产的不独立对于融资也有着重大影响。试问，一个公司财产和个人财产都划分不清的创业者，投资人如何放心把资金交给这样的人管理？不少创业者精明能干，其项目也很有前景，但就是由于公司账务不清、财产权属不明，到最后无法获得融资，与成功失之交臂。

有限责任从一定程度上降低了股东的风险，也增加了股东管理的责任。为了最后能有效地使用有限责任这种形式的优势，股东应该从创业开始时就树立风险意识，划清财产权属、明确账目，让公司财产独立。

2. 劣势——成本过高

虽然在降低股东风险方面公司制组织有着得天独厚的优势——有限责任，但也有缺点，否则公司以外的组织形式也不会存在。其缺点主要表现在以下两个方面。

其一，双重征税，税负成本高。公司制企业能够有效降低风险的同时，也面临一个巨大的问题，即双重征税。公司在盈利后须缴纳企业所得税，股东在取得分红时还需被征收个人所得税。因此，公司分给股东的利润，已经被征收了两道税，税负成本自然高于只需缴纳个人所得税的非公司制组织。这就是风险投资机构大多采取非公司制组织形式的原因。

其二，架构复杂，管理成本高。一般来说，公司制组织内部架构比非公司制组织更为复杂。为建立治理结构，公司需设立股东大会、董事会、监事会等。理论上，由于公司并不由股东直接管理，公司制企业的决策效率相对较低，特别是当公司股东较多且产生分歧时，公司甚至会因为长期无法做出有效决策而向法院申请解散。除此之外，公司的成立、日常管理、注销程序等都比非公司制组织复杂，创业者常常为了形式上的琐事四处奔波，浪费宝贵的时间和精力。

尽管公司制组织存在这样的缺点，但随着国家税制改革和商事改革的不断进行，公司的税负成本和管理成本会逐渐降低，公司的优势也会逐渐显现出来。但创业者选择组织形式时，应综合考虑自身情况及组织未来的发展规划，合理选择组织形式。当无法抉择时，建议创业者选择公司制的组织形式。毕竟，在防范未知风险上，公司的优势是其他组织形式无法比拟的。

▶▶ **视野延展**

创业者该纳哪些税

在 2016 年 5 月的全面营改增后，中国的税共有 17 种，费则可能达到上百种之多，例如：房地产企业就至少涉及 11 种税和 56 种费。以下是目前中国开征的税种，共 5 类 17 种：

（1）商品和劳务税类：增值税、消费税、关税；

（2）所得税类：企业所得税、个人所得税；

（3）财产、行为税类：房产税、车船税、印花税、契税；

（4）资源税类：资源税、土地增值税、城镇土地使用税；

（5）特定目的税类：城市维护建设税、车辆购置税、烟叶税、船舶吨税、耕地占用税。

然而，创业者也不必惊慌，对于一般的创业公司而言，缴纳的税费只有 6～10 种，除去不经常发生且税率较低的小税种，普通创业者需要重点关注的只有 3 种，分别是：增值税、企业所得税及个人所得税。

增值税属于商品和劳务税类，顾名思义是因销售商品或提供劳务而征收的税种，随着"营改增"的全面实施，所有公司都属于缴纳增值税的纳税人。

企业所得税是对企业所得征税。只要是公司制的企业，无论什么行业，都应按规定申报并缴纳企业所得税。

个人所得税征税范围较为广泛且税率普遍偏高，当你不创业、不经营公司、不出售房产的时候，可能只有"工资、薪金所得"与你有关。而一旦成为创业者，整天与公司业务打交道的时候，我们就不能再无视个人所得税中其他的征税项目了。

以上 3 种税是绝大多数公司都能遇见的税种，无论对企业还是国家财政收入来说，这些税种都是名副其实的"大税"。除此以外，城市维护建设税、教育费附加、地方教育费附加、印花税等"小税种"也较为常见，但它们税负水平较低、计算简单、税收筹划空间小，创业者也大可不必为之操心。

总而言之，创业者来自各行各业，不可能要求每个创业者都精通会计和税法。也没有必要系统地学习相关的财税知识，但基本的财税常识是必不可少的。财税常识是每个创业者的必修内容，在税法面前，创业者切不可心存侥幸，提前树立财税风险意识会让大家的创业路走得更远。

（二）非公司制组织

非公司制组织（民间非营利组织、行政事业单位等除外）不具有法人资格，也就是说它们不能独立承担责任，它们的责任是与创业者绑定在一起的。当非公司制组织资不抵债时，创业者（有限合伙人除外）仍需承担无限连带责任，从这个意义上来说，创业者设立非公司制组织面临的风险更大。但是非公司制组织也有其独特的优势。

（1）降低税负。如上文所述，公司制企业存在双重征税的问题；而非公司制组织盈利后，创业者只需要缴纳一次个人所得税即可，税负较低。

（2）组织架构简单，降低管理成本。一般来说，非公司制组织内部架构比公司制组织简单，无须设立股东大会、董事会、监事会等，决策效率更高。除此之外，非公司制组织的成立、注销程序也相对简单。业务模式单一、经营风险较低且未来无扩张计划的组织采用非公司制的形式可能更为适合。例如，我们常见的商铺，绝大多数采取个体工商户的形式，就是因为成立、经营管理、注销程序等都相对简单，管理成本较低。

（3）经营管理需要。私募股权投资等创投企业一般采取有限合伙制，除了降低税负之外，有限合伙制为普通合伙人提供较好的激励机制也是一个非常重要的原因。这样的制度让有能力的普通合伙人投入少量金钱、承担无限责任，更好地确定自身目标和企业发展目标；有限合伙人投入大量金钱、承担有限责任，在不干涉普通合伙人经营管理的同时，更放心地向合伙企业投入大量资本。

（4）法律、法规的强制规定。涉及公众利益的组织，如会计师事务所等，必须采用合伙企业的形式。由于将承担无限责任，合伙人将面对更大的风险，这样的做法更有利于保护公众利益。

个人独资企业，一般也称为独资企业，即个人出资经营、归个人所有和控制、由个人承担经营风险和享有全部经营收益的企业。

合伙企业是指由各合伙人订立合伙协议，共同出资，共同经营，共享收益，共担风险，并对企业债务承担无限连带责任的营利性组织。国有独资公司、国有企业、上市公司，以及公益性事业单位、社会团体不得成为普通合伙人。合伙企业可以由部分合伙人经营，其他合伙人仅出资并共负盈亏，也可以由所有合伙人共同经营。

个人独资企业与合伙企业的区别主要体现在人数上，个人独资企业只是一人成立的企业，而合伙企业应至少由两人成立。就是因为合伙企业人数较多，为保障每个合伙人的权益，所以相关规定更为复杂，对于合伙人的入伙、退伙、经营权、分红等方面都有着细致的规定，可以通过《中华人民共和国合伙企业法》进行了解。

另外，合伙企业可分为普通合伙企业、特殊普通合伙企业和有限合伙企业，普通合伙企业较为常见，多数合伙企业都是普通合伙企业；特殊普通合伙主要用于专业机构，如会计师事务所等；常见的有限合伙企业如私募股权投资。而个人独资企业因为不涉及多人利益，因此规定较为简单，也不存在多种类型，适用于业务模式简单、投入较低的项目。

个体工商户，是指有经营能力并依照《个体工商户条例》的规定经工商行政管理部门登记，从事工商业经营的公民。个体工商户是从事工商业经营的自然人或家庭。自然人或以个人为单位，或以家庭为单位从事工商业经营，均为个体工商户。根据法律有关政策，可以申请个体工商户经营的主要是城镇待业青年、社会闲散人员和农村村民。此外，国家机关干部、企事业单位职工，不能申请从事个体工商业经营。个体工商户只能经营法律、政策允许个体经营的行业。

如果创业者想进一步了解各种组织形式的详细规定，可以查阅相关的法律、法规：《中华人民共和国公司法》、《中华人民共和国个人独资企业法》、《中华人民共和国合伙企业法》、《个体工商户条例》等。

▶▶ 视野延展

一人有限公司、个人独资企业、个体工商户的区别

以上三类组织形式看似相近，却截然不同，它们的主要区别在以下5个方面。

1. 适用法律基础不同

一人有限公司适用《公司法》，个人独资企业适用《个人独资企业法》，个体工商户适用《个体工商户条例》。从法律基础就能看出，上述三者在法律上完全是不同的概念，切不可混为一谈。

2. 承担的责任不同

顾名思义，一人有限公司的组织形式为公司，具有法人资格，可以独立承担民事责任，个人独资企业不具有法人资格，不能承担民事责任，但可以以个人独资企业的名义从事商业活动。而个体工商户，也不具有法人资格，严格来说，它不算企业，只能以投资者个人的名义从事商业活动。

3. 设立条件的要求不同

一人有限公司成立条件受《公司法》的限制，需要字号、注册资本、注册地址等必要信息，应按照规定建立治理结构（如董事会、监事会等）、健全财务制度，还需设置会计账簿、进行会计核算、分清公司财产和股东财产的权属；个人独资企业相比而言要求较少，需要字号、申报出资、生产经营场所地址等信息，无须建立治理结构，但需要设置会计账簿、进行会计核算；个体工商户要求最为简单，没有最低出资额、治理结构等要求，在法律上也没有对会计核算做出强制规定，原则上，只要税务机关同意，个体工商户无须设置账套。

4. 对创立者的要求不同

一人有限公司是指只有一个自然人股东或者一个法人股东的有限责任公司，个人独资企业的投资人只能为一个自然人，个体工商户可以个人经营，也可以家庭经营。

5. 设立分支机构的限制不同

一人有限公司和个人独资企业可以设立分支机构，分支机构产生的民事责任由总机构承担，而个体工商户不能设置分支机构。

二、公司登记流程与要件

根据《公司法》第六条：设立公司，应当依法向公司登记机关申请设立登记。

根据《公司登记管理条例》第四条：工商行政管理机关是公司登记机关。

显然，当我们需要"开公司"，或选择其他组织形式创业时，无须多虑，只要查找相关的法律法规，到相关的部门去咨询，按规办事就可以了。一般来说，各个地区的公司登记手续都相差无几，我们可以登录本地的工商行政管理部门的网站，或打电话，或直接去办公地点，按对方要求填表、准备资料，即可进入申请流程。

2015 年 7 月 1 日，浙江省率先实行营业执照、组织机构代码证、税务登记证、社会保险登记证和统计登记证"五证合一"登记制度。2016 年 10 月 1 日起，按照《关于加快推进"五证合一、一照一码"登记制度改革的通知》（国办发〔2016〕53 号），"五证合一"登记制度在全国范围内全面实施，该办证模式更进一步简化了审批手续，大大降低了大众创业的门槛，大大减轻了创业者"跑手续"的负担。

现以浙江省为例，图 10-1 为申请设立登记公司的一般流程，其后为浙江省申请有限责任公司和股份有限公司设立登记需提交的材料，具体应以各省工商行政管理部门的最新规定为准。

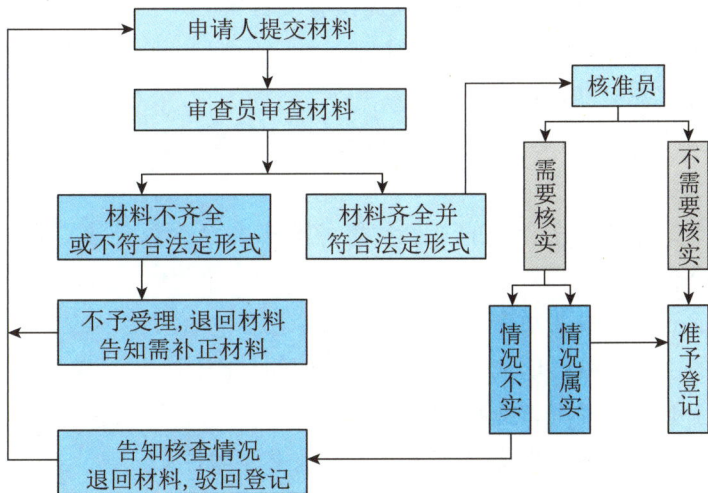

图 10-1　公司申请设立流程图

1. 有限责任公司设立登记需提交的材料

（1）《公司登记（备案）申请书》。

（2）《指定代表或者共同委托代理人授权委托书》及指定代表或委托代理人的身份证件复印件。

（3）全体股东签署的公司章程。

（4）股东的主体资格证明或者自然人身份证件复印件。

● 股东为企业的，提交营业执照复印件。

- 股东为事业法人的，提交事业法人登记证书复印件。
- 股东为社团法人的，提交社团法人登记证复印件。
- 股东为民办非企业单位的，提交民办非企业单位证书复印件。
- 股东为自然人的，提交身份证件复印件。
- 其他股东提交有关法律法规规定的资格证明。

（5）董事、监事和经理的任职文件（股东会决议由股东签署，董事会决议由公司董事签字）及身份证件复印件。

（6）法定代表人任职文件（股东会决议由股东签署，董事会决议由公司董事签字）及身份证件复印件。

（7）住所使用证明。

（8）《企业名称预先核准通知书》。

（9）法律、行政法规和国务院文件规定设立有限责任公司必须报经批准的，提交有关的批准文件或者许可证件复印件。

（10）公司申请登记的经营范围中有法律、行政法规和国务院文件规定必须在登记前报经批准的项目，提交有关批准文件或者许可证件的复印件。

注：依照《公司法》、《公司登记管理条例》设立的有限责任公司适用本规范。一人有限责任公司和国有独资公司参照本规范提供有关材料。

2. 股份有限公司设立登记需提交的材料

（1）《公司登记（备案）申请书》。

（2）《指定代表或者共同委托代理人授权委托书》及指定代表或委托代理人的身份证件复印件。

（3）由会议主持人和出席会议的董事签署的股东大会会议记录（募集设立的，提交创立大会的会议记录）。

（4）全体发起人签署或者出席股东大会或创立大会的董事签字的公司章程。

（5）发起人的主体资格证明或者自然人身份证件复印件。

- 发起人为企业的，提交营业执照复印件。
- 发起人为事业法人的，提交事业法人登记证书复印件。
- 发起人股东为社团法人的，提交社团法人登记证复印件。
- 发起人为民办非企业单位的，提交民办非企业单位证书复印件。
- 发起人为自然人的，提交身份证件复印件。
- 其他发起人提交有关法律法规规定的资格证明。

（6）募集设立的股份有限公司提交依法设立的验资机构出具的验资证明。涉及发起人首次出资是非货币财产的，提交已办理财产权转移手续的证明文件。

（7）董事、监事和经理的任职文件及身份证件复印件。

依据《公司法》和公司章程的规定，提交由会议主持人和出席会议的董事签署的股东大会会议记录(募集设立的,提交创立大会的会议记录)、董事会决议或其他相关材料。其中股东大会会议记录(创立大会会议记录)可以与第 3 项合并提交;董事会决议由公司董事签字。

(8)法定代表人任职文件(公司董事签字的董事会决议)及身份证件复印件。

(9)住所使用证明。

(10)《企业名称预先核准通知书》。

(11)募集设立的股份有限公司公开发行股票的应提交国务院证券监督管理机构的核准文件。

(12)法律、行政法规和国务院文件规定设立股份有限公司必须报经批准的,提交有关的批准文件或者许可证件复印件。

(13)公司申请登记的经营范围中有法律、行政法规和国务院文件规定必须在登记前报经批准的项目,提交有关批准文件或者许可证件的复印件。

注:依照《公司法》、《公司登记管理条例》设立的股份有限公司申请设立登记适用本规范。

▶▶ 视野延展

五证合一是哪五证

企业、农民专业合作社、外国(地区)常驻代表机构,将取得市场监督管理局核发的、加载了 18 位"统一社会信用代码"的"五证合一、一照一码"营业执照,质监、税务、人力社保、统计等部门的组织机构代码证,税务登记证,社会保险登记证,统计登记证不再发放。企业原需要使用上述五证办理相关事务的,一律改为使用"五证合一"(包含国家规定的"三证合一")后的营业执照办理。同时,根据国家质监总局的规定,个体工商户不再核发组织机构代码证。

从"三证合一"到"五证合一",降低了费用、节省了时间,对于创业企业来说,就是抢得了市场的先机。这项改革最重要的初衷就是减少企业创立时的各种制度性成本,意味着开办一家企业越来越便利,将会有越来越多的人投身创业大军,也将促进就业和社会经济持续健康发展。

三、新企业的社会责任

新企业在发展的最初阶段往往面临着如何促成包括消费者、供应商和投资者在内的利益相关者对其产品、服务或商业模式,乃至组织自身的理解和认识。在漫长的经营、成长过程中,企业要想做大、做强、做久,最终成为百年名店,仅仅做到提供顾

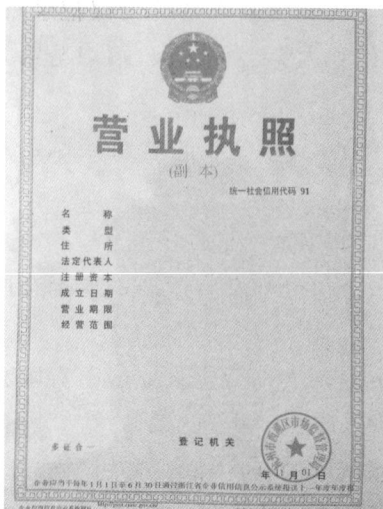

图 10-2　五证合一

客所需要的产品和服务、遵纪守法是不够的，还要符合道德标准，主动承担社会责任，通过良好的行为表现获得社会各界的广泛认同。

企业社会责任问题日益受到各国政府和民众的广泛关注。新的《中华人民共和国公司法》第 5 条明确要求，公司从事经营活动必须"承担社会责任"，公司理应对其劳动者、债权人、供货商、消费者、公司所在地的居民、自然环境和资源、国家安全和社会的全面发展承担一定责任。新《公司法》不仅将强化公司社会责任理念列入总则条款，而且在分则中设计了一套充分强化公司社会责任的具体制度。企业社会责任在我国已被写入法律。

企业社会责任（Corporate Social Responsibility，CSR）的概念已经被广为接受，指企业在创造利润、对股东利益负责的同时，还要承担起对企业利益相关者的责任，保护其权益，以获得在经济、社会、环境等多个领域的可持续发展能力。利益相关者是指企业的员工、消费者、供应商、社区和政府等。企业得以可持续经营，仅仅考虑经济因素、对股东负责是远远不够的，必须同时考虑环境和社会因素，承担起相应的环境责任和社会责任。

在欧美发达国家，企业承担社会责任已经从当初以处理劳工冲突和环保问题为主，上升到实施企业社会责任战略以提升企业国际竞争力的阶段。在实践上，随着企业社会责任运动的发展，越来越多的公司通过设立企业社会责任委员会或类似机构来专门处理企业社会责任事项，越来越多的企业公开发表社会责任报告。对于西方国家的创业者及其企业来说，承担企业社会责任就是要积极参与企业社会责任运动，贯彻执行由此衍生的 SA8000 等各种企业社会责任国际标准。

在我国，强化企业的社会责任是一个紧迫的现实问题，是入世后中国企业提高国际竞争力面临的一项新的挑战。我国新企业在创建伊始就应清楚地认识到推行企业社会责任是人类文明进步的标志，劳工权益保护是现代企业的历史使命，符合我国《劳动法》等许多现行法规的要求。创业者应该在积极参与和关注企业社会责任运动和企业社会责任国际标准的同时，从以下几个方面着手提高承担企业社会责任的意识和能力：第一，制定实施体现企业社会责任的竞争战略。在勇于承担企业社会责任的同时，打造企业新的竞争优势，是我国新一代创业者的必然选择。第二，把企业社会责任建设融入企业文化建设中。企业文化建设其实是企业发展战略的一部分，企业文化建设既可以提高企业竞争能力，也可以使人在工作中体会生命的价值。把企业社会责任作为新时期企业文化整合和再造的重要内容，已成为国际企业文化发展的大趋势。第三，把社会责任的理念付诸实实在在的行动。在企业的日常经营管理过程中，不仅要对股东负责，对员工负责，还要对客户、供应商负责，对自然环境负责，对社会经济的可持续发展负责。

四、与新企业创建和经营相关的法律

一个社会的法律法规为其公民能做什么或不能做什么建立了一个框架。这个法律框架同样在一定程度上允许或禁止创业者所做的某些决策和采取的部分行动。显然，创建新企业会受当地法律的影响，创业者必须了解并处理好一些重要的法律和伦理问题。创业涉及的法律和伦理问题相当复杂。创业者需要认识到这些问题，以免由于早期的法律和伦理失误而使新企业付出沉重代价。创业者一般不会有意触犯法律，但往往高估他们所掌握的与创建和经营新企业相关的法律知识，或者缺乏伦理意识。

在企业的创建阶段，创业者面临的法律问题包括：

(1)确定企业的形式；

(2)设立适当的税收记录；

(3)协调租赁和融资问题；

(4)起草合同；

(5)申请专利、商标或版权的保护。

在每一个创建活动中，都有特定的法律法规决定创业者能做什么和不能做什么。一名创业者必须熟悉相关法律法规。但是法律环境对创业的影响并没有到此为止。当新企业创建起来并开始运营后，仍然有与经营相关的法律问题。例如：人力资源或劳动法规可能会影响对员工的雇用、报酬及工作评定的确定；安全法规可能会影响产品的设计和包装、工作场所和机器设备的设计和使用。

尽管许多法律法规条款可能在某一企业达到一定规模时才适用，但事实是，新企业都追求发展，这意味着创业者很快就会面临这些法律问题。所以我们应该在准备创业的阶段，就建立起对相关法律的敏感度，有意识地多了解、多学习相关法律知识，在遇到问题时，及时查询相关法律条文，必要时咨询熟悉法律的老师和同学，在法律

的框架内创办、运营自己的企业。

第二节　新企业的生存

一、爱迪思企业生命周期模型

成长和发展是生命的永恒主题。就像任何生命一样，企业从诞生之初就有追求成长和发展的内在冲动。企业生命周期理论构成了经济学和管理学对企业成长问题最基本的假设之一。企业在成长过程中会经历若干发展阶段，每个阶段具有相应的特点和驱动因素，这要求企业在各个方面不断变革，与其发展阶段相适应。

在众多企业生命周期模型中，美国学者爱迪思提出的阶段划分最为细致，在理论界和实践界有着广泛影响。如图 10-3 所示，他把企业生命周期划分为 11 个阶段，分别是孕育期、婴儿期、学步期、青春期、盛年前期、盛年期、盛年后期、稳定期、贵族期、官僚化前期、官僚期。盛年期之前是成长阶段，盛年期之后是老化阶段。

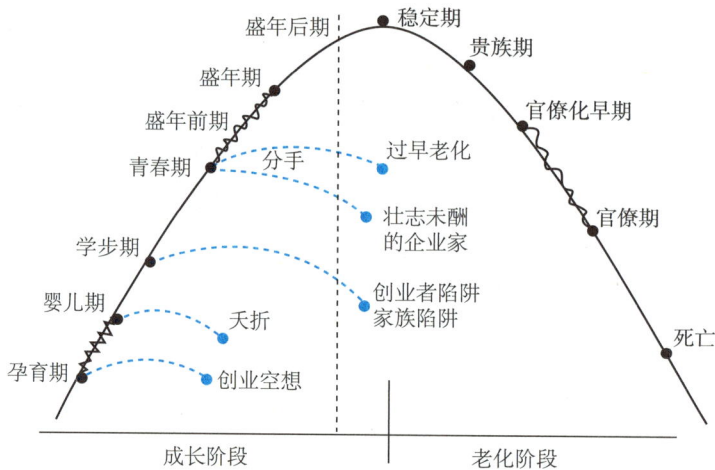

图 10-3　爱迪思企业生命周期示意图

孕育期：孕育期是先于企业出现的一个阶段，即梦想阶段，没有梦想，就不会有后来的企业。此阶段的本质，就是创业者确立自己的责任，并且让责任感一直伴随着创业者经历企业的整个生命周期。这种责任的形成标志，不是公司在形式上的成立，而是创业者的创意通过了利益相关人的检验，创业者和加盟人都树立起了承担风险的责任心，风险越高，责任越大。同时，这种责任能够得到经理人、雇员、客户、供应商等利益相关者的分担。成功的企业不仅要有好的创意、市场和资金的支持，更需要那种能够把自己的全部热情和精力都投入事业的人。创业者责任心和凝聚力的强弱，决定着资源能否积聚和被充分利用。

如果创业者的动机仅是为了赚钱，这种狭隘的急功近利不能支撑其建立真正的企业。真正的企业，在创业阶段必须要带一定的积极动机，如满足市场需求，创造附加价值，增添生活意义等。创业的责任承诺在后来的兑现过程中，可能产生一些不正常的和病态的问题。创业者在激动状态下，会被迫或者自愿地做出一些不现实的承诺，常见的问题如慷慨地给加盟者分配股份。在梦想阶段这种股份是不确定的，后来公司能使这种股份权益变为现实时，创业者可能因此备受折磨。

婴儿期：婴儿期不再有浪漫和梦想，而是面对实实在在的生存问题。这一阶段能否健康成长，取决于营运资金是否到位和创业者承诺能否兑现，增加销售量成为头等大事。此时的正常问题是完善产品与扩大销售的矛盾，这可能使企业筋疲力尽。羽翼未丰的企业处处都需要资金，空想清谈不再有用，需要的是行动。这时候必须稳定产品，核定价格，扩大销售。但此时企业管理可能不到位，创业者忙得只能解决最紧急的事，没有明确的制度，缺乏必要的程序，预算相当有限，不足以建立强大的团队。创业者可能高度集权，承诺过度，日程过满，加班加点，从领导到员工都在忙。家庭式的小本经营企业都很脆弱，一不留神，小问题就变成了危机，所以，全体员工都全神贯注，决策权高度集中，领导者事必躬亲，每天工作十几个小时以上而且没有星期天。

导致婴儿期企业夭折的因素就是现金流断裂。婴儿期的企业总是投资不足，为了避免耗尽企业的流动资金，必须要有现实的商业计划。一旦出现把短期贷款用于长线投资、不恰当的打折、将股份转让给不能同舟共济的风险投资家等失误，造成的损失都可能严重到足以毁灭公司。导致企业夭折的第二个因素是创业者失去控制权或者丧失责任心。缺乏规章制度，为了获取现金而采取权宜之计，尤其是为了保证资金链而引进了只求快速收回投资式的控股者，会让创业者渐渐丧失企业的控制权；当追求事业的热情变成了不堪重负的压力，特别是在外来投资者不当干预下企业背离了创业者的初衷时，创业者可能会放弃自己的责任。在婴儿期企业中，独断专行的领导风格几乎是不可避免的，这样才能适时处理危机。但这种风格如果长期持续，就会在下一个阶段阻碍企业发展。

学步期：当公司运转起来，产品和服务得到市场认可的时候，企业就进入了学步期。这一阶段现金流增加，销售额提高，就容易出现"初生牛犊不怕虎"的自大，最常见的问题就是摊子铺得过大，任何机会都考虑，任何好处都舍不得丢弃，卷入太多相干和不相干的生意，精力不能集中。公司就像是个微型的企业集团，一个小部门甚至一两个人，就想要撑起一个"事业部"。创业者独断专行，虽然造就了婴儿期的成功，却隐含着学步期的管理危机。老板们沉醉于眼前的成功，相信自己的天赋，充满疯狂的想法，而那些促销的折扣与奖励，使销售直线上升却没有利润，甚至销得越多赔得越多。

尽管快速增长表面上是好的，然而让销售额直线上涨是危险的，把资金流寄托于未知的市场份额更危险。此时企业应该夯实基础，稳扎稳打，关注预算、组织结构、分工、职责、激励机制等基本制度建设，学会自律，学会放弃。但是，现实经营中最常见到的情况是一连串的决策失误，碰了钉子才会有些许清醒。所以，学步期实际上是频繁的试错阶段。

青春期：这是摆脱创业者的影响进入经理人治理的阶段，也称为再生阶段，即脱离父母监护的独立阶段，这是一个痛苦的过程。即使创业者本人转变为职业经理人，其中的冲突、摩擦也在所难免。规章制度的建立和授权是青春期企业的必经之路。婴儿期大权独揽不存在问题，而到青春期则必须授权，就像父母对长大的孩子必须放手一样。一旦引入职业经理人，就会发生管理风格的变革和企业文化的转化。对于创业者来说，婴儿期需要冒险，学步期需要远见，而青春期需要的是规范经营。企业管理的职业化、减少直觉决策、利用机会而不是被机会驱使、创建制度、形成责任体系、改变薪酬规定，等等，都会成为冲突之源。创业者、创业元老与新经理矛盾冲突不断。青春期的麻烦，实质上是经营目标的转变，由盲目扩大市场份额转向明确追求利润。如果经理人与董事会结成同盟，挤走富有开拓精神却在不断破坏制度的创业者，可能的结果是企业未老先衰，有了"数字化管理"却失去了前瞻眼光，有了组织纪律性却失去了朝气活力，最终会丧失盛年期的收获而直接进入贵族期。完成青春期转变的关键，是创业者与经理人之间的理解、信任与合作。

盛年期：即灵活性和控制力达到平衡状态的阶段，这是企业蒸蒸日上的时期。此时企业经过了青春期的痛苦，实现了领导机制的转变，建立了有效的管理制度体系，合适的权力结构平衡了创造力和控制力的关系。企业明白它要什么不要什么，关注点可以兼顾顾客和雇员，销售和利润能够同时增长，它能预测到即将取得的成效，这时的企业已经成为能够共享某些功能的利润组合体，规模经济和显著效益可以让公司多产起来，能够分化和衍生出新的婴儿期企业，也能够扩展到新的事业领域，有了相互尊重和信任的企业文化，可以促进企业的内部整合和团结。

当然，盛年期的企业也有问题。婴儿期、学步期、青春期出现过的问题，有可能在盛年期还会出现，但要想在鼎盛状态下持续发展，管理人员的培训不足、训练有素的员工不够的问题，则上升到首要位置。此时已经进入公司发展有预见可控并具有资金基础的阶段，所以关键的难题是如何扩充高素质人员来保持兴盛状态。

稳定期：稳定期是企业成长的转折点，虽然一切欣欣向荣，但是越来越循规蹈矩安于现状，保守处事。决策的隐含准则是保护自己的利益而非公司利益。高管层虽然也能倾听建议，但却不会探索新的领域。琐细的事实、大量的数据和精密的公式在决策中满天飞。稳定期的表象，是企业遇到了发展瓶颈，实际上是发展曲线到了顶点。公司有时也会出现新的构想，但却没有了当年的那种兴奋度。典型的表现，就是对财务部门的重视超过了对营销部门和研发部门的重视，对改善人际关系的兴趣超过了对冒险创新的兴趣，对昔日辉煌的津津乐道超过了对发展愿景和新战略定位的探索，在用人上更乐意用唯唯诺诺者而不愿再见到桀骜不驯者。表面上，这一阶段没有大毛病，高管层更多地会误以为这就是盛年期，但衰败的种子正在悄悄发芽。

贵族期、官僚化早期和官僚期代表着公司越来越走下坡路。这个阶段的企业，不再有真正的长期目标和事业追求，只是为了维持面子而热衷于短期获利和低风险目标。人们为了维护自己的利益而争斗，强调别人造成了灾难，总要有人为错误承担责任，内讧和中伤不断，大家都在争夺企业内部地盘，客户需要无人理睬，那些平时就显得不合群的员工（正是这些人往往保存着一些创造力）就变成了牺牲品。有创造力的人，在官僚化内讧中往往不是那些擅长权位者的对手；试图推行变革、扭转官僚化趋势的人，其努力不但无济于事，而且还往往会搭上自己的职业前程，最后不得不走人。官僚化的结局是企业濒临破产，靠企业自身的努力已经无力回天，到处充斥着制度、表格、程序、规章，就是看不到真正的经营活动。企业最终的命运就是走向死亡。

爱迪思对企业生命周期的概括，为研究管理打开了一个新的视窗。必须注意的是，企业所处的生命阶段，不以时间长短来确定，也不以规模大小为前提。就时间来说，有不少百年老店依然"年轻"，也有不少刚刚建立的企业已经"老态龙钟"；就规模来说，有些世界排名领先的巨型企业依然生机盎然，而有些小型企业已经进入了重症监护室。判断企业年龄的尺度，是灵活性和控制力的消长情况。

了解企业的生命周期，是为了帮助创业者认识到，企业会萌芽，有生存与成长，也有衰落与死亡。所以我们在做出创办与经营企业的决策时，要保持清醒，认识到企业发展的规律，冷静地判断自己的企业处于哪个阶段，应该如何调整策略，维持企业发展的活力，实现自己创业的诉求。

▶▶ 视野延展

创业企业的一般出路

当一个摸爬滚打了多年的创业企业经营者，感觉对自己的企业所处行业发展后势不看好时，或者是他凭借自己的预感判断未来企业的盈利预期并不能达到自己的目标时，就会想到全部或部分转让、卖掉企业。也有的不想在此行业继续发展了，会用卖掉企业换来的钱，重新开创另一个事业。例如：华尔街英语创始人李文昊就是把经营四年的一家公司卖了100万美元，用这笔钱重新投身教育行业，开创了"华尔街英语"。

有些创业者遇到了出国深造、另谋高就等诱人的职业发展机遇时，会选择卖掉企业，去做他更喜欢的事情。

有的创业者认为并入大公司有助于他们实现目标，会选择被并购。

大多数科技型创业公司经过经营达到上市条件后，会选择上市。这是目前大多数创业企业的首选目标和出路。创业企业上市后，创业者可以融资套现。

企业的大小有时也跟创业者的个性特点有关，有的人喜欢做大，有的人小富即安，有的人根本就不想做大，就想守着自己喜欢的规模一直做下去，他也许仅仅是喜欢这种生活方式而已。有些创业企业会成为"百年老店"，创业者会坚守自己小而美的创业企业。

一些创业者希望让公司维持小规模，从而能够一直掌握控制权，不卖给其他公司。他们是计划通过自行筹资实现这一点。保持独立可给予创业者自由度，他们可以按照自己的愿景想法发展公司，而不必顾虑其他。

二、新企业的生存管理

新创企业的首要任务是从无到有，把自己的产品或服务卖出去，掘到第一桶金，从而在市场上找到立足点，使自己生存下来。在创业阶段，生存是第一位的，一切围绕生存运作，一切危及生存的做法都应避免。最忌讳的是在创业阶段提出不切实际的扩张目标，盲目地谈扩大、谈规模。创业企业要超越已有的竞争对手，一定要探索到新的生存模式，这是新创企业管理的本质所在。

企业也像人一样是有生命力的，要么健康地、一年一年地发展壮大；要么因失去了生存下去的基本条件而病死、累死、饿死、冻死、撑死、拖死。从财务角度看，坚持到盈利、保持稳定的现金流，都是企业生存的基本条件，下面从几个方面来说明从财务上如何保证新企业的生存。

1. 追求合理利润

利润是一个合理而现实的、具有较强操作性的指标，追求利润最大是企业的当然选择，但将"追求合理利润"作为初创企业的财务目标更为合适。

初创企业应追求"合理利润"（而非利润最大化）的财务管理目标。既不淡化利益追求，又不会因过于追求利益最大而冒不必要的，甚至是毁灭性的风险。同时，应当综合考虑市场竞争能力、获利能力、增值能力、偿债能力、资金营运能力、抵御风险能力及信用水平、社会责任等各种因素，把它们作为确定利润指标时的重要决策因素，确保企业具有强大的可持续发展动能。

在企业经营中存在着各种利益主体的对立统一关系，他们彼此的经济目标有时并不一致。正是由于各主体之间的利益并不一致，他们不断地试图在矛盾中寻求利益平衡。选择合理利润作为财务管理目标，则可以在一定程度上减少这种不一致性，从而在一定程度上减少企业的短期行为。此外，企业有时出于避税、降低经营风险等方面的考虑，会利用对会计政策、变更会计估计等方面的选择权，实施盈余管理，此时企业选择的并非利润最大，而是从企业利益出发的"合理利润"。这一点，对于初创企业来说，具有一定的合理性，更符合初创企业实情，也更容易被初创企业的投资者和经营者所接受。当然，企业产生短期行为还存在着企业本身治理结构不完善等方面的原因，并非合理制定利润目标所能全部解决的。

2. 增强融资能力

创业者要筹集到新企业所需要的资金，就要和资金供给方建立良好的外部关系。首先要处理好与债权人的关系，使债权人的利益不受到损害。初创企业的抗风险能力弱、信用等级低，致使金融机构等债权人不愿将资金贷给初创企业。在这种情况下，初创企业首先应该充分尊重债权人，不逃废、悬空债务，主动与金融机构等债权人保持良好的关系，让其了解企业，看到企业的远大前景。具体可以从两个方面着手：一方面是企业对金融机构的选择。应该选择对初创企业立业和成长前途感兴趣并愿意对其投资的金融机构，能给予企业经营指导的金融机构，分支机构多、交通便利的金融机构，资金充足而且资金费用低的金融机构，员工素质好、职业道德良好的金融机构。另一方面是初创企业要主动与合作的金融机构沟通企业的经营方针、发展计划、财务状况，说明遇到的困难，以实绩和信誉赢得金融机构的信任和支持，而不应以各种违法或不正当的手段来套取资金。当金融机构等债权人的利益得到保障时，债权人才会与企业保持长久的合作。企业获取了决定企业生存和发展的资金，才能持续发展。

初创企业可以通过发行优先股的渠道进行直接融资，保证资金需要。由于优先股能够获得稳定的股息收入，可以吸引稳健型的投资者；优先股股东没有表决权，又能确保公司的经营自主权落在实处；积极开展合法的民间融资，如果有适当的股权融资私募机制引导社会资金分流到民间融资市场并进行股权融资，或者是股权与债券的混合融资，就能提高其股权融资的比例，改善初创企业的资产负债结构；股权融资的比率提高之后，才有可能继续通过贷款及债券融资等融资形式对初创企业进行金融支持；此外还可以开展信托、融资租赁等业务，丰富融资渠道。

3. 重视财务管理

财务管理水平的高低直接关系企业的兴衰。初创企业的财务管理并不讲求事无巨细、全面管理，而是应选择一些主要方面实施重点控制，同时还应根据企业整体战略目标和环境的变化而调整主要内容，以达到预期的效果。

创业者应该重视会计工作，依据科学的内部会计控制规范和新企业的实际情况，制定出适合本企业的内部财务制度，并严格遵守既定的程序和规范，明确会计机构的职责与权限，建立健全会计人员的岗位责任制，构建一个良好的控制环境，规避面临的投资风险、筹资风险和经营风险，使财务管理起到应有的保障作用。

初创企业要完善会计核算方法，应从会计基础工作入手，根据《会计法》和《企业会计准则》及各项具体制度的要求，使会计核算客观、真实、及时、准确、明晰地反映企业经营情况，同时完善会计监督和分析制度，使财务管理起到应有的导向作用。

企业应当根据经营环境的变化，不断通过存量调整和变量调整（增量或减量）的手段确保财务结构的动态优化。新企业财务结构管理的重点是对资本、负债、资产和投资等进行结构性调整，使其保持合理的比例，包括优化资本结构、优化负债结构、优化资产结构、优化投资结构。

(1)优化资本结构：企业应在权益资本和债务资本之间确定一个合适的比例结构，使负债始终保持在一个合理的水平上，不能超过自身的承受能力。负债经营的临界点是全部资金的息税前利润等于负债利息。

(2)优化负债结构：负债结构性管理的重点是负债的到期结构。由于预期现金流量很难与债务的到期及数量保持协调一致，这就要求企业在允许现金流量波动的前提下，确定负债到期结构应保持的安全边际。企业应对长、短期负债的盈利能力与风险进行权衡，以确定风险最小又能使企业盈利能力最大化的长、短期负债比例。

(3)优化资产结构：资产结构的优化主要是确定一个既能维持企业正常生产经营，又能在减少或不增加风险的前提下给企业带来尽可能多利润的流动资金水平，其核心指标是反映流动资产与流动负债差额的"净营运资本"。

(4)优化投资结构：主要是从提高投资回报的角度，对企业投资情况进行分类比较，确定合理的比重和格局，包括长期投资和短期投资，固定资产投资、无形资产投资和流动资产投资，直接投资和间接投资，产业投资和风险投资等。

4. 培育核心竞争力

新企业的核心竞争力的培育有很多可能性，创业者要注意抓住现有优势，挖掘新企业的核心竞争力，并不断扩大优势。对于当前很多技术型或创新型创业，技术或创新是企业赢得竞争、快速发展的重要战略，是培育企业核心能力、增强企业长期竞争优势的关键，是打造核心竞争力的硬功夫。初创企业要靠技术的不断改进、及时的优势创业，巩固自己在市场上的地位。此外，要不断提高初创企业的经营管理水平，摒弃"家族式"管理理念，借鉴大企业先进的管理经验，大胆、积极引进职业经理等高素质管理人才，改善经营管理队伍素质，提高经营管理水平。一个出色的管理团队，也可以成为创业企业的核心竞争力。

三、新企业的现金流管理

现金流是新企业生存和发展的血液，保持有能够维持正常经营活动所需的现金流对于企业的生存发展至关重要。创业者不仅要时刻关注企业的现金存量，更应重点关注企业的现金流。一个企业可能不会因为亏损而立即破产，相反，有些赔钱的企业，尽管亏损，但仍然能维持下去，其中的奥妙就在于资金调度得当。但是很多企业都因为现金流的断裂而倒闭。

1. 现金流的概念

现金流就是在一段时间内流入或流出企业现金账户的钱，即某一时期内企业现金流入和流出的数量。如企业通过销售商品、提供劳务、出售固定资产、向银行借款等取得现金，形成企业的现金流入；通过购买原材料、购买机器设备、对外投资、偿还债务、缴纳税金等而支付现金，形成企业的现金流出。企业的经营活动、投资活动及筹资活动均能够导致企业现金流入及流出。而现金流入与流出的差额称为现金净流量。这里的"现金"是指广义的现金，它不仅包括企业的库存现金，还包括企业的银行存款及银行汇票存款等其他各种货币资金，但在企业中存在一些期限较长的定期存款，因其不能随意支取，变现能力受限，则不能作为现金流量表中的现金。

现金流分析的是现金收入和现金支出，而不是收入和费用。现金收入和现金支出不仅受收入和费用的影响，还受到资产负债表里一些款项的影响，如应收账款、存货、利息、资本支出、偿债、贷款及实际收入等。

现金流信息能够表明企业经营状况是否良好，资金是否短缺及企业偿债能力大小，从而为投资者、债权人和企业管理者提供有用的财务信息。经营活动出现现金盈余是企业具有活力的主要标志。如果经营活动的现金净流量为负数，那么企业要依靠外部因素，即投资活动或筹资活动带来正的现金净流量以维持运转，长期下去是非常危险的。此外，需要注意的是，企业现金形式的转换不会产生现金的流入和流出。

2. 现金流的预算

所有的企业都应该对未来的现金流进行预测和预算。定期编制现金预算，合理安排现金收支，能及时反映企业现金的盈缺情况。现金预算是对企业预算期内有关现金流入与流出所做的预测，它通常被当作这一时期的计划目标，也是制订企业短期财务计划的基本工具。现金预算的内容包括现金收入、现金支出、现金多余或不足的计算，以及不足部分的筹措方案和多余部分的利用方案等。现金预算实际上是对与其他预算如销售预算、生产预算、直接材料预算等有关现金收支部分的汇总，以及收支差额平衡措施的具体计划。其他预算在编制时要为现金预算做好数据准备。

企业的流动状况可以通过编制现金预算进行监控。虽然有时现金预算可能会变得过时或不再有实际意义，但它仍然是企业采用的计划的一部分。当出现预算赤字时，企业可以通过借款筹集现金，也可以采用延迟或取消资本性支出项目等措施来减少现金赤字。如果预测为有盈余，企业就可以对如何应用盈余现金做出预算。

对于小公司或者新成立的公司来说，由于有限的财力资源、巨大的财务压力、重大决策所带来的风险及较高的失败率，现金流预算与相关报告成为创业者的关键控制点。而控制必须指向一个计划或目标，现金流量目标在一个计划或预算中可以被公式化并写入企业的政策、规则和条例。

3. 现金流的调整

为确保新企业的现金流入、流出的健康、顺畅，我们可以通过以下办法来调整现金流：

(1)为客户开发产品或项目时，向他们收取预付金，让他们而不是你自己，为该项目提供资金。

(2)设置一个交货后全部收回账款的期限，比如要求在交货后30天内或60天内付款，尽可能快地收回资金。

（3）和供应商谈判，争取获得 30 天或更长的付款期限。先从顾客那里收到钱，再付款给供应商。

（4）预先设置一个收款的程序。如果顾客延期付款，就要不断催款。

（5）银行的贷款利率通常比供应商收取的滞纳金要少。在紧急情况下，不妨向银行贷款，还清供应商的钱，这也能在短期内弥补现金流的不足。

（6）可以请代理机构帮忙收账，不必等 30 天或 60 天，立即就可以拿到现金。但是使用代收服务需要费用，在使用代收服务前，要先想想哪种方式更划算。

（7）个人需要花的钱，尽量不要从公司支取。从公司拿走钱，也就减少了现金流的总量，而它本来可以促进公司的发展。

第三节　新企业的成长

一、新企业成长的驱动因素

企业度过创业期后，随着成品和服务逐步被市场和消费者所认可，销售收入不断增加，规模不断扩张，出现了非常强烈的成长冲动。从内部看，一方面，因为企业追求更多的利润；另一方面，创业者渴望权力，这必然促进企业的成长。从外部看，市场对产品产生需求，技术上要求扩大规模，或者某项新发明创造出新市场，也都可能促进企业成长。因此，企业成长的推动力量可概括为创业者、市场和组织资源三方面。

1. 创业者渴望成长

创业者具有强烈的成长欲望，并对成功充满向往，勇于向环境挑战，能够主动识别和把握机会，正是这些能力促使创业者把经济资源从生产率较低、产量较小的领域转到生产率较高、产量更大的领域。这些能力是企业实现快速成长最关键和最基本的因素。

创业者具有较高的成长欲望，所以在产品投入市场赢得了一定的利润后，创业者一般不以达到个人满意的生活水平和享受利润所带来的好处为目标，而是利用利润进行再投资以期成为向所在行业的大企业挑战的高速发展企业。通过向主要顾客销售大量产品而与顾客一道成长，通过改变顾客和产品进一步扩大销售额，并及时地通过建立分支机构实现成长。在企业开拓市场过程中，需要大量的资金，创业者为了实现快速成长，愿意通过出售股份融资，这为进一步扩张奠定了基础。

创业者的工作激情使创业者在实现企业目标时更加坚决、乐观和持之以恒，这不仅深深激发了团队的工作热情，而且使被其他企业认为不能实现的事情在创业者型中小企业得以实现。

创业者勇于向环境挑战而不是被动地适应环境，他们面对激烈动荡的环境，更加关注的是机遇而不是威胁。创业者有做事情的责任和主动权，创业者有责任感，不是让情况决定他们的行动，而是更多地为改变他们的情况而行动。

创业者擅长识别和追求机会的能力使企业具有创新的优势，创新使企业能够赢得快速成长的机会。创业者能非常快地将识别到的机会付诸实践，创业者对其将要进入的领域非常了解，他们能够找到发展的模式，他们也有信心找到实现模式所缺的资源。通常，创业者利用最低或最有限的资源追求机会。斯迪文森认为创业者所追求到的机会超过他们所控制的有限资源是创业者能力之一。

2. 市场有成长空间

进入威胁、替代威胁、买方竞价力、供方竞价力和行业内企业间的竞争这五种作用力共同决定产业竞争的强度及产业利润率。

新企业在快速成长的最初阶段，其产品往往处于生命周期的导入期和成长期，进入威胁和替代威胁较小，行业中的其他企业由于缺乏创新精神、一味地被动适应环境，信息相对闭塞，资源相对匮乏，往往对新的业务视而不见。

行业内部大企业总是因为市场"太小"而拒绝开发新涌现业务方面的产品和服务，所以，允许新的企业赢得在随后不能被驱赶的市场地位。当然，这也是中小企业之所以存在的基础之一。

竞争对手较少，良好的市场情况为新企业实现销售额快速增加创造了机会。新产品具有良好的吸引顾客的潜力，虽然最初顾客对新产品不了解，但新企业对于区域市场比较熟悉，往往易于打开局面。

在巨大的市场需求的牵引下，新企业的主要任务是进行批量生产，不必投入过多的市场开发费用，产品的价格相对较高，能够获取高利润，新企业自身的规模相对较小，易于实现超速成长。

3. 组织资源支持成长

在一定程度上，新企业成长欲望的实现取决于其所控制和能够利用的组织资源。在这里，组织资源在广义上包括员工、财务资源、无形资产、厂房设备、技术能力、组织结构。

组织资源决定支持组织成长的能力，如果组织不拥有支持成长战略所需的资源，即使创业者的成长欲望很高，但实现的销售额可能很低。合理的组织结构、充足的财务资源和技术资源对企业的快速成长起着积极的促进作用。在财务资源方面，企业产品的销售价格相对较高，利润较高，在一定程度上能够支持成长所需的资金；或者银行看好企业的发展前景，愿意提供贷款；或者具有高成长欲望的创业者愿意通过出售股份融资，赢得更多的资金，适应企业的扩张。这些资金来源能够提供满足新企业成长所需的资金。

二、制约新企业成长的因素

从数量上看，创业企业的数量可能很多，但能够实现成长的企业却不多，其中能实现快速成长的企业则更少。一个企业不可能无限制地扩张，新企业的快速成长往往会受到内部的管理能力、市场及资金等多方面的制约。以下介绍几种主要的、常见的制约新企业成长的因素。

1. 管理能力不足

彭罗斯把企业视为一种有意识地利用各种资源获利的组织，认为生产性资源（包括物质资源和人）是任何企业必不可少的，但对企业至关重要的并不是这些要素本身，而是对它们的利用，亦即生产性服务。作为一种"功能"或"行动"，"服务"而非"资源"才是每个企业独特性的根源。生产性服务又有"企业家服务"和"管理服务"两个相对照的部分。前者用来发现和利用生产机会，后者用来完善和实施扩张计划。它们都是企业成长不可或缺的。不过在某种意义上，企业家服务对成长的动机和方向的影响更深远，企业家管理是企业持续成长的必要条件。管理能力不足是企业成长的最大障碍。

企业在某个时点拥有的管理服务数量是固定的，这些管理服务，一部分要用于目前企业的日常运作（不扩大规模）；另一部分用于扩张性活动，比如开发新产品、开发市场。假定企业的管理队伍不变，在这种条件下，企业成长所需的新增管理服务来自两个途径：第一，随着组织结构的调整、工作程序化的增强，管理服务出现盈余，从而给企业收益带来持续的增长；第二，管理者越来越熟悉企业的经营活动，可以在不降低现有工作质量的前提下，节省出管理服务来支持企业成长。因此，如果管理企业当前事务所需的管理服务与企业规模呈一定比例，而且企业扩张所需新增管理服务与扩张规模也呈一定比例，则企业只能按照这一固定比例成长，否则就会出现管理危机、影响效率等问题。

2. 创新难以持续

创新是推动企业成长的主要动力。企业创立之后，创业者关注的核心问题是销售和生存，他们将大部分的精力和资源都投入对市场的拓展上，初期创新的推动力量会随消费者熟悉程度的增强和竞争对手模仿行为的增多而减弱，在缺乏资金、技术、人力资源和组织保证的情况下，新企业的创新业绩会减弱，与竞争对手的模仿行为相比，由组织机制带来的改善随着企业的快速成长而显得力不从心，企业的创新机制需要从创业者个人行为转变为组织行为。

生存的压力迫使新企业更加注重行动而非战略思考，甚至许多人认为新创企业和中小企业没有也不需要战略。事实上，缺乏战略也是制约企业成长的关键因素。没有战略的组织，缺少目标和方向感，会导致执行力的减弱，影响企业发展的效率。

3. 市场竞争加剧

市场是企业得以生存与发展的土壤。创业者创业往往基于创新，包括向消费者推出全新的产品和服务，或对现有的产品服务进行明显的改进，一旦企业实现了初期的快速成长，很快就会有其他的企业跟进，他们或者进行简单地模仿，或者像前面创业的创业者一样予以改进和创新，可以说，先进入的企业成长速度越快，跟进的企业就越多，创业者就会在更短的时间内面临激烈的竞争，信息社会和市场开放使这种规律更加明显。

众多竞争对手的加入，使顾客有更大的选择空间。随着新产品在市场经营时间的增长，顾客对产品的成本、价格及众多企业间竞争的情况将了解得越来越充分，竞价能力自然就会变得越来越强，此时的顾客往往要求较高的产品质量或索取更多的服务项目、更低的价格。无疑，顾客竞价力增强使成长中的企业不得不调整市场战略以赢得新顾客和维持已有顾客。

4. 市场环境复杂

新企业普遍是在行业内的细分市场进行创业与经营，随着企业规模的扩大，初期的目标市场容量将无法支撑企业快速发展的需求，创业者必须寻求扩张。创业者一般通过地域扩张或产业延伸等途径实现扩张。企业在地域方面的扩张，往往受各地文化、法律和市场环境的影响；产业延伸则会面临多元化经营等相关的障碍。这些情况都会改变成长中的企业运作环境，环境变得复杂而且很少能够被预测，可预见性减少进一步导致了管理的复杂性。如果创业者不能很好地解决这些问题，市场的局限性就会变得明显，最终像一堵墙一样阻碍企业继续扩张与成长。

5. 资金需求增加

企业的快速成长需要企业拥有相应的资产，资产的来源主要有两种：负债和所有者权益。因为企业存在最优的负债结构，所以可以说负债的多少取决于所有者权益的多少。正常情况下，成长的主要表现是销售额的增加，而销售额的增加又要求资产的增加，这就意味着需要投入更多的资金来增加资产。这样，尽管销售额的增加会为公司带来利润，但现金流是负数的问题也会随之产生。虽然公司可以通过提高财务杠杆来满足资金的需求，但一旦负债达到饱和，不能得到新的资金时，就会严重制约企业的成长。

三、新企业成长的推动策略

企业管理机制的确立不是一劳永逸、一成不变的，它必须随着时间、条件的变化而不断丰富、发展和完善。企业要成长发展，就需要构建有效的管理机制，以下从几个方面，介绍推动新企业成长的可行性策略。

1. 构建经营系统

建立一个企业的重要部分之一是建立辅助企业日常经营活动的体系——经营系统，它是企业开展日常经营管理工作的平台。弗莱姆兹认为，建立经营系统是为了有效地工作，一个公司不仅要从事生产或服务，而且要合理地管理基本的日常经营活动，这包括会计、制表、采购、做广告、招聘人员、培训、销售、生产、运输等。企业在创建初期容易忽略经营系统的建立和发展，但随着一个企业在规模上的扩大，特别是当规模超过了其组织管理的运作能力，这些系统就会承受到越来越大的压力。

2. 做好人力资源的管理

在创业阶段，人力资源管理问题常得不到创业者的重视。比较流行的观点是：对于初创阶段的企业而言，不需要专门的人力资源管理者，其人力资源管理的职能也非常简单。当前创业企业的人力资源管理方面的理论是非常缺乏的，比较成熟的人力资源管理理论基本上都是针对较为规范的既有企业或大企业。创业者遇到人力资源管理方面的问题，只能参照大企业的做法，而这有时是不合适的，甚至是有害的。

但是我们应该看到，良好的人力资源保障，是所有企业成功的基础。没有任何一个企业的成功，完全是创业者一个人的功劳。期待企业成长的创业者并不一定要受过高等教育，但他们要雇佣一大批有能力的下属，他们通过构建规模较大的管理团队以便让更多的人参与决策。即使创业初期无法确立完善的人力资源管理制度，也一定要有一些基本的招人、用人、留人的意识，千方百计地把人才找到、用好。

3. 做好资源的积累与管理

新企业的成长是靠资源的积累实现的，如果积累的资源未被企业占有，而是被企业中的个人(不管是创业者、高层管理者还是一般的员工)占有，都必将威胁企业的成长。如果公司资源被个人占用的情况较为明显，客户管理工作不够周密，以至于造成公司业务和人才的流失，公司等于自己"培养"了一大批竞争对手。因此，需要从注重创造资源转向管理好已经创造出来的资源，从资源"开创"到资源的"开发利用"。需要采取必要的措施，管理好客户资源，管理好有形和无形资产，通过现有资源创造最大价值。

4. 重视企业价值观的作用

企业价值观是支持企业发展的灵魂，虽然是无形的，却渗透在企业发展的方方面面。大多数快速成长企业都有比较固定的企业价值观，用以支持企业的健康发展。对新企业而言，企业价值观一般是创业者自身价值取向的体现，这种取向直接影响着企业的发展。对成功企业的研究表明，在企业发展过程中，只有很少一部分企业根本改变了原有的价值取向，大部分企业的价值观变化甚微。企业价值观的固定性保证了企业发展的稳定性，也便于企业管理者与员工掌握企业发展过程中的关键点。快速成长企业的创建者非常热爱他们自己所从事的事业，他们审时度势，制定符合社会发展的价值观念，并倾注全部心血使企业的价值观延续下去。

5. 主动寻求创新

创新是推动企业乃至社会发展的主要力量，但需要付出成本。企业在创业初期特别是成长阶段实施创新策略的成本较小，因为成长性强可以为企业提供创新所需要的资源，可以吸引优秀的员工，进而减轻来自内部的创新阻力。新企业的创新不可能一下全面展开，需要科学地把握切入点，由点到面，层层深入。创新的阻力主要是对未来发展的顾虑，对创新成功的可能性持有疑虑。从局部推进，往往可以在短期内取得效果，进而增强团队对创新的信心，而且这种方式的创新容易被控制，不至于失控。

6. 增加企业的价值

新企业过分追求速度带来的问题往往是，销售收入增加很快，而利润却没有增加，企业的价值没有得到增值，因此，当发展到一定程度时，企业需要管理好价值链，使价值增加快的部分得到转移和延展，以获得最大的价值增加，重点打造顾客在意的价值要素，而在其他要素上提供适当价值，剔除不必要的要素，不仅能够为顾客提供卓越的价值感受，还能够使企业以低成本的方式实现、获取所谓差异化和低成本的双重好处。

7. 灵活处理创业者的角色定位

在企业规模很小、经营业务比较简单的情况下，仅仅依靠创业者个人的努力就可以支撑起企业的运转。但是，当企业规模扩大、经营活动范围扩展、组织层次增多之后，仅仅依靠创业者个人的力量绝对不够，必须依靠企业全体员工的共同努力。因此，随着小企业的发展，适当弱化创业者在小企业经营中的决定性作用，更好地发挥集体的力量，是十分必要的。

适当弱化创业者在小企业经营中的决定性作用，并不是说要降低创业者在小企业中的作用，也不是单纯要把企业经营决策权从创业者手中拿出分散给其下属，而是要把创业者个人的贡献转化成集体的成绩，将创业者成功的经营思想转化成企业文化的一部分，将企业融入社会整体之中，使企业的发展与社会的发展同步。这样的企业才会真正具有持久的竞争力量，才会具有长期生存与发展的根基，才能摆脱新企业因规模小而产生的种种困扰。

▶▶ 视野延展

当代企业文化建设的两个基本共识

通过观察当代全球范围内的企业文化建设，我们发现了两个基本共识。一是"以人为本"的理念，二是"学习型组织"的建设。

优秀的企业文化大多突出"以人为本"的思想，以消费者为中心，努力创造价值、服务社会。那些经久不衰的企业，尽管他们的经营战略和实践活动不断地因适应外部环境而变化，但却都始终保持着"以人为本"的思想。

企业管理者应当确立员工是企业的主人，而企业能够实现员工梦想的观念。因为企业要做大、做强，光靠几个高层管理者是远远不够的，归根到底要依靠广大员工。企业需要做到"耕者有其田，工者有其股"，实行知识、资本和技术三者的结合，让有智慧、有能力的人在企业中通过创造获得高回报。以制度的形式，让贡献大、有潜力的骨干员工逐步持股，再以资本入股，具备股东资格，成为企业真正意义上的主人，让员工的人生价值随企业的发展而不断增值，从而真正实现员工是企业主人的管理思想。

在当今的社会环境中，企业的竞争优势将取决于其学习能力的高低，即迅速吸取新知识，开发新技术、新产品的能力。有人认为，企业的竞争实际上就是人才的竞争，但说到底，其实是学习力的竞争。资本、劳动力、原材料、技术、知识等资源可以通过购买、学习等手段获得，但学习能力却没有办法购买、复制或者消除。所以，建立学习型组织应该是所有企业的共同愿望。对于创业企业来说，建立学习型组织，一方面能使新企业快速适应外部环境的急速变化，不断进行理念创新、制度创新、组织创新和技术创新，紧跟时代步伐；另一方面也适应于创业企业中人力资源年轻化、便于吸收新技术、不断开拓创新的特点。同时，学习型组织也是走出家族式管理、建立现代企业制度的重要途径。

学习型组织应以共同的目标为基础，以团队学习为特征，特别强调以增强企业学习能力为核心，特别注重员工的自我超越、自我获取知识和利用信息的能力。企业中可建立社交群组，通过网络进行交流，获取信息，学习新知识，并实行自助培训，营造"工作学习化、学习工作化"的氛围。

在世界排名前100的企业中，已有40％的企业以"学习型组织"为蓝本，进行了彻底的改造，以在经济全球化的环境中，增强国际竞争力。大凡优秀的企业，都会选择一种与企业的发展战略及企业文化相一致的模式，并把"学习型组织"作为企业文化建设的重要阵地。

▸▸ 拓展训练

一、创办一家企业

同学们分为4组，分别模拟创业团队、工商局、企业顾问、其他相关部门。

各组在活动前，要查阅相关制度和规定，准备好表格、文件等资料，安排好成员扮演各类角色。

你的小组将扮演：＿＿＿＿＿＿＿＿＿＿＿＿＿＿＿＿＿＿＿＿＿＿＿

你们做了哪些准备：＿＿＿＿＿＿＿＿＿＿＿＿＿＿＿＿＿＿＿＿＿＿＿

＿＿＿＿＿＿＿＿＿＿＿＿＿＿＿＿＿＿＿＿＿＿＿＿＿＿＿＿＿＿＿＿＿

＿＿＿＿＿＿＿＿＿＿＿＿＿＿＿＿＿＿＿＿＿＿＿＿＿＿＿＿＿＿＿＿＿

由创业团队组决定他们将创办何种类型的企业，模拟企业注册、税务登记、银行开户等一系列过程，企业顾问组可随时帮忙，力求使创业团队顺利完成所有程序，成功创办一家企业。

活动中是否出现了你们之前没有预料到的问题？通过这次模拟，你得到什么启示或感悟吗？

_____

_____

_____

二、新企业的第一次会议

根据团队的创业项目（如果还没有创业项目，由教师指定一个项目），假设你们已经成功创办了一家有限责任公司（股东及其权益已确定），举行你们的第一次会议。

每组展开"无领导小组讨论"，每个人都可以提出自己的观点。请每个人先独自设想下，团队将会讨论哪些内容？

_____

_____

_____

会议结束后，你们取得了哪些"成果"？

_____

_____

与其他团队进行分享，选出会议成果"最全面"和"最深入"的两组。

想一想，哪些问题是在"第一次会议"之前就应该解决的？

_____

_____

如果你是"第一次会议"的主持人，请给这次会议确定一个主题：

_____

通过这次活动，对新企业的管理，你有什么新的感悟吗？

_____

_____

思考题

阅读教材，搜集资料，深入探索，认真思考并回答以下问题，注意说明你的理由，形成自己的见解：

（1）你认为最适合大学生创业选择的企业组织形式是什么？

（2）创办与管理新企业，需要了解哪些相关的法律知识？

（3）你如何理解"百年老店"的成功要素？

（4）创业者常常需要"身兼多职"，如果你必须且只能在"人力总监"和"财务总监"中选择一个职能来承担，你会选择哪个？

（5）如何平衡新企业成长的"速度与激情"？

（6）创业者的价值观，决定了新企业能够走多远，你认可这种说法吗？

▸▸ 实践活动

反思创业之路

到创业公司谋求一份实习或兼职工作，深入体验创业企业的各种管理实际。结束后，写一篇不少于3000字的体验报告。

当然，如果你正在创业，可以反思自己的创业历程，用文字记录你一路走来的感受。

参考文献

[1]林嵩，姜彦福，张帏．创业机会识别：概念、过程、影响因素和分析架构[J]．科学学与科学技术管理，2005(6)．

[2]夏人青，罗志敏，严军．中国大学生创业政策的回顾与展望(1999—2011年)[J]．高教探索，2012(1)：123—127．

[3]惠正一．创新：从点子到执行[N]．第一财经日报，2008-08-01．

[4]葛建新，主编．创业学[M]．北京：清华大学出版社，2004：6．

[5]王卫红，金伟林，何伏林，主编．创业基础[M]．杭州：杭州出版社，2017．

[6]牛长松．英国高校创业教育研究[M]．上海：学林出版社，2009.72—73．

[7]梅伟惠，徐小洲．中国高校创业教育的发展难题与策略[J]．教育研究，2009，(4)：67—72．

[8][美]杰弗里·蒂蒙斯，小斯蒂芬·斯皮内利．创业学(第6版)[M]．周伟民，吕长春，译．北京：人民邮电出版社，2005：8．

[9]安妮，柳敏．最佳创意是怎么来的？[J]．创业家(湖南)，2004(4)：50—52．

[10]马永斌，柏喆．大学创新创业教育的实践模式研究与探索[J]．清华大学教育研究，2015(6)：99—103．

[11]陈馥强．论引入创业导师对降低大学生创业风险的作用[J]．边疆经济与文化，2014(4)：72—73．

[12]陈俊义．大学生电子商务创业的风险分析[J]．内蒙古科技与经济，2012(8)：18—20．

[13]中华人民共和国教育部高等教育司组，编著．创业教育在中国：试点与实践[M]．北京：高等教育出版社，2006：12—18．

[14]苏晓华，郑晨，李新春．经典创业理论模型比较分析与演进脉络梳理[J]．外国经济与管理，2012(11)：19—26．

[15]董爱文．中国创业风险投资退出机制分析[D]．上海社会科学院硕士学位论文，2011．

[16]付玉秀．创业投资的风险管理机制研究[D]．浙江大学博士学位论文，2003．

[17]高庆海．论我国风险投资的模式选择[J]．中国经济问题，2005(1)：30—36.

[18]高翔．美国的创业投资模式[J]．中国科技信息，1999(8)：41—42.

[19]葛宝山，刘庆中．基于 Timmons 模型的创业类型系统分类研究[J]．中国青年科技，2007(1)：26—32.

[20]谷秀娟，张夏婧．中国创业投资资金来源多元化探索[J]．海南金融，2015(12)：66—69.

[21]郭必裕．科技成果转化与大学生机会型创业[J]．中国高教研究，2010(6)：55—57.

[22]郭广良．中国产业投资基金运营体系研究[D]．北京交通大学博士学位论文，2010.

[23]谢卫群，姜泓冰．上海九成高校实施创业教育　青年创业链正在形成[N]．人民日报，2011-03-30.

[24]郭四代．创业投资代理问题与风险分担机制研究[D]．西南石油学院硕士学位论文，2005.

[25]郝赪，张家慧．创业投资的理论基础综述[J]．当代经济，2008(2)：138—139.

[26]董世洪，龚山平．社会参与：构建开放性的大学创新创业教育模式[J]．中国高教研究，2010(2).

[27]黄和平，殷乾亮，姚冠荣，谢小英．创业型人才培养教学研究述评[J]．中国科教创新导刊，2010(4)：160—161.

[28][美]吉姆·斯坦塞．创业融资[M]．邹琪，译．上海：复旦大学出版社，2008.

[29]林崇德，等．创新人才与教育创新研究[M]．北京：经济科学出版社，2009：29.

[30]姜英丽．关于我国创业投资退出机制研究[D]．哈尔滨工程大学硕士学位论文，2008.

[31][美]杰弗里·蒂蒙斯．创业企业融资[M]．北京：华夏出版社，2002.

[32]靳明，裘华鸣．中小企业不同发展阶段的融资体系探讨[J]．财经论丛，2001(3)：47—52.

[33]康秋林．浅谈大学生创业风险管理[J]．当代经济，2015(8)：118—119.

[34]课题组．国内外创业理论研究综述[J]．浙江树人大学学报，2008(6)：52—56.

[35]布鲁斯·R.巴林格，R.杜安·爱尔兰．创业管理：成功创建新企业[M]．杨俊．等，译．北京：机械工程出版社，2010.

[36]李存行．现代创业投资理论的发展趋势[J]．经济论坛，2005(20)：67—70.

[37]李建军.创业投资治理的机制研究[D].上海交通大学博士学位论文,2009.

[38]严毛新.政府推动型创业教育:中国大学生创业教育的历程及成因[J].中国高教研究,2011(3).

[39]李玲.基于委托——代理理论的视角解剖创业投资主体关系[J].现代商业,2014(29):137—138.

[40]李玲玲,编著.企业业绩评价——方法与运用[M].北京:清华大学出版社,2004.

[41]罗贤甲,杨树明.论高校创业教育的有效性[J].思想教育研究,2010(9).

[42]林世渊.试论台湾创业投资事业的特点[J].亚太经济,1994(5):26—30.

[43]刘建香.公司创业投资的概念、内涵及模式[J].现代管理科学,2008(3):111—113.

[44]木志荣.我国大学生创业教育模式探讨[J].高等教育研究,2006(11):79—84.

[45]刘馨.地方高校基于创业教育理念培养旅游应用型人才构想[J].乐山师范学院学报,2013(8):60—64.

[46]殷朝晖,龚娅玲.美国加州大学洛杉矶分校构建创业生态系统的探索[J].高教探索,2012(5).

[47]卢星辰.大学生创业风险与高校的应对策略[J].安徽科技学院学报,2012(2):126—128.

[48]张玉利,主编.创业管理(第3版)[M].北京:机械工业出版社,2013.

[49]潘安娥,罗雄.创业投资组织模式对创业投资家素质培育的激励约束分析[J].企业经济,2008(5):47—49.

[50]裴利芳,徐宏伟.创业研究概念框架述评[J].北京科技大学学报(社会科学版),2010(4):102—109.

[51]宋斌,王磊.高校创业教育的现状、问题及对策[J].教育发展研究,2011(11).

[52]施险峰.培养大学生创业风险规避能力的路径选择[J].职业时空,2014(7):106—108.

[53]卢显文.创业企业成长风险的跟踪管理[J].学术交流,2004(7):45—48.

[54]宋立.创业投资基金:国外经验与中国发展模式[J].国际经济合作,2000(3):28—32.

[55]苏启林.政府介入创业投资模式的国际比较与经验借鉴[J].外国经济与管理,2002(11):43—48.

[56]粟竹玲.大学生创业投资风险分析及其规避[J].财会通讯,2014(29):122—124.

[57]梅伟惠,徐小洲.中国高校创业教育的发展难题与策略[J].教育研究,2009(4):67—72.

[58]万坤扬.公司创业投资对技术创新和价值创造的影响机制研究[D].浙江大学博士学位论文,2015.

[59]王纲.创业投资的概念、作用和影响因素研究[D].上海师范大学硕士学位论文,2009.

[60]侯慧君,林光彬.大学生创业教育的现状分析与发展建议[J].中国高等教育,2011(19):20—22.

[61]郭必裕.我国大学生机会型创业与生存型创业对比研究[J].清华大学教育研究,2010(4):70—74.

[62]王松奇.论创业投资涵义及在中国的应用[J].科学新闻,2001(22):21.

[63]王元,王伟中,梁桂,主编.中国创业风险投资发展报告2009[D].北京:经济管理出版社,2009.

[64]斯晓夫,王颂,傅颖.创业机会从何而来:发现,构建还是发现+构建?——创业机会的理论前沿研究[J].管理世界,2016(3):115—127.

[65]吴文建,滕刚伟.我国风险投资政策回顾与评价[J].职教与经济研究,2007(3):31—33.

[66][英]菲利普·A.威克姆.战略创业学:理论、案例与中国实践[M].任荣伟,张武保,译.大连:东北财经大学出版社,2014:220—222.

[67]谢群.风险投资发展模式的比较研究——兼谈山东省高新技术产业风险投资发展中应注意的问题[J].山东社会科学,2004(3):42—46.

[68]朱光辉.论大学生创业动机与创业模式之间的关系[J].成功(教育版),2009(3).

[69]邢学军.广东粤科投:探索中外合作创业投资模式[J].中国投资,2003(6):112—113+115.

[70]李玉兰.全国600多所高校已开设KAB创业教育基础课程[N].光明日报,2011-02-27.

[71]徐宪红.大学生创业风险意识及提升策略探析[J].教育与职业,2014(18):102—103.

[72]徐宪平.风险投资模式的国际比较分析[J].管理世界,2001(2):63—68.

[73]严太华,张龙.风险投资评估决策方法初探[J].经济问题,2002(1):13—15.

[74]林嵩.创业生态系统:概念发展与运行机制[J].中央财经大学学报,2011(4).

[75]刘林青,等.创业型大学的创业生态系统初探——以麻省理工学院为例[J].

高等教育研究，2009(3).

[76]王志强．一体与多元：欧盟创业教育的发展趋势及其启示[J]．教育研究，2014(4).

[77]姚峰，夏龙河，熊小彤．我国创业投资的发展模式[J]．唐山学院学报，2003(1)：70－72.

[78]姚海明，黄波．制度创新与创业环境优化研究[J]．南京社会科学，2004(9)：289－295.

[79]李伟铭，等．我国高校创业教育十年：演进、问题与体系建设[J]．教育研究，2013(6)：42－51.

[80]游敏惠，朱方彬，邓安平．类型学视野下高校创新创业教育的分层分级分类模式探析[J]．重庆邮电大学学报(社会科学版)，2014(5)：139－143.

[81]向辉，雷家骕．基于ISO模型的在校大学生创业意向[J]．清华大学学报(自然科学版)，2013(1)：122－128.

[82]张东生，刘健钧．中国创业投资基金组织结构与立法模式探讨[J]．金融研究，2000(6)：1－10.

[83]张夏婧．我国创业投资激励约束机制研究[D]．河南工业大学硕士学位论文，2016.

[84]徐小洲，叶映华．创新型人才的素质结构与生成转化机制[J]．高等工程教育研究，2012(1).

[85]章彰．创业投资：理论与实践[D]．中国社会科学院研究生院博士学位论文，2000.

[86]赵婧，夏静．高校创业教育攸关大学生就业和培养创新型人才[N]．光明日报，2009-01-12.

[87]姜皓，孙林岩．如何构建团队：团队类型及构建思维[J]．上海经济研究，2007(5)：87－91

[88]雷家骕．从创新出发认识创业[J]．中国青年科技，2007(12)：1.

[89]张昊民，马君．高校创业教育研究：全球视角与本土实践[M]．北京：中国人民大学出版社，2012：16.

[90]黄兆信，曾尔雷，等．以岗位创业为导向：高校创业教育转型发展的战略选择[J]．教育研究，2012(12).

[91]CHESBROUGH H.Business model innovation：opportunities and barriers[J].Long Range Planning，2010，43(2)：354-363.

[92]BERMISS Y S，HALLEN B L，MCDONALD R，et al.Entrepreneurial beacons：the yale endowment，run-ups，and the growth of venture capital[J].Strategic Management Journal，2017，38(3).

[93]COGLISER C C，BRIGHAM K H. The intersection of leadership and entrepreneurship：mutual lessons to be learned[J]. Leadership Quarterly，2004，15(6)：771-799.

[94]COLOMBO M G，CUMMING D J. Governmental venture capital for innovative young firms[J]. The Journal of Technology Transfer，2016，41(1)：1-15.

[95]COLOMBO M G，SHAFI K. The impact of patenting on the size of high-tech firms：the role of venture capital and product market regulation[J]. Economia E Politica Industriale，2016，43(1)：85-103.

[96]SIDDIQUI A I，MARINOVA D，HOSSAIN A. Venture capital firms' specialization，differences and complementarities[J]. Social Science Electronic Publishing，2016，11(7)：83.

[97]GABA V，DOKKO G. Learning to let go：social influence，learning，and the abandonment of corporate venture capital practices[J]. Strategic Management Journal，2016，37(8)：1558-1577.

[98]DAI N，NAHATA R. Cultural differences and cross-border venture capital syndication[J]. Journal of International Business Studies，2016，47(2)：140-169.

[99]AFUAH A，TUCCI C L. Internet business models and strategies：text and cases[M]. Boston：McGraw-Hill Higher Education，2001.

[100]DUSHNITSKY G，LENOX M J. When does corporate venture capital investment create firm value[J]. Journal of Business Venturing，2004，21(6)：753-772.

[101]ENGEL D. The performance of venture-backed firms：the effect of venture capital company characteristics[J]. Industry & Innovation，2004，11(3)：249-263.

[102]CUMMING D，KNILL A，SYVRUD K. Do international investors enhance private firm value? evidence from venture capital[J]. Journal of International Business Studies，2016，47(3)：347-373.

[103]GERONIKOLAOU G，PAPACHRISTOU G. Investor competition and project risk in venture capital investments[J]. Economics Letters，2016，141：67-69.

[104]KURATKO D F，AUDRETSCH D B. Strategic entrepreneurship：exploring different perspectives of an emerging concept[J]Entrepreneurship Theory and Practice，2009，33(1)：1-17.

[105]GOMPERS P A，LERNER J. The venture capital cycle[J]. Social Science Electronic Publishing，1999，15(2)：145-168.

[106]PARHIZGAR K D，PARHIZGAR R R. Analysis of strategic management of intrapreneurial venture capital and angel capital investments[J]. University of Hawaii，2008，38(82)：799-807.

[107]HALLEN B L，PAHNKE E C. When do entrepreneurs accurately evaluate venture capital firms' track records? A bounded rationality perspective[J]. Academy of Management Journal，2016，59(5)：1535-1560.

[108]DELGADO J A，MEINHARDT S，MARKELL S G，et al. Advancing strategic entrepreneurship research：the role of complexity science in shifting the paradigm [J]. Entrepreneurship Theory and Practice，2009，33(1)：241-276.

[109]HOCHBERG Y V ，LJUNGQVIST A ，YANG LU. Whom you know matters：venture capital networks and investment performance[J]. The Journal of Finance，2007，62(1)：251-301.

[110]JACOBY N H. Small business and venture capital：an economic program by Rudolph L Weissman[J]. Journal of Political Economy，1945(4).

[111]JOLINK A，NIESTEN E. The impact of venture capital on governance decisions in collaborations with start-ups[J]. Small Business Economics，2016，47(2)：331-344.

[112]JORGENSEN B. Dangerous liaisons：venture capital industry trend or event) [J]. Journal of the American Pharmaceutical Association，1949，38(4)：216-21.

[113]GUPTA V，MACMILLAN I C，SURIE G. A model of strategic entrepreneurial leadership：developing and measuring a cross-cultural construct[J]. Journal of Business Venturing ，2004，19(2)：241-260.

[114]LUKAS E，MÖLLS S，WELLING A. Venture capital，staged financing and optimal funding policies under uncertainty[J]. European Journal of Operational Research，2015，250(1)：305-313.

[115]ESCOBARI D，SERRANO A. Reducing asymmetric information in venture capital backed IPOs[J]. Managerial Finance，2016，42(6)：553-568.

[116]AMIT R，ZOTT C. Value creation in E-business[J]. Strategic Management Journal ，2001，22(6-7)：493-520.

[117]MOHAMED A ，SCHWIENBACHER A. Voluntary disclosure of corporate venture capital investments[J]. Journal of Banking & Finance，2016，68：69-83.

[118]MUNSON C S. Venture Capital and an Adventurous Industry[J]. Chemical & Engineering News，1948(25)：1835-1837.

[119]GUERINI M，QUAS A. Governmental venture capital in Europe：screening and certification[J]. Journal of Business Venturing，2016，31(2)：175-195.

[120]ENGEL D. The impact of venture capital on firm growth：an empirical investigation[J]. ZEW Discussion Paper，2002，(2-02).

[121]SATTA T A. Enterprise characteristics and constraints in developing coun-

tries: evidence from a sample of Tanzanian micro and small-scale enterprise[J]. The International of Entrepreneurship and Innovation, 2003, 4(3): 175-184.

[122]SAPIENZA H J, MANIGART S, VERMEIR W. Venture capitalist governance and value added in four countries[J]. Journal of Business Venturing, 1996, 11 (6): 439-469.

[123] SELLERS P, LEVENSON E. Remodeling Martha[J]. Fortune, 2005, (10): 101-110.

[124]CUMMING D, KNILL A, SYVRUD K. Do international investors enhance private firm value? Evidence from venture capital[J]. Journal of International Business Studies, 2016, 47(3): 347-373.

[125]SORENSEN M. How smart is smart money? A two-sided matching model of venture capital[J]. The Journal of Finance, 2007, 62(6): 2725-2762.

[126]MATHEWS J A. Lachmannian insights into strategic entrepreneurship: resources, activities and routines in a disequilibrium world[J]. Organization Studies, 2010, 31(2).

说　　明

　　本书配有相关立体化数字教学展示资源，请有需要的教师、学生扫描以下二维码，观看相关立体化资源。

　　更多教学需要，请发送您的需求到以下邮箱，进行咨询。

联系邮箱：897032415@qq.com

联系人：李编辑